Klaus Blessing

Die sozialistische Zukunft

Kein Ende der Geschichte!
Eine Streitschrift

edition berolina

edition berolina

ISBN 978-3-86789-831-7
1. Auflage
Alexanderstraße 1
10178 Berlin
Tel. 01805/30 99 99
FAX 01805/35 35 42
(0,14 €/Min., Mobil max. 0,42 €/Min.)

Umschlaggestaltung: Susanne Weiß
Umschlagabbildung: © Rhombur / fotolia.com
Druck und Bindung: GGP Media GmbH, Pößneck

www.buchredaktion.de

Inhalt

Vorwort: Warum dieses Buch? **9**

I. Der Mensch – das Maß aller Dinge? **14**
Ist der Mensch »gut« oder »böse«? 15
Was ist der Sinn des Lebens – Arbeit oder Genuss? 20
Der »moderne« Menschentyp:
homo consumens idioticus oder auch Konsumtrottel 22
Braucht der Mensch die Religion? 25
Braucht der Mensch eine Ideologie? 33
Wie also ist der Mensch? 36

II. Die Welt mit anderen Augen sehen **40**
Die Welt durch die Brille des Kapitals gesehen 40
Die Welt mit glücklichen Augen sehen 44
Die Welt mit den Augen der Gerechtigkeit sehen 47
Die Welt in ihrer Komplexität sehen 50

III. Ist die Finanzkrise die größte Herausforderung für die Menschheit? **53**
Regiert das Geld die Welt? 53
Wie kann die Krise überwunden werden? 56

IV. Die Bevölkerungsexplosion – ein Kardinalproblem? **62**
Planet der Slums 64
Bevölkerungswachstum stoppen 67
Der Absturz der Lebenserwartung im »Ostblock« 70

V. Warum ist der in Europa praktizierte Sozialismus gescheitert? **76**
Wo stand die DDR-Wirtschaft 1989 wirklich? 76
Warum ist der in Europa praktizierte Sozialismus
(trotzdem) gescheitert? 84

VI. Welche Merkmale sollten eine erneuerte sozialistische Gesellschaft prägen? 90
Menschliche Bedürfnisse neu definieren 92
Wachstum oder Verteilung? 95
Arbeit für alle Erwerbsfähigen 106
Eigentum oder Mitbestimmung? 108
Plan- oder Marktwirtschaft? 121
Sozialistische Finanzbeziehungen 126
Sozialismus, Demokratie und Freiheit 129
Staatsmacht und Parteien 133
Sozialistische Umgestaltung der undemokratischen Gewalten: Justiz und Medien 136
Nationales und Internationales – Frieden 143
Das Resümee: Die sozialistische Zukunft 147

VII. Gibt es Gesetzmäßigkeiten für den Übergang zum Sozialismus? 152
Sind Produktivkräfte und Arbeiterklasse das revolutionäre Element? 152
Gefährliche Träume: Reformismus und Transformation 156
Was ist linke Politik? 162

VIII. Der chinesische Weg – ein Beispiel für die Welt? 165
Die Wahrheit in den Tatsachen suchen – Deng Xiaoping 165
Die Theorie vom Sozialismus chinesischer Prägung 167
Die Kaderbasis der KP Chinas 173
Die Wirtschaftspraxis: Vormarsch des Privateigentums 176
Auslandskapital dringt zunehmend in die chinesische Wirtschaft 181
Das Gefälle zwischen arm und reich ist Weltspitze 185
Die Berufskrankheit einer Weltmacht ist sein Größenwahn 189

IX. Südamerika – eine Region im Aufbruch **196**
Ist der Marxismus Grundlage der sozialistischen Entwicklung? 196
Die Wurzeln des lateinamerikanischen sozialistischen Weges 199
Die Grundzüge sozialistischer Entwicklung 202
Sozialismus nach lateinamerikanischer Prägung – ein Beispiel für die Welt? 214
Ecuador – Beispiel für einen anderen Weg / Exklusiv-Interview mit dem Botschafter der Republik Jorge Jurado 217

X. Epilog: Wie weiter? **224**
Ein Handlungskonzept zur Überwindung des Kapitalismus 226
Formierung der Gegenmacht 228

Anlagen **233**
1. Platzierung der 79 Staaten (über zehn Mio. Einwohner) nach der Höhe des BIP/EW 234
2. Platzierung der 79 Staaten nach dem Durchschnitt der Wohlstandsindikatoren 236
3. Erläuterung der komplexen Indizes und ihrer Quellen 238
4. Erfahrungsaustausch mit ALBA-Staaten 241
5. Verbesserung der Lebensqualität in Venezuela 250
6. Sozial-ökonomische Entwicklung in Ecuador 252

Vorwort: Warum dieses Buch?

Schluss mit dem Denken im Kleinen. Wer klein denkt, bleibt auch klein und abhängig. Man muss selbstbewusst und mutig sein und strategisch denken, wenn man Probleme anpacken will.

Nelson Jobim, brasilianischer Politiker

Die Menschheit steckt in der Sackgasse. Getrieben von der unersättlichen Profitgier des Kapitals treibt sie dem Abgrund entgegen. Umweltkatastrophen zerstören den Lebensraum. Armut, Hunger, Krankheit vernichten täglich Tausende Menschenleben. Kriege breiten sich auf dem Planeten aus. Finanzkrisen rauben Millionen Menschen die Existenz. Jedem denkenden Menschen müsste klar werden: Ein »Weiter so« führt zum Absturz. Einige Wendungen und Bremsversuche reichen nicht, um diesen zu verhindern. Den Rückwärtsgang einlegen funktioniert nicht. Was die Menschheit benötigt, ist eine generelle vorwärts weisende Richtungsänderung, einen neuen Weg. Objektiv haben die Widersprüche eine nie dagewesene Schärfe erreicht. Subjektiv sind nach einer aktuellen Umfrage der BBC weltweit nur 11 Prozent der Befragten der Auffassung, dass der Kapitalismus in seiner derzeitigen Form funktioniert. 70 Prozent der Befragten aus 24 Ländern wünschen sich eine »grundlegende Neuordnung des Wirtschaftssystems.«[1] Mit »Wünschen« verändern wir aber die Welt nicht. Dazu bedarf es eines realistischen gesellschaftlichen Ziels und einer einigenden Kraft.

In den vom Kapital in Europa am meisten gedemütigten Ländern des Südens gehen die Menschen in Massen auf die Straße, um sich zu wehren. Dahinter stecken Verzweiflung und Spontaneität. Es ist den linken Kräften und Organisationen in Europa, fast ein Vierteljahrhundert nach dem Scheitern der ersten praktizierten Alternative zum kapitalistischen Wirtschaften, bisher nicht gelungen, die Ursachen des Scheiterns tiefgründig genug zu analysieren. Folglich gelingt es auch nicht, eine neue Vision zu entwickeln, mit der Menschen zu mobilisieren sind.

Ich möchte mit diesem Buch dazu beitragen, dass beides intensiver und grundsätzlicher erfolgt. Es ist das Ergebnis einer vieljährigen tabulosen kritischen Auseinandersetzung mit grundlegenden Gesellschaftsprozessen in sozialistischer Vergangenheit, kapitalistischer Gegenwart und neuen sozialistischen Ansätzen im 21. Jahrhundert. Es beruht auf Analysen, Studien und Publikationen. Es basiert auf der lebendigen Anschauung über das Leben der Menschen in vielen Ländern dieser Erde. Es schließt unzählige Diskussionen mit Bürgern dieses Landes auf Foren und Veranstaltungen ein.

Der politisch engagierte Berliner Chefdirigent Daniel Barenboim fordert: »Angesichts der vielfältigen wirtschaftlichen und politischen Herausforderungen brauchen wir einen konstruktiven Anstoß zur Veränderung unseres Denken ... Der Intellektuelle sollte also allem die Stirn bieten, was einem erzwungenen Schweigen oder stillschweigenden Übereinkommen gleichkommt.«[2] Dem will ich mich unterziehen, wissend, dass ich dabei bisherige Tabus brechen und liebgewordene Denkweisen angreifen muss. Daniela Dahn meint: »Die Aufgabe von Publizisten besteht darin, sich zwischen Stühle zu setzen, nicht auf einen Sessel.«[3] Ich werde mich zwischen viele Stühle setzen. Das ist gewollt. Nur ein Stuhl tut mir selbst weh. Es ist der, auf dem die ehrlichen Anhänger kommunistischer Ideale sitzen, für die sie oder ihre Angehörigen häufig unter Einsatz ihres Lebens gekämpft haben. Wir kommen aber in unserem Denken und Handeln nicht weiter, wenn wir unverrückbar an diesen Stühlen kleben. Neue Ufer zu erreichen, bedeutet auch, Lehrmeinungen aus dem 19. und 20. Jahrhundert zu hinterfragen, die als Marxismus-Leninismus die realen sozialistischen Verhältnisse geprägt haben. Das zu tun, ist nicht Verrat, Opportunismus oder Revisionismus, sondern die Suche nach der Wahrheit unter den veränderten Bedingungen im 21. Jahrhundert. Wir haben nicht viel Zeit dazu. Eigentlich ist die Zeit schon verstrichen. Die Ereignisse überrollen uns. Wenn die Welt sich noch längere Zeit so weiter entwickelt, besteht die Gefahr, dass Milliarden Menschen sie nicht mehr erleben.

Es geht darum, die geistige Befangenheit und Gefangenschaft im herkömmlichen Systemdenken zu überwinden. Die geistige Ursache für das Scheitern des praktizierten Sozialismus bestand darin, dass gerade dieses weder gewollt noch gekonnt wurde. Alles Denken hatte sich im Rahmen des vorgezeichneten Systems zu bewegen. Das gegenwärtige hilflose und niveaulose Agieren der »Eliten« bei der »Bewältigung der Krise« ist analog. Die Schranken des Systems werden nicht angetastet.

Ich wende mich an den politisch interessierten Normalbürger. Die Politik, auch und besonders die linke, krankt daran, dass sie in hohem Maße in Inhalt und Sprache »verwissenschaftlicht« ist. Politik hat sich aber nicht hinter Wissenschaftsgutachten zu verstecken oder diese zu zelebrieren. Politik muss die Menschen erreichen. Dazu sind klare Positionen und eine verständliche Sprache erforderlich. Um beides habe ich mich bemüht. Es ist kein oberflächliches Buch.

Der Leser sollte bereit sein, mit mir in die Tiefe der Probleme einzudringen.

Leser meiner bisherigen Publikationen[4] werden auch in diesem Buch die bewährte Verbindung zwischen bissiger Polemik und sachlichem Faktennachweis wiederfinden. Dabei habe ich Statistiken über weltweite Entwicklungen verarbeitet und aufbereitet, wie das in dieser Form bisher noch nicht erfolgt ist. Die umfangreichen Dokumentationen habe ich in den Anlagen wiedergegeben. Der Leser kann, aber muss diese nicht studieren. Es lassen sich daraus jedoch neue Erkenntnisse ableiten. Um das Buch flüssig lesbar zu gestalten, sind wesentliche Aussagen in gesondert dokumentierten Quellen enthalten. Auch hier gilt: Sie dienen der Untermauerung meiner Erkenntnisse, können, müssen aber nicht gelesen werden.
Das Buch orientiert sich an folgender Linie: Der Ausgangspunkt (Kapitel I) und rote Faden ist die Rolle des Menschen in der Gesellschaft. Abstrakte Gesellschaftskonzepte machen keinen Sinn, gesellschaftliche Veränderungen sind nur umsetzbar, wenn der Mensch in seiner Kompliziertheit und Vielschichtigkeit im Mittelpunkt steht. In den Kapiteln II bis IV wird die real existierende globalisierte Welt unter Gesichtspunkten analysiert, die nicht dem Mainstream entsprechen. Wir landen wieder beim Kardinalproblem »was ist nützt es den Menschen«. In den Kapiteln VI und VII wird der Frage nachgegangen, welche Merkmale eine erneuerte sozialistische Gesellschaft auszeichnen sollten und ob es Gesetzmäßigkeiten zu deren Übergang gibt. Die Aussagen in diesen Kapiteln sind in hohem Maße polemisch und setzen sich auch mit linken Auffassungen zu Eigentum, Wachstum, Mitbestimmung, Planwirtschaft, Parteien, Produktivkräften, Computersozialismus und Transformationstheorien auseinander. Vor diesen Grundgedanken einer erneuerten sozialistischen Gesellschaft steht im Kapital V eine grundlegende Antwort auf die Frage, warum der in Europa praktizierte Sozialismus gescheitert ist, die nicht von Oberflächenerscheinungen ausgeht, sondern zu den Wurzeln vordringt. In den Kapiteln VIII und IX wird an Hand umfangreicher Fakten analysiert, ob die als »sozialistisch« firmierten Entwicklungen in China und lateinamerikanischen Staaten wegweisend für eine weltweite Umgestaltung in dieser Richtung sein können. Das Buch schließt im Kapitel X mit Positionen und Vorschlägen, was in Europa und Deutschland zu tun wäre, um eine Entwicklung in Richtung sozialistischer Gesellschaft einzuleiten.

Besonders in den ersten beiden Kapiteln schöpfe ich auch aus Untersuchungen vieler Einzeldisziplinen der Natur- und Gesellschaftswissenschaften. Im Unterschied zu diesen werde ich jedoch nicht vorrangig einzelne Erscheinungen kommentieren, sondern versuche, deren gesellschaftspolitischer Dimension und Ursache auf den Grund zu gehen. Ziel ist es, zu einer ganzheitlichen Erklärung und zu Schlussfolgerungen zu kommen, wie die Gesellschaft verändert werden muss, um die kritikwürdigen Erscheinungen zu beseitigen. Mit einer oberflächlichen Einzelkritik von Erscheinungen und Einzellösungen kommt man nicht weit.

Dem Leser werden zwei begriffliche Besonderheiten auffallen. Rückwärts betrachtet, spreche ich nicht vom »real existierenden Sozialismus«, sondern vom »praktizierten Sozialismus«. Der »real existierende« ist mir zu stark durch Verleumdungen von »Freund« und Feind belastet. Vorwärts gerichtet, spreche ich überhaupt nicht vom »Sozialismus«, schon gar nicht von dem »im« oder »des« 21. Jahrhunderts. Ich bin gegen dogmatische »-ismen« und meine, dass es keinesfalls wieder eine »-ismus«-Theorie geben sollte, nach der sich die Welt zu richten hat. Die Errichtung einer neuen sozialistischen Gesellschaft – um die die Welt nicht herumkommen wird – wird unterschiedliche Formen in ihrer Ausgestaltung und Errichtung einnehmen. Sie sollte jedoch durch einige gemeinsame Wesensmerkmale gekennzeichnet sein. Um diese geht es mir.

In den letzten Abschnitten über internationale Entwicklungen in China und Südamerika war ich gezwungen, in hohem Maße authentische Sekundärquellen zu zitieren. Ich bitte den Leser dafür um Verständnis. Anders lassen sich meine Auffassungen jedoch nicht glaubhaft machen. Als ich mein Manuskript mit politischen Freunden diskutierte und auf öffentlichen Foren meine Meinung vortrug, stießen gerade die Auffassungen über die Entwicklung in der Volksrepublik China teilweise auf Unverständnis, auch auf Ablehnung. Das war für mich Anlass, an Hand vorliegender umfangreicher Publikationen noch tiefer in die Historie und Gegenwart dieses Landes einzusteigen, meine Auffassungen durch die Meinung von anerkannten Sinologen zu hinterfragen.

Im Kapitel über Südamerika konnte ich authentisches Material aus Venezuela und Ecuador verwenden. Ich bin den Botschaftern dieser Länder für ihre Unterstützung dankbar. Mein besonderer Dank gilt dem Botschafter der Republik Ecuador, Herrn Jorge Jurado, der zu einem Exklusiv-Interview für dieses Buch bereit war. Ich danke dem Historiker Tobias Baumann, der meinen Buchtext über Südamerika redigiert und mich auch anderweitig unterstützt hat.

Ich hoffe, mit meinem Buch eine offene, ehrliche, unvoreingenommene und vor allem vorwärts weisende Gesellschaftsdebatte anzustoßen. Erste Diskussionen im Kreise politischer Freunde über mein Manuskript waren durchaus aufschlussreich. Ich danke allen, die sich daran beteiligt haben. Einheitlich wurde anerkannt, dass mit dem Buch eine notwendige Lücke in der politischen Diskussion ausgefüllt wird. Dann schieden sich die Geister. Während die Mehrzahl begrüßte, dass dabei auch Tabus gebrochen und neue Denkrichtungen aufgezeigt wurden, war gerade letzteres für Einige schwer zu verarbeiten. Sie unterstützten die Aussagen, die ins bisherige Weltbild passten, lehnten aber grundsätzliche Abweichungen davon ab. Es ist zu erwarten und sogar zu wünschen, dass auch von den Lesern des Buches durchaus diametral unterschiedliche Meinungen vertreten werden. Das kann für eine lebhafte Debatte und die Wahrheitsfindung nur nützlich sein.

In diesem Sinne wünsche ich allen Lesern eine intensive geistige Auseinandersetzung mit den Fakten und Gedanken dieses Buches. Im Interesse eines menschenwürdigen Lebens unserer Kinder und Enkel sind wir ihnen schuldig, dass diese Welt verbessert wird. Der Illusion, dass in der heutigen, von den Massenmedien manipulierten Denkweise dieses Ziel durch ein Buch zu erreichen wäre, gebe ich mich allerdings nicht hin. Ich habe auch keine Patentrezepte zu verteilen, sondern will Denk- und Streitansätze liefern.

Anmerkungen:

1 Conrad Schuhler »Wirtschaftsdemokratie und Vergesellschaftung« isw-report Nr. 79, S. 16
2 Daniel Barenboim im Tagesspiegel vom 15.01.2012
3 Daniela Dahn, nd vom 12.01.2012
4 Klaus Blessing »Ist Sozialistischer Kapitalismus möglich?« – edition ost, 2003/ »Die Schulden des Westens« – edition ost 2011 / Blessing/Kühn »Der Osten hängt am Tropf« – Verlag am Park 2011 / Blessing/Manteuffel »Joachim Gauck – der richtige Mann?« – edition BEROLINA 2013

I. Der Mensch – das Maß aller Dinge?

Der Mensch ist das Maß aller Dinge
Protagoras

Nichts ist ungeheurer als der Mensch
Sophokles

Um den Kommunismus aufzubauen, müssen wir mit der materiellen Basis zugleich den neuen Menschen schaffen
Ernesto Che Guevara

Seit Menschen auf diesem Planeten leben, existieren sie nicht nur als Individuen, sondern auch als gesellschaftliches Wesen. Über 100000 Jahre Evolution haben den Menschen geprägt und ihm bewusst gemacht, dass er nur in der Gesellschaft überlebensfähig ist. Der Selbsterhaltungstrieb und die Erfahrungen in der Gemeinschaft prägten den Menschen über Jahrtausende. Zu allen Zeiten haben sich Menschen, die als Sippe, Gruppe, Stamm oder Volk leben, Normen für dieses gesellschaftliche Miteinander gegeben, geben müssen. Gestaltet werden diese Normen des Zusammenlebens von Menschen, die dazu die Macht erlangt haben. Es ist die Macht der Herrschenden. Sie sind gerichtet auf die Disziplinierung der Masse der Menschen, die gemeinhin als »das Volk« bezeichnet wird. Anderen Kreisen der Herrschenden wird die Aufgabe übertragen, die Einhaltung der gesellschaftlichen Normen zu überwachen und bei Übertretungen zu bestrafen. Das Geflecht dieser Verhaltensnormen ist begründet in weltanschaulichen Auffassungen politischer oder religiöser Natur, meist umgesetzt in Rechtsakten. In jedem Falle ist der Mensch der Gestalter des gesellschaftlichen Zusammenlebens. Das gilt sowohl für diejenigen, die die Macht haben, Normative zu erlassen und deren Einhaltung durchzusetzen als auch für diejenigen, die der Durchsetzung ausgeliefert sind, Gesellschaftsordnungen sind also Verhaltensnormen von Menschen für Menschen. Die Interessen und Charaktereigenschaften der Menschen entscheiden letztlich darüber, ob die Vorstellungen über das Zusammenleben funktionieren oder nicht. Gedanken und Konzepte über die Ordnung von Gesellschaften können deshalb nur dann erfolgreich sein, wenn sie vom Wesen des Menschen ausgehen.

Seit alters her haben humanistische und soziale Geister gesellschaftliche Konzepte entworfen, die von Charaktereigenschaften des Menschen ausgehen, die mehrheitlich so nicht gegeben sind. »Edel sei der Mensch, hilfreich und gut, denn das unterscheidet ihn von allen Wesen, die wir kennen«, »Alle Menschen werden Brüder«, »Freiheit, Gleichheit, Brüderlichkeit« – schöne Floskeln, aber wenig der Realität des menschlichen Verhaltens entsprechend. Wenn wir uns also der Diskussion über die Gestaltung einer lebenswerten künftigen Gesellschaft zuwenden, so macht es wenig Sinn, dieser ein Menschenbild zugrunde zu legen, wie es in der Mehrheit nicht existiert.

Ist der Mensch »gut« oder »böse«?

Wie ist der Mensch? Ist er »gut« oder »böse«? Ist er von Natur aus, angeboren und durch die Gene vorbestimmt, »gut« oder »böse« zu sein oder machen ihn erst die gesellschaftlichen Umstände dazu? Diese Fragen bewegen nicht nur die Philosophen, sondern auch die denkenden Mitmenschen. Aber was ist überhaupt »gut« und »böse«, sind das Kategorien, nach denen man Menschen einstufen und beurteilen kann? Ist der Familienvater »böse«, der in Südafrika, Brasilien, Indien oder anderswo Touristen bestiehlt, um seinen Kindern für einige Tage das Überleben zu sichern? Sind von der Gesellschaft ausgestoßene arbeits- und hoffnungslose Jugendliche »böse«, wenn sie milliardenschwere Supermarktketten plündern, um einen kleinen Anteil vom vorenthaltenen Reichtum abzubekommen? Sind umgekehrt die besitzenden Damen und Herren des Supermarktes oder die Spekulanten dieser Welt »gut«, wenn sie von ihrem ergaunerten Reichtum scheinheilig Weihnachten einige tausend Dollar oder Euro der Aids-Gala oder der Krebshilfe spenden?

Um den Menschen als Maß aller Dinge für die Gestaltung gesellschaftlicher Ordnungen zu begreifen, bedarf es offenkundig tiefer greifender Betrachtungen als die Einteilung in »gut« und »böse«.

In einer gesonderten Ausgabe des Magazins GEOkompakt *Warum wir gut und böse sind* wird festgestellt: »Kein anderes Wesen ist so widersprüchlich wie der Mensch. Er zeigt tiefes Mitgefühl, tröstet Trauernde, hilft Unbekannten; und er betrügt seine Mitmenschen, neidet seinem Gegenüber den Erfolg, sinnt auf blutige Vergeltung und zieht mordend gegen Seinesgleichen in den Krieg. Wohl kein Tier setzt so wie der Mensch Gewalt ein, um einem Artgenossen bewusst unerträgliche

Schmerzen zuzufügen – wie Folterer. Und bei keiner Tierart rüsten sich die Mitglieder einer Gruppe gezielt mit Waffen aus und unterwerfen sich einem hierarchischen Drill, nur um Artgenossen einer anderen Gruppe in großer Zahl zu töten – also Kriege zu führen. Ist der Mensch also ein besonders grausames Lebewesen, das einen aus der Urzeit stammenden Hang zur Aggression auf einen neuen Gipfel getrieben hat?« – fragt GEOkompakt.[1]

Der Theologe Friedrich Schorlemmer findet das Regulativ in Gott, wenn er zitiert: »Es scheint mir, dass der Versuch der Natur, auf dieser Erde ein denkendes Wesen hervorzubringen, gescheitert ist. Kein Raubtier erreicht die Stufe der Bestialität, der Ruchlosigkeit und der zynischen oder tückischen Wut, mit der der Mensch im Namen der Zivilisation zu morden, zu vernichten, auszurotten, zu unterdrücken, zu erpressen, zu knechten und auszubeuten versteht. Man muss an Gott glauben, wenn man den Glauben an die verborgene Zukunft des Menschengeschlechtes nicht verlieren soll. Empirisch lässt sich die Hoffnung nicht mehr begründen, dass aus der Schändung von allem, was heilig ist, dass aus Niedertracht, Dummheit, Gier, Rohheit und Barbarei noch ein Segen für die Zukunft der Welt hervorgehen kann.«[2]

Wir sollten die Antwort Albert Einsteins aufgreifen, die er in seinem bemerkenswerten Essay aus dem Jahre 1949 unter dem Titel *Was ist Sozialismus?* niedergeschrieben hat: »Der Mensch erwirbt mit der Geburt durch Vererbung eine biologische Grundlage, die wir als fest und unabänderlich betrachten müssen. Dies schließt die natürlichen Triebe ein, die für die menschliche Spezies charakteristisch sind. Darüber hinaus erwirbt er während seines Lebens eine kulturelle Grundlage, die er von der Gesellschaft durch Kommunikation und durch viele andere Arten von Einflüssen übernimmt. Es ist diese kulturelle Grundlage, die im Laufe der Zeit Änderungen unterworfen ist, und die zu einem großen Teil die Beziehungen zwischen dem Individuum und der Gesellschaft bestimmt … Auf dieser Tatsache können diejenigen aufbauen, die das Los der Menschen verbessern wollen: Die Menschen werden nicht durch ihre biologische Konstitution dazu verdammt, einander zu vernichten oder auf Gedeih und Verderb einem schrecklichen, selbst auferlegten Schicksal zu erliegen.«[3]

Realisierbare Gesellschaftsordnungen müssen einerseits von dieser Vielseitigkeit des Menschen ausgehen und andererseits die Bedingungen schaffen, vorrangig die guten Seiten des Menschen weiter zu entwickeln. Der praktizierte Sozialismus ging davon aus, dass der Mensch vom Grundsatz gut ist. Er meinte nur dieses weiter entwickeln zu müssen, um den perfekten sozialistischen Menschen zu schaffen. Der »sozialistische Mensch« sollte ein Wesen sein, das das Gemeinwohl über die Eigeninteressen stellt, das sich solidarisch verhält, das der Gesellschaft gibt, ehe es nimmt, dem Arbeit zunehmend zum ersten Lebensbedürfnis wird, das ehrlich und fleißig ist, ständig lernt und nach hoher Bildung strebt. In der DDR verkündete Walter Ulbricht bereits 1958 auf dem 5. Parteitag der SED die »Zehn Gebote der sozialistischen Moral«, die auf dem nächsten Parteitag Bestandteil des Parteiprogrammes wurden. Jedoch waren weder die Parteiführung noch die breite Masse des Volkes in der Mehrheit von diesen Eigenschaften geprägt. Das Bewusstsein der Menschen entwickelte sich nicht nach Parteivorgaben. 40 Jahre DDR und 70 Jahre UdSSR reichten nicht, um sozialistische Menschen zu backen. Auf einem Diskussionsforum berichtete mir ein ehemaliger Funktionär der DDR, er habe sich ernsthaft bemüht, die zehn Gebote der sozialistischen Moral und Ethik einzuhalten. Nach einem Jahr habe er das Experiment abgebrochen, das Leben sei zu langweilig gewesen. Heute ist er mit einer Frau verheiratet, die er damals beim »Fremdgehen« kennengelernt hat.

Zwar gab und gibt es herausragende Persönlichkeiten und Personengruppen, die unbeschadet der gesellschaftlichen Umstände nicht nur das Gemeinwohl über egoistische Interessen stellen, sondern bereit sind, dafür Gesundheit und Leben zu opfern – antifaschistische Widerstandskämpfer, Entwicklungshelfer, Ärzte ohne Grenzen. Zweifellos gab es auch unter den »einfachen Menschen« im praktizierten Sozialismus viele, die ehrlich, uneigennützig, fleißig, bescheiden und solidarisch gelebt und gearbeitet haben. Viele, inzwischen im realen Kapitalismus angekommene Ostdeutsche trauern gerade diesem kameradschaftlichen Zusammenleben nach.

Einen solchen solidarischen Menschentyp in der Gesamtheit der Gesellschaft gibt es aber nicht und wird es auch in überschaubaren Generationen nicht geben.

Wenn heute einige linke Denker erneut davon ausgehen, »dass der Mensch seiner biologischen Verfassung nach eben kein egoistischer homo oeconomicus, sondern ein zutiefst soziales Wesen ist. Ein Wesen, dem die Fähigkeit zur Einfühlung in andere Menschen und zu sozialem, kooperativem Verhalten in die Wiege gelegt ist«,[4] halte ich das für ein erneutes Wunschdenken.

10 Gebote

der sozialistischen Moral für den neuen Menschen

1. Du sollst Dich stets für die internationale Solidarität der Arbeiterklasse und aller Werktätigen sowie für die unverbrüchliche Verbundenheit aller sozialistischen Länder einsetzen.

2. Du sollst Dein Vaterland lieben und stets bereit sein, Deine ganze Kraft und Fähigkeit für die Verteidigung der Arbeiter-und-Bauern-Macht einzusetzen.

3. Du sollst helfen, die Ausbeutung des Menschen durch den Menschen zu beseitigen.

4. Du sollst gute Taten für den Sozialismus vollbringen, denn der Sozialismus führt zu einem besseren Leben für alle Werktätigen.

5. Du sollst beim Aufbau des Sozialismus im Geiste der gegenseitigen Hilfe und der kameradschaftlichen Zusammenarbeit handeln, das Kollektiv achten und seine Kritik beherzigen.

6. Du sollst das Volkseigentum schützen und mehren.

7. Du sollst stets nach Verbesserung Deiner Leistungen streben, sparsam sein und die sozialistische Arbeitsdisziplin festigen.

8. Du sollst Deine Kinder im Geiste des Friedens und des Sozialismus zu allseitig gebildeten, charakterfesten und körperlich gestählten Menschen erziehen.

9. Du sollst sauber und anständig leben und Deine Familie achten.

10. Du sollst Solidarität mit den um ihre nationale Befreiung kämpfenden und den ihre nationale Unabhängigkeit verteidigenden Völkern üben.

(Von Walter Ulbricht auf dem V. Parteitag der SED 1958 verkündet)

Zehn Gebote für den neuen sozialistischen Menschen

Für die Gestaltung künftiger lebenswerter Gesellschaften gilt es, in diesem Spannungsfeld zwischen individuellen menschlichen Eigenschaften und den gesellschaftlichen Erfordernissen einen realistischen Ausgleich zu finden. Diese Aufgabe wurde bisher von keiner Gesellschaft ausreichend gelöst.

Aus meiner Sicht muss die Lösung von folgenden Aspekten ausgehen: Den idealen Gut-Menschen gibt es zwar als einzelnes, seltenes Individuum, aber nicht als gesellschaftliches Wesen, weder als Führungspersönlichkeit, noch in der Masse des Volkes. Auf dem Reißbrett oder im stillen Kämmerlein der Wissenschaft gesellschaftliche Ordnungen auszudenken, die vom Grundsatz »Alle Menschen werden Brüder« ausgehen, sind zum Scheitern verurteilt. Sie konnten sich zu keiner Zeit durchsetzen. Gleichwohl ist es aber erforderlich, Gesellschaftsordnungen zu gestalten, die für die Menschen die Bedingungen schaffen, als Mensch in Würde zu leben und die guten Seiten im Menschen weiter zu entwickeln. Wenn erwiesen ist, dass der Charakter des Menschen, seine Moral und Ethik, zwar durch Gene und Gehirnstrukturen durchaus vorbestimmt, aber andererseits durch individuelle und gesellschaftliche Bedingungen in hohem Maße beeinflussbar ist, muss eine Gesellschaftsordnung die Voraussetzungen bieten oder schaffen, diese guten Seiten zu entwickeln.

Dreh- und Angelpunkt sind dazu die sozialen Bedingungen. Eine Würde und Freiheit des Menschen ohne materielle Sicherheit kann es nicht geben. Die inhaltsleeren Floskeln der bürgerlichen Grundsatzerklärungen und Verfassungen und ihrer Protagonisten von der Unantastbarkeit der Würde des Menschen sind solange eine Farce, wie diese Gesellschaft nicht in der Lage ist, die sozialen Voraussetzungen dafür zu schaffen. »Erst kommt das Fressen, dann die Moral.« (Bertolt Brecht). Insofern war der gesellschaftspolitische Ansatz sozialistischer Gesellschaften, das Hauptaugenmerk auf die Verbesserung der sozialen Bedingungen für alle Menschen zu legen, richtig. Er hatte jedoch in sich den Mangel, dass diese soziale Sicherheit in hohem Maße ohne ausreichende eigene Anstrengung staatlich gesichert wurde. So falsch, wie es in der bürgerlichen Gesellschaft ist, den Menschen zu suggerieren, dass jeder die eigene Chance zur Selbstverwirklichung vom »Tellerwäscher zum Millionär« hat, so falsch war und ist es, im gutgemeinten sozialistischen Staatswesen hohe soziale Sicherheit quasi ohne eigene Anstrengung zu garantieren.

Was ist der Sinn des Lebens – Arbeit oder Genuss?

Im Zentrum der Selbstverwirklichung des Menschen in jeder Gesellschaft sollte die Arbeit stehen. Jeder arbeitsfähige Mensch sollte das Recht und auch die gesellschaftliche Pflicht zur Arbeit haben. Das Recht auf Arbeit und ein menschenwürdiges Dasein ist Bestandteil der »Allgemeinen Erklärung der Menschenrechte« der UNO vom 10. Dezember 1948 und mehrerer Landesverfassungen der Bundesrepublik Deutschland aus dem Jahre 1949. Verwirklicht wird es in den Ländern des Kapitals nirgends.

Das Menschenrecht auf Arbeit

Das Recht auf Arbeit ist Bestandteil der ***»Allgemeinen Erklärung der Menschenrechte«*** vom 10. Dezember 1948 (Artikel 23):

Jeder hat das Recht auf Arbeit ... sowie auf Schutz vor Arbeitslosigkeit

Jeder, der arbeitet, hat das Recht auf gerechte und befriedigende Entlohnung, die ihm und seiner Familie eine der menschlichen Würde entsprechende Existenz sichert, gegebenenfalls ergänzt durch andere soziale Maßnahmen.

Das Recht auf Arbeit ist Bestandteil mehrerer ***Landesverfassungen der Bundesländer.*** Jeder hat nach seinen Fähigkeiten ein Recht auf Arbeit und, unbeschadet seiner persönlichen Freiheit, die sittliche Pflicht zur Arbeit. (Hessen, Art. 28)

Die Arbeit ist die Quelle des Volkswohlstandes und steht unter besonderem Schutz des Staates. Jeder hat nach seinen Fähigkeiten ein Recht auf Arbeit und die sittliche Pflicht zur Arbeit. Jedermann hat das Recht, sich durch Arbeit eine auskömmliche Existenz zu schaffen. (Bayern, Art. 166)

Das Land erkennt das Recht eines jeden Menschen auf ein menschenwürdiges Dasein, insbesondere auf Arbeit an. (Sachsen, Artikel 7)

Arbeit ist nicht Gelderwerb allein. Sinnvolle Arbeit schafft die notwendige Verbindung zwischen Individuum und Gesellschaft. Der Mensch bildet Fähigkeiten und Fertigkeiten heraus, wird gefordert und entwickelt sich als Individuum und Teil der Gesellschaft weiter. Er tritt in unmittelbaren Kontakt mit Mitmenschen und kommuniziert nicht anonym über Internet und Facebook. Die Verweigerung von Arbeit an große Teile der Bevölkerung, vorrangig die Jugend, ist deshalb nicht nur eine soziale Schande, sondern ein menschliches Verbrechen. Wenn in den vom Kapital am stärksten erpressten Ländern Südeuropas fünfzig und mehr Prozent der Jugend ohne Arbeit und damit Lebensperspektive sind, hat sich dieses Gesellschaftssystem selbst diskreditiert. Dass auf diesem Nährboden vonseiten der Ausgestoßenen auch Aggressionen, Kriminalität, Fremdenhass und Rechtsextremismus gedeihen, beweist nur, in welchem Maße die gesellschaftlichen Bedingungen die Moral und Verhaltensweise des Menschen prägen.

Arbeit ist die entscheidende Voraussetzung, um die guten Eigenschaften des Menschen zu fördern und weiter zu entwickeln. Ja, mehr noch. Bereits Friedrich Engels stellte fest: »Die Arbeit ist die Quelle allen Reichtums, sagen die politischen Ökonomen … Aber sie ist noch unendlich mehr als dies. Sie ist die erste Grundbedingung alles menschlichen Lebens, und zwar in einem solchen Grade, dass wir in gewissem Sinn sagen müssen: Sie hat den Menschen selbst geschaffen.«[5]

Diesen entwicklungsgeschichtlich bewiesenen Zusammenhängen stellen sich Theorien über »moderne Arbeit« entgegen. In einem Artikel unter dem Titel *Wie viel Arbeit braucht der Mensch?* stellt eine Professorin für Erziehungswissenschaften stellvertretend für andere »moderne« Auffassungen folgende Behauptungen auf:

»Arbeit ist weit davon entfernt, den Menschen zu seiner höheren Daseinsbestimmung zu adeln … Es geht gar nicht um Arbeit und Arbeit ist auch nicht erstrebenswert. Es geht um Geld. Die Frage: »Wie viel Arbeit braucht der Mensch?« und jene andere: »Wie viel Geld braucht der Mensch?« sind gleichbedeutend … Vom Geld kann man halt nie genug haben … Die Zeit, die wir in sinn- und bedeutungslosen Arbeitsvollzügen zubringen, geben wir als Lebenszeit schon verloren. Das sind also mindestens 8 Stunden täglich, die wir schon abgeschrieben haben und die wir nolens volens als den Preis erachten, den wir nun einmal für die Segnungen der Freiheit zu entrichten haben. Arbeitszeit fällt als Zeit sinnerfüllten Lebens aus.«[6]

In diesen wenigen Sätzen ist das Credo nicht nur »moderner« Arbeitsphilosophie, sondern »moderner« Lebensphilosophie verankert: Ziel und Lebensinhalt ist der Gelderwerb, davon kann man nicht genug haben. Arbeit ist nutzlos verbrachte Zeit, die uns von den Segnungen der Freiheit, vom Genuss des Lebens abhält. Eine Lebensauffassung, die in erschreckendem Maße Eingang in die Lebensgestaltung der »Moderne« gefunden hat. Das Leben »genießen«, konsumieren, feiern, verreisen werden zunehmend der Inhalt des Lebens.

Es ist nicht zu leugnen, dass große Kreise der Bevölkerung dieser Lebensauffassung nachgehen. Auf einer Diskussionsveranstaltung fragte mich ein Mann in den besten Jahren, was ich vom bedingungslosen Grundeinkommen halte. Meine Antwort: »Gar nichts.« Er: »Warum?« Ich: »Weil dadurch allgemeine Faulheit unterstützt und gesellschaftliche Bindungen zerschlagen werden.« Er: »Das ist doch aber schön. Ich muss nicht arbeiten, um meine Grundbedürfnisse zu befriedigen und kann zu Hause bleiben. Nur wer sich mehr leisten will, sucht sich Arbeit.« Bekannterweise steht der Mann in besten Jahren nicht allein mit seiner Auffassung. Die falsche Philosophie hat sich auch in linken Kreisen und Parteien eingenistet und führt erneut in eine gesellschaftliche Sackgasse: Leben ohne Anstrengung. Die Lösung des Problems ist nicht »bedingungsloses Grundeinkommen« für alle, sondern Arbeit für alle.

Der »moderne« Menschentyp: homo consumens idioticus oder auch Konsumtrottel

Dieses herrschende Gesellschaftssystem braucht einen bestimmten Menschentyp und es ist ständig und weltweit dabei, ihn zu schaffen und weiter zu entwickeln. Es geht nicht nur um den homo oeconomicus, den Menschen, der nur als Kostenfaktor des Kapitals bedeutsam ist. Der neue Menschentyp ist am besten mit dem Gattungsnamen homo consumens idioticus – zu gut deutsch »Konsumtrottel« – beschrieben. Konsumtrottel sind durch raffinierte Werbung von früh bis abends abgerichtete Menschen, deren Lebensinhalt und Lebensform im Konsumieren und Nichtdenken besteht. Ihnen geht es nicht darum, dringende Lebensbedürfnisse zu befriedigen, sondern aus Gier, Neid, Prestige, Prahlerei oder einfach, weil es Mode ist, je nach Format des eigenen Geldbeutels, Produkte und Leistungen zu erwerben, die »Statussymbolwert« haben: Das 2. oder 3. Auto mit allen Spielereien, den soundso vielten Computer – natürlich mit dem neuesten, häufig immer schlechter funktionierenden Betriebssystem –, Bildschirme immer flacher, größer und noch hoch-hoch-auflösender, und vor allem multimedialen Schnick-Schnack in Handys, ipods, iphones, playstations – um dabei unsere lieben Kleinen nicht zu vergessen! Natürlich gehören prestigeträchtige Reisen zum Image des Konsumierens – aber bitte in abgeschirmte all-inclusive-Ghettos, um nicht dem häufig sehr tristen und armen Alltag der einheimischen Bevölkerung begegnen zu müssen.

Shoppen in den dafür hergerichteten Tempeln oder im Internet sind dem Konsumtrottel ein vorrangiges Lebensbedürfnis. Rechtzeitig zur Weihnachtszeit 2013 wird für das non-plus-ultra des homo consumens idioticus geworben: die iPhone-Shopping-App. Der Konsumtrottel kann damit, ohne überhaupt vom Sofa aufstehen zu müssen, in der Welt des Shoppings schwelgen. »Das Einkaufen mit hochgelegten Füßen von der heimischen Couch aus wird immer bequemer. Während Kunden heutzutage noch knapp zwei Drittel ihrer Klamotten und Accessoires im Laden aussuchen und kaufen, könnte dieser Anteil in zehn Jahren unter 50 Prozent liegen.«[7] Konsumentenherz, was willst du mehr!

Die Werbewirtschaft tut alles, aber wirklich alles, um diese Menschen und vor allem sich selbst glücklich zu machen. Wenn in den Nachrichten »Konsumfreude« der Bevölkerung signalisiert wird, ist die kapitalistische Wirtschaftswelt (fast) in Ordnung. Noch besser ist allerdings der »Konsumrausch«, welcher ab und zu zur Weihnachtszeit eintritt. Der Mensch negiert dann seine finanziellen Bedingungen und realen Bedürfnisvorstellungen komplett und shoppt hemmungslos für sich und seine Lieben. Reicht der Geldbeutel nicht, wird auf Kredit finanziert. Die Margen sind so kalkuliert, dass das Kapital keine Ausfälle hat, sondern auch daran noch gut verdient. Günstig und erstrebenswert für das System ist es, wenn der Rauschzustand zum Normalzustand wird und dabei gleichzeitig auch das geistige Niveau auf »Ramschzustand« heruntergefahren wird. Wer shoppt, denkt nicht viel, schon gar nicht über die Ursachen der Billigeinkäufe in unseren Konsumtempeln. Wer sich den geistigen Ergüssen der werbefinanzierten Sender und Zeitschriften hingibt, denkt auch nicht an die Probleme des Landes und schon gar nicht der Welt. Von Kinderarbeit in Indien, 12-Stunden-Arbeitstag chinesischer Frauen, ruinösen Hungerlöhnen für Kaffee- und Bananenpflücker, Textilarbeiterinnen will er nichts wissen.

Was Textilarbeiter in Südostasien verdienen – Löhne zum Verhungern[8]

	Monatslohn in €	% vom Existenzminimum
Bangladesch	28,60	11
Sri Lanka	50,31	19
Indien	51,70	26
Kambodscha	60,68	21
Indonesien	82,14	31
China	174,60	46
Malaysia	196,06	54

Der Konsumtrottel konsumiert statt geistiger Auseinandersetzung mit den Problemen der Welt geistigen »Dünnschiss«: Primitivste Serien, unendliche Krimis, Klatsch und Tratsch der Reichen und Schönen und die Profitmaschinerie im »Profisport«. Die höchsten Einschaltquoten – über 8 Millionen – erzielt dann im Wochenendwettbewerb das Spitzenprodukt »Das Dschungelcamp«. Millionen anziehende Großereignisse nach dem Motto »Brot und Spiele« dürfen auch nicht fehlen. Auf Love-Parades und ähnlichem Getümmel treibt sich »trottelosus« gern herum.

So wird der menschliche Idealtyp für das System geformt, nur mit diesen Menschen kann es überleben. Das Erschreckende ist, dass sich große Teile der Gesellschaft immer mehr zu diesem Konsumtrottel manipulieren lassen. Je länger die Wirkung, desto größer der Erfolg. Schauen wir uns in unserer Umgebung um, das Ergebnis ist schockierend! Das ist der »mündige Bürger«, der dann alle vier Jahre als Höhepunkt seiner demokratischen Grundrechte zum Kreuzchenmalen aufgerufen wird. Es wird schwer, sehr schwer, mit derartig konfigurierten Menschen eine andere Gesellschaft aufbauen zu wollen.

Alle so vehementen Anhänger der völligen Basisdemokratie in der Gesellschaft sollten sich die Frage vorlegen und beantworten, mit welchen Menschen eigentlich die basisdemokratischen Entscheidungen im Staat und im Betrieb gestaltet werden sollen. Die Sozialisten sind schon einmal an einem Menschenideal gescheitert, das es so, wie erhofft und erwünscht, nicht gab. Die linken Superdemokraten laufen erneut in diese Falle. Der sozialistisch agierende Mensch kann nicht gebacken werden. Er entstammt einer kapitalistischen Umwelt, die ihn auf das schlimmste deformiert hat – gierig und unwissend.

Die Frage nach dem Sinn des Lebens stellt sich anders. In meiner Jugend lasen wir vom sowjetischen Autor Nikolai Ostrowski *Wie der Stahl gehärtet wurde.* Darin kann man folgende wunderbaren Sätze finden: »Das Wertvollste, das der Mensch besitzt, ist das Leben. Es wird ihm nur ein einziges Mal gegeben, und benutzen soll er es so, dass ihn zwecklos verlebte Jahre nicht bedrücken, dass ihn die Schande einer niederträchtigen und kleinlichen Vergangenheit nicht brennt und dass er, sterbend, sagen kann: mein ganzes Leben, meine ganze Kraft habe ich dem Herrlichsten in der Welt, dem Kampf für die Befreiung der Menschheit gewidmet. Ja, man muss sich mit dem Leben beeilen. Denn eine dumme Krankheit oder ein tragischer Zufall kann dem Leben ein Ende bereiten.«[9]

Lassen wir das etwas überschwängliche Pathos von der »Befreiung der Menschheit« beiseite und ersetzen dieses durch »Gemeinwohl«, »Eintreten für die Schwachen« – dann sollten dies durchaus die zentralen Koordinaten einer Gesellschaft sein, die lebenswert ist. Diese kann man den Menschen nicht befehlen. Aber eine zukunftsfähige Gesellschaft sollte ein Umfeld dafür schaffen, dass sich derartige Wesenszüge entwickeln. Dabei war der praktizierte Sozialismus auf dem richtigen Wege, jedoch nicht am Ziel. Niemand ist gegen den Genuss im Leben. Leben soll weder im Jammertal schuldbeladener, sich selbst kasteiender religiöser Kreaturen, noch in der Askese des Verzichts enden. Zum Leben gehört Freude, Optimismus und Genuss. Bedenklich wird es aber, wenn das gesamte gesellschaftliche System den Genuss zur Existenzgrundlage benötigt.

Und weil dem so ist, braucht das System den Export nicht nur seines Kapitals, sondern seiner »christlichen Wertevorstellungen« in die ganze Welt. Unter dem Deckmantel von Freiheit und Demokratie geht es darum, anderen Völkern und Kulturen die westliche Lebensweise beizubringen. Die Bundeskanzlerin meinte schon im Jahre 2009 bezeichnenderweise vor der Katholischen Akademie in München (Rede am 21.7.2009) »Das heißt also, wir müssen – das ist meine feste Überzeugung – kämpferischer werden ... Es ist kein Selbstläufer, dass sich unsere Art zu leben in der Welt durchsetzt.« Unser Bundespräsident tutet aktuell in das gleiche Horn. Da Deutschland überdurchschnittlich von der »offenen Weltordnung« profitiert, »leite sich daraus Deutschlands wichtigstes außenpolitisches Interesse im 21. Jahrhundert ab: dieses Ordnungsgefüge, dieses System zu erhalten und zukunftsfähig zu machen ... Manchmal kann dafür auch der Einsatz von Soldaten erforderlich sein.«[10] Beide politischen Spitzen sind bekennende Christen! Verdirbt Religion derart den Charakter?

Braucht der Mensch die Religion?

Es wird berichtet, dass ein Schüler des Konfuzius (551–479 v.u.Z.) diesen fragte, wie man Götter und Dämonen verehren solle. Da reagierte er sehr gereizt: »Man hat hier auf der Welt genug zu tun; wo soll man so viel Zeit hernehmen, sich auch noch um Götter und Dämonen zu kümmern.« Ein anderer chinesischer Philosoph (Fan Zhen 450–515) meinte: »Warum vergeuden die Leute ihr Geld und Gut und richten sich zugrunde, nur um den Mönchen zu dienen und Buddha zu verehren, statt für ihre Verwandten zu sorgen und den Armen zu helfen?«[11] Friedrich Engels bezeichnete »Religion als das phantastische Spiegelbild der menschlichen Dinge.«[12] Karl Marx sagt: »Die Religion ist der Seufzer der bedrängten Kreatur, das Gemüt einer herzlosen Welt, wie sie der Geist geistloser Zustände ist. Sie ist das Opium des Volks. Die Aufhebung der Religion als des illusorischen Glücks des Volkes ist die Forderung seines wirklichen Glücks.«[13]

Die Forderung ist bis heute nicht im Ansatz erfüllt. Popen, Ajatollahs und von Rom aus gesteuerte alte Männer in heute komisch anmutenden mittelalterlichen Gewändern maßen sich häufig gierig und lüstern, missgelaunt und jammernd mehr denn je an, in die Gestaltung der menschlichen Gesellschaft einzugreifen. Milliarden Menschen rund um den Erdball frönen Götzen, Geistern und Göttern, erwarten ihr Glück im Himmel und im nächsten Leben, opfern nicht nur ihr letztes Hab und Gut dem Himmlischen oder dem Popen, sondern Tausende opfern auch ihr Leben im Namen »Allahs« für durchaus sehr irdische Ziele der Herrschaftscliquen; viele Millionen Menschen rutschen auf Knien, kasteien und geißeln sich, wimmern um Vergebung für ihre Sünden und Heil für ihre Seelen.

Den politisch Herrschenden passt diese Frömmigkeit durchaus ins politische Konzept. Menschen, die an das Heil im Jenseits glauben, werden kaum die irdischen Verhältnisse ändern wollen. Menschen, die religiösen Dogmen frönen, lassen sich im Namen des Herrn hervorragend manipulieren. Häufig wird dabei von Missbrauch der Religion gesprochen, die angeblich das Gute im Menschen, seine Moral stärkt. Dem ist aber nicht so.

Niemand wird bestreiten, dass in den zehn Geboten der Christen – an die sich ohnehin kaum jemand hält, denn dafür gibt es ja für die Katholiken die Beichte – auch Moral und Ethik stecken, die jeder »gute« Bürger erfüllen sollte. »Du sollst nicht morden, Du sollst nicht stehlen.« Aber schon: »Du sollst neben mir keine anderen Götter haben«, legt die Grundlage für die Verachtung und Bekämpfung anderer Religionen und Völker.

Stimmen aus dem Volk sehen es nicht anders. Im Tagesspiegel fand im Monat April 2012 eine umfangreiche Leserdiskussion zu Fragen der Religion in der heutigen Zeit statt. Die Aussagen sind eindeutig: Religion ist unwissenschaftlich, rückwärts gerichtet, unmoralisch und Gewalt verherrlichend. Glauben ist dem Wesen nach Unwissen, antiquiert, abstrus, unglaubwürdig.

Der amerikanische Physiknobelpreisträger Steven Weinberg meint:

»Religion (allgemein) ist eine Beleidigung für die Menschenwürde. Mit ihr oder ohne sie gibt es gute Menschen, die gute Dinge tun, und böse Menschen, die böse Dinge tun. **Aber damit gute Menschen böse Dinge tun, braucht es die Religion.«**[14]

Das trifft den Kern. Natürlich gibt es auch religiöse Menschen, die aufgrund ihres Glaubens beachtenswerte, uneigennützige Arbeit bei der Betreuung bedürftiger Menschen leisten – wie es solche Menschen auch ohne religiöse Bindung gibt. Es geht aber um die gesellschaftliche Funktion der Religion. Die christliche Kirche hat in über zwei Jahrtausenden ihres Bestehens nie einen nennenswerten Beitrag zur Vorwärtsentwicklung der menschlichen Zivilisation geleistet. Im Gegenteil: Sie hat sich diesen immer entgegengestellt – von der Verbrennung von Wissenschaftlern im Mittelalter bis zur Verdammung der Familienplanung in der Jetztzeit. Sie lähmt mit ihrer Vertröstung auf das Jenseits alle Fortschritte im Diesseits. Und sie legte und legt mit ihrem Glaubensfanatismus die Grundlage für Ausrottungsfeldzüge gegen »Andersdenkende.«

Glauben als gefährliche Antwort aus der Welt der Märchen auf real existierende Probleme

---

Die Entlarvung des Christentums als reaktionär, gewaltbereit und bösartig

Richard Dawkins enthüllt in seinem Weltbestseller »Der Gotteswahn«, dass christliche Religion vom Grundsatz her reaktionär, gewaltbereit und bösartig ist.[15] »Sowohl im Alten, wie auch im Neuen Testament sind Mord und Totschlag, Kindesmissbrauch, Unterdrückung der Frauen, Missachtung anderer Religionen und Völker als von Gott gewollte Taten gepriesen. Die Bibel ist ein Regelwerk für Gruppenmord und Anweisungen zum Völkermord, zur Versklavung anderer Gruppen und zur Weltherrschaft. Böse ist die Bibel aber nicht wegen ihrer Ziele und noch nicht einmal wegen der Verherrlichung von Mord, Grausamkeit und Vergewaltigung. So etwas findet man in vielen antiken Werken ... Aber niemand verkauft die Ilias als Fundament unserer Ethik. Genau hier liegt das Problem. Die Bibel wird als Leitfaden für die Lebensführung angepriesen und gekauft. Und sie ist bei weitem der größte Weltbestseller aller Zeiten.«

Auszüge aus der Leserdiskussion im Tagesspiegel

»Warum sollte man einen jungen Menschen zur Entwicklung seines kritischen Verstandes- also zum Denken – anhalten und ihn andererseits zum Glauben verleiten. Die Welt wäre wohl einiges friedlicher, wenn die Menschen etwas mehr denken und etwas weniger glauben würden … Das bedeutet aber auch, dass es nötig ist, ›den Zauber‹ der religiösen Botschaften als das zu entlarven, was er ist: eine gefährliche Antwort aus der Welt der Märchen auf real existierende Probleme.« – Heinz Jörg Tielemann

»Wenn ich von der Richtigkeit der Evolutionstheorie überzeugt bin, welchen Anlass sollte ich dann haben, einer etwa dreitausend Jahre alten biblischen Legende Glauben zu schenken, dass ich mein Dasein und meine Bedeutung in dieser Welt einem übernatürlichen Schöpfungsakt verdanke? Zu behaupten, dass die Religion vor allem ihrer moralischen Kompetenz wegen unverzichtbar sei, ist auch wenig überzeugend. Ein Blick in die Geschichte und Gegenwart zeigt, dass Religionen Menschen keinesfalls humaner machen, sie vielmehr eher spalten und in Konflikte treiben: Kreuzzüge, Inquisition, Dreißigjähriger (Religions-)krieg, zwei Weltkriege mit waffensegnenden Christentum gegen waffensegnende Christen, Sunniten gegen Schiiten, Muslime gegen Christen, Hindus gegen Christen, Palästinenser gegen Juden, um nur ein paar Beispiele zu nennen.« – Univ.-Prof. Dr. Uwe Lehnert

Makabres in der christlichen Glaubenslehre

Glaubensgrundsätze: »Die endgültige Vergeltung findet für alle Taten nicht im Diesseits, sondern im Jenseits statt. Nach dem Tode wird die Seele, wenn sie sich vom Leibe getrennt hat, gerichtet und empfängt den Lohn für ihre Werke. Die Gerechten gehen in das ewige Leben ein.« (Matth. 25,26) »In den Himmel, ins Fegefeuer und in die Hölle gelangt nach dem Tode des Menschen nur seine Seele, während sein Leib zu Staub wird. Am Ende der Zeiten wird aber die Seele wieder mit ihrem früheren Leibe vereinigt werden, wenn Gott Kraft seiner Allmacht das Fleisch auferstehen lässt.«

Dabei treten natürlich Konflikte auf. »Theologen haben auch die Frage erörtert, wem das Fleisch im Falle von Kompetenzkonflikten zuzurechnen sei. So lehrt Augustin, dass, falls ein Mensch einen anderen verspeist hat« – soll ja auch in heutiger Zeit vorkommen – »das Fleisch des Gefressenen diesem, nicht etwa dem Menschenfresser von Gott bei der Auferstehung zugeteilt wird.«[16] – Mahlzeit!

»Dieser Glaube ist mittlerweise derart antiquiert, abstrus, ja unglaubwürdig, dass ehrlich und unvoreingenommen Gott Suchende dort längst keine zum Weitersuchen anregenden Antworten mehr finden.«[17]

Die Karikatur religiösen Glaubens

George Carlin – amerikanischer Sozialkritiker – karikierte Religion so: »Die Religion hat die Menschen überzeugt, dass im Himmel ein unsichtbarer Mann wohnt, der alles sieht, was man tut – jeden Tag, jede Minute. Der unsichtbare Mann hat eine Liste von zehn Dingen, die man nicht tun soll. Wenn man aber doch eines dieser zehn Dinge tut, dann hat er einen besonderen Ort mit Feuer und Rauch und Flammen und Folter und Angst. Dorthin schickt er einen, damit man für immer dort lebt und leidet und brennt und erstickt und schreit und weint, bis an das Ende der Zeiten … Aber er liebt Dich.«[22]

Der Schriftsteller W. Hasenclever lässt diesen Gott sprechen: »Ich habe es satt! Seit vielen tausend Jahren sitze ich auf diesem imaginären Thron … Man beschuldigt mich, das Weltall geschaffen zu haben und macht mich für seine Schwächen und Unvollkommenheiten verantwortlich. Der Fall liegt umgekehrt. Die Menschen haben mich erschaffen. Unfähig, sich selbst zu regieren und ohne Illusionen zu leben, haben sie in mir ein höchstes Wesen verkörpert, das ihren Bedürfnissen entspricht …Meine Person dient als Vorwand für die dümmsten Ansprüche der Menschen. Kriege werden in meinem Namen begonnen und Revolutionen gegen mich geführt … Ich habe keine Lust mehr, eine Rolle zu spielen, die zur komischen Figur geworden ist … Ich will mich pensionieren lassen.«[19] Bitte, lieber Gott, tue es, so schnell wie möglich, ausnahmsweise ohne Rentenkürzung!

Glauben in der Gesellschaft von heute

In der praktizierten sozialistischen Gesellschaft wurde versucht, derartigen Popanz aus den Hirnen der Menschen zu tilgen. Auch dafür wird sie von den Gottesanbetern kritisiert. Popen, Pfaffen und Priester dürfen heute wieder die Menschen verführen. Ich lasse manche Kritik an den praktizierten sozialistischen Bedingungen gelten – dazu später – die geistige Einschränkung des Pfaffentums war aber eine große emanzipatorische Errungenschaft.

Die Frage aber bleibt: Kann der Mensch ohne an etwas zu glauben, leben? Offenkundig nicht. Nach aktuellen Erhebungen wären 4,7 Milliarden Menschen von den 7,3 Milliarden Erdenbewohnern Anhänger von Religionen.

Die Anhänger von Religionen

Die Weltreligionen

Christentum	2,1	Milliarden Menschen
Islam	1,3	Milliarden Menschen
Hinduismus	850	Millionen Menschen
Buddhismus	375	Millionen Menschen
Judentum	15	Millionen Menschen
Weitere Glaubensrichtungen		
Daoismus	bis 60	Millionen Menschen
Bahai	bis 7	Millionen Menschen
Konfuzianismus	6	Millionen Menschen

Quelle: http://de.wikipedia.org/wiki/Weltreligion

So rückständig ist die Menschheit aber doch nicht mehr. Anhänger einer Religion – eines Kulturkreises – zu sein, bedeutet nicht automatisch, an ein übernatürliches Wesen, einen Gott und die Wiederauferstehung zu glauben. »Gott sei Dank« entwickelt sich die Menschheit in eine aufgeklärtere Richtung. Es bleibt jedoch auch für das 21. Jahrhundert: Religion und Glaube sind für große Teile der Weltbevölkerung prägende geistige Strömungen.

In unserer Zeit der Massenmedien lässt sich jedwede Meinungsbildung durch Studien belegen und in die Öffentlichkeit transformieren. Das betrifft auch die Glaubensfähigkeit der Menschen. Die Berliner Morgenpost berichtet über einen gar grausigen Befund einer solchen Studie:[20]

Nirgends auf der ganzen Erde glauben so wenige Menschen an Gott wie in Deutschlands Osten. Der Kommentator bezeichnet das als eine Enttäuschung für all jene, die gehofft hatten, dass sich mit zeitlichem Abstand zur DDR deren Atheismus abschwächen werde. Im Gegenteil meint er: Der Trend im Osten (Deutschlands) verstärkt sich. Der Gottesanbeter muss sogar feststellen, dass man generell davon sprechen müsse, dass der ernsthafte Glaube an einen persönlichen Gott … auch sonst in Europa erheblich zurückgeht. Welch beklagenswerter Zustand! Wann und wo leben wir eigentlich? Im 21. Jahrhundert, in welchem der wissende und forschende Mensch dabei ist, das Weltall zu erobern und mit Hilfe der Gentechnik sich selbst zu reproduzieren, sollen wir in Verzweiflung verfallen, wenn immer weniger Menschen dem Glauben an Übernatürliches und dem Firlefanz kirchlicher Riten entsagen und ihr Schicksal in die eigenen nicht betenden Hände nehmen![21]

Religion sollte Privatsache bleiben. Wer keinen anderen Ausweg sieht, als bei körperlichen oder seelischen Problemen den lieben Gott anzurufen, sollte es tun.

Die Kapitalismuskritik von Papst Franziskus

Offensichtlich hat sogar die katholische Kirche erkannt, dass mit uralten religiösen Dogmen, Ritualen und Verfehlungen der höchsten »Würdenträger« immer mehr »Gläubige« das sinkende Schiff verlassen. Ein »Papst der Armen« wurde auf den Stuhl Petri gehoben, um zumindest die Gläubigen in Lateinamerika, Afrika und Asien bei der Katholischen Stange zu halten. Dieser neue Papst lässt mit einem aufsehenerregenden Schreiben an die Priester und Gläubigen aufhorchen. Er geißelt das bestehende Gesellschaftssystem als eine »Wirtschaft, die tötet; die Vorherrschaft des Geldes über den Menschen; die grenzenlose Gier nach Macht und Besitz; den zügellosen Konsumismus gepaart mit sozialer Ungleichheit; die erschreckende Oberflächlichkeit der Informationsgesellschaft« und viele andere Erscheinungen der realen Welt des Kapitals. Da es offenkundig für die Kirchen an der Zeit ist, Kapitalismuskritik zu üben, konnten auch die deutschen Bischöfe nicht widerstehen. Auch sie geißeln in ihrem Grundsatzpapier »Gemeinsame Verantwortung für eine gerechte Gesellschaft« Gier und Maßlosigkeit, ohne natürlich gesellschaftliche Konsequenzen einzufordern.

Die Kapitalismuskritik des Papstes sollte nicht gering geschätzt werden. Auch die geistige Position von Theologen, die die Bergpredigt als Ursprung der Soziallehre und Jesus als ersten Sozialisten predigen, ist als moralischer Appell an Milliarden Gläubige in der Welt bedeutungsvoll. Sie entlarvt die frömmelnde Heuchelei der Herrschenden. Jedoch die Schlussfolgerungen, auch des Papstes, sind mehr als verhalten. Seiner brillanten Analyse über den Zustand der Welt folgen nichts anderes als moralische Appelle an die Ethik, das Gewissen, den Glauben und zur Frömmigkeit. »Die Volksfrömmigkeit ist der beste Ausgangspunkt, um diese Schwächen zu heilen und uns von ihnen zu befreien«, heißt es im Evangelii Gaudium (Der fröhliche Glaube).

Selbst derartige, die kapitalistische Welt mit Sicherheit nicht verändernde Aufforderungen sind den bezahlten Apologeten des Kapitals suspekt. »Franziskus geißelt nicht eine geordnete Marktwirtschaft (und er spricht sich keineswegs für eine marxistische Ordnung aus – ganz im Gegenteil), sondern er warnt in klaren Worten vor Auswüchsen des Marktes und der kapitalistischen Wirtschaftsordnung«, meint das DIW.[22]

So notwendig und richtig die päpstliche Analyse ist, so wenig wirkungsvoll ist sein Lösungsansatz. Im Kampf um eine Verbesserung der Welt haben sich Appelle an Moral und Glauben der Menschen – auch aus Kreisen der Kirche – immer als erfolglos erwiesen. Schlimmer noch: Sie lenken von der Notwendigkeit eines wirkungsvollen Tuns auf Erden ab. Beten hilft nicht, handeln ist nötig.

Bereits die alten Chinesen meinten: »Wenn eine Gesellschaft verfällt, wenden sich die Menschen dem Glauben an die Götter zu; wenn ein Mensch töricht ist, betet er eifrig um ein glückliches Schicksal.« (Wang Chong 27–97)[23] Unsere modernen Gesellschaften sind im rapiden Verfall. Ihre Menschen werden zum Törichtsein erzogen. Die Gestaltung einer neuen Gesellschaft wird deshalb noch längere Zeit mit dem Popanz von Religionen leben und diese in gesellschaftliche Prozesse einbinden müssen.

Auszug aus dem Apostolischen Schreiben des Papstes vom 24. November 2013 EVANGELII GAUDIUM

I. Einige Herausforderungen der Welt von heute
Nein zu einer Wirtschaft der Ausschließung

53. Ebenso wie das Gebot »du sollst nicht töten« eine deutliche Grenze setzt, um den Wert des menschlichen Lebens zu sichern, müssen wir heute ein »Nein« zu einer Wirtschaft der Ausschließung und der Disparität der Einkommen« sagen. Diese Wirtschaft tötet. Es ist unglaublich, dass es kein Aufsehen erregt, wenn ein alter Mann, der gezwungen ist, auf der Straße zu leben, erfriert, während eine Baisse um zwei Punkte in der Börse Schlagzeilen macht. Das ist Ausschließung. Es ist nicht mehr zu tolerieren, dass Nahrungsmittel weggeworfen werden, während es Menschen gibt, die Hunger leiden. Das ist soziale Ungleichheit. Heute spielt sich alles nach den Kriterien der Konkurrenzfähigkeit und nach dem Gesetz des Stärkeren ab, wo der Mächtigere den Schwächeren zu-nichte macht. Als Folge dieser Situation sehen sich große Massen der Bevölkerung ausge-

schlossen und an den Rand gedrängt: ohne Arbeit, ohne Aussichten, ohne Ausweg. Der Mensch an sich wird wie ein Konsumgut betrachtet, das man gebrauchen und dann wegwerfen kann. Wir haben die »Wegwerfkultur« eingeführt, die sogar gefördert wird. Es geht nicht mehr einfach um das Phänomen der Ausbeutung und der Unterdrückung, sondern um etwas Neues: Mit der Ausschließung ist die Zugehörigkeit zu der Gesellschaft, in der man lebt, an ihrer Wurzel getroffen, denn durch sie befindet man sich nicht in der Unterschicht, am Rande oder gehört zu den Machtlosen, sondern man steht draußen. Die Ausgeschlossenen sind nicht »Ausgebeutete«, sondern Müll, »Abfall«.

Nein zur neuen Vergötterung des Geldes

55. Einer der Gründe dieser Situation liegt in der Beziehung, die wir zum Geld hergestellt haben, denn friedlich akzeptieren wir seine Vorherrschaft über uns und über unsere Gesellschaften. Die Finanzkrise, die wir durchmachen, lässt uns vergessen, dass an ihrem Ursprung eine tiefe anthropologische Krise steht: die Leugnung des Vorrangs des Menschen!

56. Während die Einkommen einiger weniger exponentiell steigen, sind die der Mehrheit immer weiter entfernt vom Wohlstand dieser glücklichen Minderheit. Dieses Ungleichgewicht geht auf Ideologien zurück, die die absolute Autonomie der Märkte und die Finanzspekulation verteidigen …

Die Gier nach Macht und Besitz kennt keine Grenzen. In diesem System, das dazu neigt, alles aufzusaugen, um den Nutzen zu steigern, ist alles Schwache wie die Umwelt wehrlos gegenüber den Interessen des vergöttlichten Marktes, die zur absoluten Regel werden.

Braucht der Mensch eine Ideologie?

Ideologien, sobald sie als Dogmen (-ismen) aufgefasst und umgesetzt werden, haben in der Geschichte der Menschheit häufig eine verheerende Rolle gespielt. Mit ihrem absoluten geistigen Anspruch, der alle anderen Auffassungen als falsch und verwerflich ausschließt, wirken sie bis in die Gegenwart spaltend und vernichtend. Die abscheulichsten

Verbrechen der Menschheit wurden und werden ideologisch begründet und gerechtfertigt.

Das Wesen von Ideologien

»***Eine politische Ideologie*** (auch: Ideologismus) ist eine Weltanschauung, die eine soziale, politische und wirtschaftliche Organisation des menschlichen Lebens befürwortet. In ihr spielen neben theoretischen Überlegungen auch praktische moralische Überlegungen eine Rolle. Eine Ideologie möchte die Welt nicht nur erklären, sondern auch beeinflussen, sodass Ideologien Ausdruck verfestigter politischer Normen und Einstellungen mit einem normativen Gestaltungsanspruch sind. Sie motivieren also das politische Verhalten der Menschen …« siehe Wikipedia

»***Fundamentalisten*** wissen, dass sie Recht haben. Sie haben die Wahrheit in einem heiligen Buch gelesen und sind sich schon im Voraus sicher, dass nichts sie von ihren Überzeugungen abbringen wird. Die Wahrheit des heiligen Buches ist nicht das Ergebnis eines vernünftigen Denkprozesses, sondern ein Axiom. Das Buch ist wahr, und wenn die Belege ihm zu widersprechen scheinen, muss man nicht das Buch über Bord werfen, sondern die Belege«[24]

Der Katholizismus führte Kreuzzüge und rottete »Ungläubige« in allen Teilen der Welt mit unvorstellbarer Grausamkeit aus, benutzte die Inquisition als göttliche Folter. Der Faschismus bediente sich des extremen Nationalismus sowie der Ideologie der Herrenrasse, um Holocaust, Konzentrationslager und Kreuzzüge gegen die »jüdisch-bolschewistische Weltverschwörung« zu rechtfertigen. Der Islam wird missbraucht, um den Ungläubigen den Krieg zu erklären und Terrorismus durch Selbstmordattentäter zu rechtfertigen. Das christliche Weltbild soll kämpferisch in alle Welt getragen werden. Auch der Kommunismus kann sich nicht davon frei sprechen, dass in seinem Namen von Stalin, Mao Zedong und Pol Pot abscheuliche Verbrechen begangen wurden. Die Aufzählung ließe sich fortsetzen. Als dogmatische, alleinige, mit dem Anspruch auf unverrückbare Wahrheit ausgestattete Weltanschauung entfaltet Ideologie ihre verheerende Wirkung. Menschen werden fanatisiert, missbraucht, manipuliert, um Herrschafts- und Machtinteressen durchzusetzen – häufig mit den menschenverachtendsten

Methoden. Insoweit ist Ideologie abzulehnen. Andererseits: Können Gesellschaften, ja selbst Individuen ohne Ideologie, ohne Vorstellungen und gesellschaftliche Ziele leben? Ich meine »nein«.

Selbst wenn sich der Mensch nicht explizit zu einer Ideologie bekennt, so hat er doch eine solche, gebildet aus Überlieferung und Umwelt. Das Problem liegt nicht darin, jeglicher Ideologie abzuschwören. Das Problem liegt darin, Ideologie nicht zum Dogma erstarren zu lassen, um nach unverrückbaren Glaubenssätzen – nicht nur religiösen – die Welt umgestalten zu wollen. »Ideologie ist Ordnung auf Kosten des Weiterdenkens« – sagt Friedrich Dürrenmatt. Das ist des Pudels Kern. Es geht nicht darum, den Menschen Ideologien austreiben zu wollen, sondern Ideologien immer wieder durch das Denken hinsichtlich ihres Wahrheitsgehaltes zu hinterfragen. Religionen haben dabei von vornherein verloren. Aber auch und gerade der Marxismus-Leninismus, der dieses Postulat immer wieder betont hat, muss sich dieser Prozedur unterziehen.

Marx und Engels gegen den Dogmatismus[25]

Marx schrieb in einem Brief: »Wir sind Wissenschaftler und keine Propheten … Die Ausarbeitung eines Programmes für die Zukunft sowie die Proklamation von fertigen Lösungen für künftige Epochen ist nicht unsere Sache. – Wir treten nicht der Welt doktrinär mit einem neuen Prinzip entgegen: Hier ist die Wahrheit, hier knie nieder« – ***Engels*** schreibt: »Unsere Theorie ist kein Dogma, sondern die Darlegung eines Entwicklungsprozesses, und dieser Prozess schließt aufeinander folgende Phasen ein. Wir können nur unter den Bedingungen unserer Epoche erkennen und soweit diese reichen.« ***Marx und Engels*** stellen bereits 25 Jahre nach dem Erscheinen des *Kommunistischen Manifestes*, im Jahre 1872, im Vorwort zur deutschen Ausgabe fest: »Gegenüber der immensen Fortentwicklung der großen Industrie seit 1848 und der sie begleitenden verbesserten und gewachsenen Organisation der Arbeiterklasse, gegenüber den praktischen Erfahrungen … ist heute dieses Programm stellenweise veraltet.« Nun sind nach dem Erscheinen des Manifestes über 150 Jahre vergangen.

Der Mensch unterscheidet sich von allen Wesen, die wir kennen, nicht dadurch, dass er à priori edel und gut ist, sondern dass er denken kann. Diesen Denkapparat ständig weiter zu formen und sich als Mensch denkend weiter zu entwickeln, sollte das Wesen der Spezies Mensch prägen.

Diesen Denkapparat durch unverrückbare Dogmen und Glaubensgrundsätze ausschalten und deformieren zu wollen, ist das eigentliche Vergehen am Wesen der menschlichen Natur. Im praktizierten Sozialismus, der durchaus den gebildeten Menschen formte, wurde das Denken der Menschen durch vorgegebene Meinungsbildung einer »allwissenden« Parteienbürokratie erstickt. Der Kapitalismus will keinen denkenden Menschen formen, er verblödet den Menschen zum »Konsumtrottel«, weil er diesen für sein Überleben existenziell benötigt.

Gedanken und Schritte für eine neue, bessere Gesellschaft müssen den denkenden Menschen in den Mittelpunkt stellen. Sie müssen Jedem nicht nur Bildungschancen geben, sondern auch den gebildeten Bürger aktiv in die Gestaltung dieser Gesellschaft einbeziehen. Von diesem Grundsatz ausgehend, sind auch die nachfolgenden Betrachtungen zu verstehen. Ich werde nicht der Versuchung erliegen, wieder unverrückbare gesellschaftliche Dogmen aufzustellen, sondern aus der unvoreingenommenen Analyse der praktischen Prozesse grundlegende Schlussfolgerungen ziehen, deren Ausfüllung im einzelnen immer der konkreten historischen und ethnischen Situation anzupassen ist und die sich jederzeit dem Praxistest des denkenden Menschen stellen muss. Daniel Bahrenboim sagt: »Mein Vater gab mir einmal einen wertvollen Rat: ›Du hast Talent, vielleicht wirst Du eines Tages berühmt. Vielleicht wirst Du viel Geld verdienen, wer weiß. Aber es gibt etwas, das viel wichtiger ist als Ruhm und Geld, und das ist die Unabhängigkeit, die Unabhängigkeit des Denkens.‹«[26]

Wie also ist der Mensch?

Die Gattung »Mensch« ist das einzige Lebewesen auf diesem Planeten, das denken kann. Wie erbärmlich geht aber die Mehrheit dieser Gattung mit dieser einmaligen Gabe der Evolution um? Wie intensiv und perfektioniert arbeitet das Herrschaftssystem daran, den Menschen diese Einmaligkeit auszutreiben und zum Sklaven seiner Instinkte zu degradieren?

»Den Menschen« gibt es nicht. Nicht nur in der Erscheinung, sondern auch im Charakter ist jeder Mensch durch Abstammung und Umwelt anders geprägt. Trotzdem scheint es bei aller Widersprüchlichkeit menschlicher Wesen dem Herrschaftssystem gelungen zu sein, dass sich als übergreifendes Charaktermerkmal letztlich die Gier herausgebildet hat: Die Gier nach Besitz, Selbstbestätigung, häufig Einfluss und Macht. Das muss a priori keine schlechte Charaktereigenschaft sein. Ohne Gier im positiven Sinne (begriffen als ständiges Streben nach vorn) kein persönlicher und gesellschaftlicher Fortschritt. »Das Handeln in eigenem Interesse und zum eigenen Nutzen ist positiv zu bewerten, wenn es sich einfügt in die Befriedigung der Bedürfnisse und Interessen aller … Das Handeln der Individuen zum eigenen Nutzen stellt ein unabdingbares Lebenselement dar. Mehr noch: Es erweist sich als wichtige Triebkraft der individuellen und somit auch der gesellschaftlichen Entwicklung.«[27]

Gier wird aber dann zum die Gesellschaft zerstörenden Faktor, wenn sie maßlos und rücksichtslos wird, alle anderen menschlichen Eigenschaften überdeckt und Grundlage für die Existenz eines Gesellschaftssystems ist, das da Kapitalismus heißt – und sich auch so gebärdet: Kapital ist muss!

Der Zwilling der Gier ist die Macht. Gierig, um Macht zu erlangen, Macht, um die Gier noch weitertreiben zu können. »Es gibt zahlreiche empirische Belege dafür, dass jenseits einer bestimmten Schwelle das fortgesetzte Anhäufen materiellen Reichtum an Reiz verliert, dass sich Hab-Gier zur Macht-Gier erweitert. Nach der ökonomischen scheint die Usurpation politischer und/oder gesellschaftlicher Macht wie eine logische Folge.«[28]

Marx und Engels über die Gier

Schon Marx und Engels begründete den Übergang von der auf das Gemeinwohl orientierten Urgesellschaft zu den Ausbeutungsgesellschaften mit der Gier im Menschen, aus welcher sich letztlich die Stellung zum Eigentum, die Spaltung in Arme und Reiche und damit in Interessengruppen und letztlich Klassen ableiten. »Aus einer Organisation von Stämmen zur freien Ordnung ihrer eigenen Angelegenheiten wird sie eine Organisation zur Plünderung und Bedrückung der Nachbarn, und dementsprechend werden ihre Organe aus Werkzeugen des Volkswillens zu selbständigen Organen der Herrschaft und Bedrückung gegenüber dem eigenen Volk. Das wäre aber nie möglich gewesen, hätte nicht die ***Gier nach Reichtum*** die Gentilgenossen gespalten in Reiche und Arme, hätte nicht ›die Eigentumsdifferenz innerhalb derselben Gens die Einheit der Interessen verwandelt in Antagonismus der Gentilgenossen.‹« – Marx[29]

Wir sollten als Gattung Mensch auch nicht vom »Alleinvertretungsanspruch« auf diesem Planeten ausgehen. Nicht Gott, aber die Evolution hat mit dem Menschen das höchst entwickelte Wesen im uns bekannten Universum hervorgebracht. Dieses Wesen hat die Möglichkeit, seine eigenen Existenzgrundlagen und damit sich selbst zu zerstören.

»Die gesellschaftsgestützte Gier des heutigen Menschen ist verbunden mit seiner Selbstüberhebung, diesen Planeten Erde verfressen und versaufen zu können, ohne an Gefahren der Selbstvernichtung denken zu müssen.« warnt der Theologe Friedrich Schorlemmer.

Dies zu verhindern, ist die eigentliche Aufgabe der Menschheit. Insofern ist der Mensch nicht das Maß aller Dinge. Er ist eingebettet in die einmalige Welt dieses Planeten und Universums. Eine Gesellschaft mit Zukunft muss zweifelsfrei mit dem Menschen auch diesen Planeten erhalten.

Anmerkungen:

1 Vgl. »Das düstere Erbe« in GEOkompakt »Warum wir gut und Vgl. »Das düstere Erbe« in GEOkompakt »Warum wir gut und böse sind« Nr. 25 S. 24ff
2 Georg Picht (Theologe und Philosoph) zitiert bei Schorlemmer »Die Gier und das Glück« Herder-Verlag S. 48/49
3 Albert Einstein »Was ist Sozialismus?« – www.netzwerk-regenbogen.de/einstsoz021224.html
4 Sahra Wagenknecht: »Freiheit statt Sozialismus«. Campus Verlag 2012, S. 395
5 Friedrich Engels »Anteil der Arbeit an der Menschwerdung des Affen« in Marx/Engels Werke, Bd.20, Dietz Verlag Berlin, 1962, S. 444 f.
6 Prof. Marianne Gronemeyer »Wie viel Arbeit braucht der Mensch?« – www.denk-doch-mal.de/node/94
7 »Smart einkaufen – Mit Apps können Verbraucher über Handys auf Shoppingtour gehen« im Tagesspiegel vom 02.12.2013
8 Tagesspiegel vom 19.01.2014
9 Nikolai Ostrowski »Wie der Stahl gehärtet wurde« – Verlag Neues Leben, Berlin, 1952, S. 289
10 Rede zur Eröffnung der Münchner Sicherheitskonferenz am, 31.01.2014
11 Heiner Jastrabek, Ji YaLi »Die Wahrheit in den Tatsachen suchen« Verlag Freiheitsbaum 2011, S. 34 u. 6
12 Friedrich Engels a.a.O. S. 451
13 Karl Marx: »Zur Kritik der Hegelschen Rechtsphilosophie« MEW, Bd. 1, S. 378 ff.
14 Richard Dawkins a.a.O. S. 345
15 Richard Dawkins »Der Gotteswahn« Ullstein Verlag 2007
16 Helmut Glasenapp »Die fünf Weltreligionen« Diederichs Gelbe Reihe, 1996, S. 297
17 Ingolf Bossenz »Der Schatz der Kirche und die Gretchenfrage« im ND vom 28./29.12.2013
18 Richard Dawkin a.a,O. S. 389
19 www.dober.de/religionskritik/marx1.html
20 Matthias Kamann in der BERLINER MORGENPOST vom 20.04.2012
21 Jedoch, Hoffnung ist in Sicht: Beim Vergleich der Generationen zeigt sich fast überall auf der Welt, dass der Atheismus bei jüngeren Menschen deutlich stärker verbreitet ist als bei Personen über etwa 55 Jahren … So sind in Polen 79,3 Prozent der Über-68-Jährigen von der Existenz Gottes überzeugt, aber nur 58,4 Prozent der Menschen zwischen 28 und 37 Jahren. Derzeit besuchen in Deutschland nur noch 13 Prozent der Katholiken und 4 Prozent der Protestanten den Gottesdienst. Im Gegensatz dazu ist die Zahl der Menschen, die sich selbst als konfessionsfrei bezeichnen, in den letzten Jahren stark gestiegen. Lag deren Anteil an der Gesamtbevölkerung der Bundesrepublik 1990 bei 22,4 Prozent, beträgt er inzwischen 37,6 Prozent. In den neuen Bundesländern sind es sogar 75,4 Prozent – ND vom 02./03.11.2013 »Steht Gott über dem Gesetz« von Martin Koch
22 Gert. G. Wagner, Vorstandsmitglied des DIW Berlin und Pfarrer Frank-M. Scheele im Tagesspiegel vom 24.12.2013
23 Jestrabek a.a.O. S. 631
24 Richard Dawkins a.a.O. S. 391
25 »Dialektik der Natur« in MEW Bd. 20, S. 508/ Marx an Ruge MEW, Bd. 1, S. 345/- MEW, Bd. 39, S. 528
26 Daniel Barenboim, TAGESSPIEGEL vom 15.01.2012
27 Günter Söder »Zur Dialektik ökonomischer und politischer Verhältnisse der menschlichen Gesellschaft« GBM-Broschüre Nr. 135
28 Friedrich Schorlemmer »Die Gier und das Glück« Herder-Verlag 2014, S. 113
29 Friedrich Engels »Der Ursprung der Familie, des Privateigentums und des Staats« in MEW, Band 21, S. 156

II. Die Welt mit anderen Augen sehen

Die Welt durch die Brille des Kapitals gesehen

Wir sind es gewohnt und werden täglich durch Politik und Medien dazu »erzogen«, die Welt durch die Brille der Wirtschaft und des Kapitals zu betrachten. Spitzenmeldungen und politischer Aktionismus werden dann ausgelöst, wenn Aktienkurse oder Bonitäten von Unternehmen und Staaten fallen. Hungersnöte, Umweltkatastrophen, Klimakapriolen sind sporadische und spontane Meldungen wert, deren Halbwertszeit desto geringer ist, je schneller das Ereignis vorüber geht. »Es ist unglaublich, dass es kein Aufsehen erregt, wenn ein alter Mann, der gezwungen ist, auf der Straße zu leben, erfriert, während eine Baisse um zwei Punkte in der Börse Schlagzeilen macht«, stellte der Papst in seinem *Evangelii gaudium* fest.

Im Zentrum der internationalen Ablenkungsskala steht ein Ökonomischer Begriff: »Das Bruttoinlandsprodukt (BIP)«. Es beinhaltet alle in Geld erbrachten Leistungen (Waren und Dienstleistungen) einer Volkswirtschaft für den Endverbrauch, unabhängig davon, ob diese Leistung Werte schafft oder nur umverteilt. Der produzierte Pkw und Fernseher, die Leistung des Arztes gehören ebenso dazu, wie die des Steuerberaters, Rechtsanwaltes oder des Beerdigungsinstitutes. Das BIP entspricht am besten und einfachsten dem Antriebsmotor kapitalistischen Wirtschaftens: Geld scheffeln, die Mittel und Methoden dazu sind unwichtig. Aber bereits der Blick durch diese Brille des Kapitals führt zu alarmierenden Erkenntnissen über die Perversität des herrschenden Wirtschafts- und Gesellschaftssystems. Das Gefälle zwischen den ärmsten und reichsten Staaten im BIP ist menschenverachtend. Die zehn reichsten Staaten dieser Erde verfügen über ein durchschnittliches Bruttoinlandsprodukt je Einwohner von fast 60.000 Dollar, die zehn ärmsten über noch nicht einmal 300 Dollar, das ist ein Verhältnis von 200 : 1. Vor 20 Jahren war das Verhältnis noch 100:1. Das Gefälle wird immer größer. Viele der ärmsten Staaten haben nicht die geringste Chance, dieser Armutsfalle zu entgehen. In einigen der ärmsten Staaten reicht das Wirtschaftswachstum noch nicht einmal aus, um den Bevölkerungszuwachs zu kompensieren. Das BIP je Einwohner sinkt.

Die Kritik am Bruttoinlandsprodukt (BIP)

Eindringlich und lebensnah beschreibt ein Journalist aus ***Äquatorialguinea*** die wirklichen Probleme. »Dem wirtschaftlichen Einheitsdenken nach müsste es sich bei Äquatorialguinea eigentlich um einen Musterstaat handeln. Es weist das gleiche Bruttonationalprodukt pro Kopf wie Dänemark aus ... Leider halten diese Zahlen aus der Buchhaltung der Experten den sozialen Verhältnissen Äquatorialguineas nicht im geringsten stand. Ein einfaches Beispiel: In der Hauptstadt Malabo gibt es nicht genug Trinkwasser. Wäre es vorhanden, würde sich die Zahl der Krankheitsfälle um die Hälfte verringern. Äquatorialguinea ist das viertgrößte Erdölförderland Afrikas, meldet aber täglich Stromausfälle. Es hat infolge der Öl- und Gasgewinnung einen Handelsüberschuss, doch die Einnahmen fließen in die Taschen des Präsidenten Teodoro Obiang Nguema und seiner Familie.«[1]

Sogar die größten Nutznießer des Börsenkapitalismus kritisieren das BIP und meinen, es dokumentiere nur Geldbewegungen, gebe aber keine Auskunft über Lebensqualität, Umweltbelastung und andere lebenswerte Aspekte. »Bliebe alles andere konstant, würde zum Beispiel die Ausbreitung von Aids aufgrund der Behandlungskosten das Bruttosozialprodukt erhöhen. Das zeigt die ganze Absurdität. Innere Werte können mit Geld nicht aufgerechnet werden. Wir brauchen ein anderes Maß für Zufriedenheit ..., denn es sollte im Leben auf mehr ankommen, als die Befriedigung rein materieller Bedürfnisse. Legt man diese Messlatte an, ist nicht ohne weiteres klar, ob die Welt Fortschritte oder Rückschritte macht«, meint ***Georges Soros.***[2]

Die Regierungen Frankreichs und der BRD haben in den Jahren 2009 und 2010 Wohlstands- und Enquete-Kommissionen eingesetzt, um diesem Problem zu Leibe zu rücken. In Frankreich kam nach 18 Monaten Arbeit ein 191-Seiten-Bericht heraus mit zwölf Vorschlägen. Einer davon: Daten sollten statt aus der Vogelperspektive stärker aus der Sicht von Privathaushalten erhoben werden. »Denn, wie ein Kommissionsmitglied sagte, wenn der Milliardär Bill Gates in eine Kneipe kommt, erhöht sich zwar statistisch gesehen sprungartig das Durchschnittseinkommen an der Theke, aber keiner hat dadurch mehr Geld in der Tasche. Die Kommission rät daher, Daten zu erheben, wie viel Bier sich jeder einzelne leisten kann, und nicht nur die produzierte Biermenge zu zählen.«[3]

In Deutschland ist mit deutscher Gründlichkeit ein 844 Seiten langer Bericht mit 2855 Fußnoten herausgekommen, uneinheitlich mit 50 individuellen und kollektiven Sondervoten, zwar faktenreich, aber politisch unverdaulich.[4] Das Resümee ist der Vorschlag eines Indikators, bestehend aus zehn Einzelindikatoren, ergänzt durch weitere »Warnlampen«. Es solle auch geprüft werden, ob eine Wanderausstellung sinnvoll sein kann, heißt es im Bericht. Die Grenzen der Arbeit waren der Kommission schon mit dem Einsetzungsbeschluss auferlegt. »Unser Wirtschaftssystem ist auf Wachstum ausgerichtet. Bleibt volkswirtschaftliches Wachstum aus, entsteht schnell eine Reihe von sozialen und wirtschaftlichen Herausforderungen. Vor diesem Hintergrund soll die Enquete-Kommission ...« – diese hatte verstanden und ein Placebo vorgelegt, eine Medizin, die nicht nützt und keinem hilft, da sie keine Wirkstoffe enthält.

Die Kennzahl BIP weist grundsätzliche Mängel auf. Sie berücksichtigt weder wie der nationale Reichtum geschaffen wird – Mensch und Natur schonend, oder ausbeutend – noch, wofür er verwendet wird – Kriege, Umweltzerstörung, Bürokratie oder Wohlstand, Nachhaltigkeit. Vor allem aber sagt er überhaupt nichts darüber aus, wie der nationale Reichtum verteilt ist, auf einige Wenige oder die Gesamtheit des Volkes. Für alle diese Aussagen gibt es jedoch bereits internationale Maßstäbe und Indikatoren, häufig von UNO-Organisationen oder angesehenen wissenschaftlichen Einrichtungen entwickelt und anerkannt. Es bedarf keiner Enquete-Kommission, die »das Fahrrad neu erfindet«.

Neben dem allein selig machenden »Bruttoinlandsprodukt je Kopf der Bevölkerung« werden u. a. international verwendet:

- Der Index der menschlichen Entwicklung (HDI)
- Der Index über die Verteilung von Einkommen und Vermögen (Gini)
- Der Umweltindex (EPI)
- Der globale Glücksindex (HPI)
- Der Index der Demokratie (NID)
- Der Welthungerindex (WHI)
- Der neue Armutsindex (MPI)

Ich habe diese international bereits bekannten und weitgehend anerkannten Erhebungen ausgewertet. Sie führen zu erstaunlichen Aussagen (siehe Anlage 2, dort ist auch die Erläuterung zum Inhalt dieser Quelle enthalten).

Die Welt durch die Brille des BIP betrachtet

		Einwohner	BIP 2011	Zuwachs 2009/1990	
		Mio Pers. 2009	US-$ je Einw.	US-$ je EW	% je Jahr
	Die 10 reichsten Staaten				
1	Norwegen	4,8	97.255	58.630	6,4
2	Schweiz	7,7	81.161	31.050	3,4
3	Verein. Arab. Emirate	4,6	67.008	6.300	2,0
4	Australien	21,9	65.477	26.350	5,0
5	Dänemark	5,5	59.928	34.940	4,8
6	Schweden	9,3	56.956	22.480	3,3
7	Kanada	33,7	50.463	21.830	3,9
8	Niederlande	16,5	50.355	29.640	5,1
9	Österreich	8,4	49.809	26.370	4,5
10	Finnland	5,3	49.350	20.730	3,2
	Durchschnitt	*117,7*	*58.663*	*26.200*	*4,3*
	Weitere Staaten				
14	USA	307,0	48.387	23.110	3,7
18	Japan	127,6	45.920	10.920	1,8
20	Deutschland	81,9	43.742	21.820	3,9
53	Russland	141,9	12.993	6.690	9,4
54	Brasilien	193,7	12.789	5.530	6,3
61	Venezuela	28,4	10.610	7.650	7,8
88	Kuba	11,2	5.550	2.890	4,4
89	China	1331,5	5.414	3.320	13,5
138	Indien	1155,3	1.389	830	6,2
	Die 10 ärmsten Staaten				
172	Eritrea	5,1	475	130	3,8
173	Madagaskar	19,6	459	-90	-1,6
174	Zentralafr. Rep.	4,4	456	-20	-0,2
175	Niger	15,3	399	40	0,7
176	Sierra Leone	5,7	366	150	3,1
177	Äthiopien	82,8	360	90	1,7
178	Malawi	15,3	351	110	2,5
179	Liberia	4,0	298	-280	-2,6
180	Burundi	8,3	279	-60	-1,3
181	Dem. Rep Kongo	66,0	216	-50	1,1
	Durchschnitt	*226,5*	*267*	*20*	*1,1*

Quelle: http://de.wikipedia.org/wiki/Liste_der_L%C3%A4nder_nach_Bruttoinlands-produkt 2011, Datei aus Fischers Weltalmanach 2012 für Vergleichsdaten 1990 bis 2009

Die Welt mit glücklichen Augen sehen

Was ist letztlich das höchste Ziel des Menschen? Doch wohl, ein langes Leben in relativem Wohlstand und Glück in einer intakten Umwelt verbringen zu können. Auch für dieses höchste menschliche Verlangen gibt es inzwischen internationale Messwerte. Theoretisch erfüllt der »globale Glücksindex (HPI)« am besten diese Anforderungen. In diesem Konzept sind hohe Lebenserwartung, Wohlbefinden und Ökologie – abstrahiert von allen finanziellen Bewegungen – die ausschlaggebenden Kriterien.

Das Land, in dem die Menschen am längsten, am gesündesten und am »grünsten« leben, ist dem Index nach Costa Rica, Vietnam ist 5., Kuba ist 7. Die Vereinigten Staaten kommen aufgrund ihrer schlechten Öko-Bilanz gerade mal auf den 114. Platz. (Deutschland auf den 51.). Wie jede Statistik ist natürlich auch dieser Index diskussionswürdig. Es darf sehr bezweifelt werden, ob in Honduras und El Salvador in der Mehrheit »glückliche Menschen« leben. Sicherlich spielen bei diesem Ranking auch ethnische Besonderheiten eine Rolle. Die Menschen in der Karibik sind von Natur aus fröhlich. Aber die Tendenz ist interessant: Die Menschen in den reichsten Ländern sind zweifellos nicht die glücklichsten. Offensichtlich führen viele Menschen auf der Welt ein einfacheres und glücklicheres Leben als die von Gier und Besitzstreben geplagten Bewohner in Industriestaaten.

Die Verfasser der Studie über das Glück sagen aus: »Wie bereits beim ersten globalen Glücksindex, der vor drei Jahren veröffentlicht wurde, führt der zweite, vor kurzem heraus gegebene Bericht, die klassische Vorstellung vom Heilsbringer ökonomisches Wachstum ad absurdum. Eine längere Lebenserwartung, Wohlstand und Konsummöglichkeiten müssen nicht zwangsläufig auf Kosten der Umwelt gehen – wie die Länder Lateinamerikas verdeutlichen. Um jedoch eine Lobby dafür zu gewinnen, muss noch stärker in die Aufklärung der Massen über ökologische und soziale Zusammenhänge investiert werden.«[5]

Es liegt zwischenzeitlich eine Studie über die (Nicht)-Abhängigkeit menschlichen Wohlbefindens und Glückes vom Reichtum vor.[6] Das Ergebnis: Ökonomen kamen aus Daten in den USA von 1975 bis 2004 zu dem Schluss, dass die mit dem Wachstum einhergehenden negativen Effekte wie Neid, Misstrauen oder Einsamkeit die positiven überwiegen – die Menschen also reicher und unglücklicher wurden.

Studienaussagen über Glück und Reichtum

»Das Glück einer Nation scheint über die Jahrzehnte kaum mit wachsendem Wohlstand zuzunehmen … Dieses Paradox gilt gerade für viele der weltweit reichsten Länder, wie etwa die USA, Großbritannien und Japan – und es gilt in ganz besonderem Maße für Deutschland: In Deutschland ist das Glück in den letzten drei Jahrzehnten trotz nahezu stetig gestiegenem Bruttoinlandsprodukt sogar gesunken … Geld und Reichtum führen tendenziell zur Auflösung alter, traditioneller Gemeinschaften, enger Familienbande und verlässlicher Freundschaften, und damit zu Einsamkeit und Isolation. Überspitzt könnte man sagen: In unserer Wohlfahrtsgesellschaft haben wir fast alles im Überfluss, nur eins nicht – zwischenmenschliche Nähe. Wenn wir Hilfe brauchen, und in unserer Not wenden wir uns an die einzigen Kräfte, die für uns da sind: Profis. Wahrscheinlich könnte eine Gesellschaft, in der jeder über fünf nahestehende Menschen verfügt, die ihm oder ihr ohne Wenn und Aber beistehen, auf 80 Prozent ihrer Psychotherapeuten verzichten. – Aber das schmälert das BIP! – Mittlerweile bin ich mir ziemlich sicher, dass wir nicht bloß unzufrieden sind, obwohl, sondern nicht zuletzt auch weil wir so viele Möglichkeiten haben. Es ist die Freiheit selbst, die uns mitunter aufs Gemüt schlägt … Je freier man ist, desto größer werden die Erwartungen an das eigene Ich, und desto größer ist auch das Risiko, diese Erwartungen nicht erfüllen zu können … Wer in einem freien Land verliert, einem Land, in dem einen – tatsächlich oder vermeintlich – alle Türen offen stehen, der hat nicht einfach nur verloren. Er hat, die selten ausgesprochene und dennoch unmissverständliche Botschaft an die Adresse des Verlierers, versagt.

Heutige empirische Forschungen belegen, dass Menschen, die sich auf materielle Dinge konzentrieren, mit ihrem Leben statistisch signifikant unzufriedener sind, sich innerlich unzufriedener fühlen, kränker sind, eher von Sucht und Depressionen geplagt sind und auch noch an ihren Mitmenschen herum mäkeln … Menschen werden nicht depressiv, weil sie Filme auf Röhrenbildschirmen sehen, sondern, weil sie zu viel arbeiten, um sich Flachbildschirme leisten zu können, oder weil sie sich gesellschaftlich nicht anerkannt fühlen ohne dieses Statusobjekt … Werbefachleute meinen: »Werbung, wenn sie gut gemacht ist, lässt Menschen sich als Verlierer fühlen, wenn sie ein bestimmtes Produkt nicht besitzen … Sie meinen:

Der globale Glücksindex (HPI)

Die 10 glücklichsten Länder

1	Costa Rica	76,1
2	Dom. Republik	71,8
3	Jamaica	70,1
4	Guatemala	68,4
5	Vietnam	66,5
6	Kolumbien	66,1
7	Kuba	65,7
8	El Salvador	61,5
9	Brasilien	61
10	Honduras	61

Weitere Länder

20	China	57,1
35	Indien	53
36	Venezuela	52,5
51	Deutschland	48,1
75	Japan	43,3
88	Norwegen	40,4
89	Kanada	39,4
102	Australien	36,6
108	Russland	34,5
114	USA	30,7

Die 10 unglücklichsten Länder

134	Benin	24,6
135	Togo	23,3
136	Sierra Leone	23,1
137	Zentral Afr. Rep.	22,9
138	Burkina Faso	22,4
139	Burundi	21,8
140	Namibia	21,1
141	Botsuana	20,9
142	Tansania	17,8
143	Zimbabwe	16,6

Je höher der Index, desto glücklicher die Menschen

Während die meisten im Westen ihr Leben als von Freiheit geprägt beschreiben würden, erleben sie es als Druck und Zwang.«

»*Geld macht also doch glücklich?* Nein, das ist es nicht. Im Gegenteil. In allen Gesellschaften können wir beobachten: Wenn ein bestimmtes Mindesteinkommen erreicht ist, also die größten materiellen Probleme beseitigt sind, dann steigern Einkommenszuwächse die Zufriedenheit kaum mehr. Dieses Niveau war in den westlichen Industrieländern bereits in den 1960er Jahren erreicht … Zufriedenheit hat weniger mit dem absoluten als mit dem relativen Einkommen zu tun, mit der Stellung in der Gesellschaft. Wer zu den oberen 20 Prozent gehört, fühlt sich wertgeschätzt … Wir müssen wieder zurückkommen zu einer gleicheren Gesellschaft mit mehr Chancengleichheit. Das ist eine Frage der Fairness und der Menschlichkeit. Und das sage ich als Ökonom, der aus dem eher konservativen Kreis kommt … Die UNO hat im letzten Jahr Glück als Millenniumsziel aufgenommen. Nach den Vorschlägen der OECD sollte man wegkommen von der Fixierung auf das Wirtschaftswachstum. Viel wichtiger für die Zufriedenheit sind demnach Bildung, Gesundheit, Kommunikation, gute Arbeit. Und natürlich gehören dazu auch zwischenmenschliche Beziehungen.«

Die Welt mit den Augen der Gerechtigkeit sehen

Es gibt ein weiteres entscheidendes Problem bei der Betrachtung des Wertes einer Gesellschaft. Alle bisherigen Daten sind Durchschnittskennziffern eines Landes. Sie sagen überhaupt nichts darüber aus, wie der nationale Reichtum, auch Glück und Wohlstand, in der Gesellschaft verteilt sind. Reiche Staaten sind nur dann wirklich »reich«, wenn dieser Reichtum der Mehrheit des Volkes zu Gute kommt. Auch dafür gibt es international anerkannte Maßstäbe. Seit langem erfasst und international verglichen wird der Gini-Koeffizient – als Maß der Gleichheit in der Verteilung der Einkommen und Vermögen. Es ist geradezu typisch für die größten Ausbeuterstaaten, dass zwar ein relativ hohes durchschnittliches Niveau der wirtschaftlichen Leistung ausgewiesen, aber der Reichtum im höchsten Maße ungleich verteilt ist.

Ich habe den Gini-Index für die Verteilung des Einkommens verwendet, für das Vermögen gibt es nur Erhebungen für wenige Länder.

Bei dieser Einkommensverteilung gibt es einen rapiden Absturz führender Ausbeuterstaaten gegenüber dem Ranking des BIP, an der Spitze die USA. Das wirtschaftlich führende Land, die USA, im BIP je Kopf der Bevölkerung an 14. Stelle in der Welt stehend, stürzt bei der Verteilungsgerechtigkeit auf den 93. Platz ab. Die international vergleichbare Erhebung stammt aus dem Jahre 2007.

Die Ungerechtigkeit in den USA und der BRD

In den *USA* selbst fließen inzwischen über 50 Prozent des volkswirtschaftlichen Einkommens in die Taschen einer 5 Prozent der Bevölkerung ausmachenden Oberschicht. (1968 war der Anteil bei 40 Prozent).[9]

Nach einem Bericht des Congressional Research Service »scheint in den USA die Einkommensverteilung zu den ungleichsten aller Industrieländer zu gehören und die USA scheinen zu den Nationen zu gehören, in denen die größten Zuwächse bei den Maßstäben für Ungleichheit zu beobachten sind … Ökonomische Mobilität ist weitgehend verschlossen. Die Aussicht vom Tellerwäscher zum Millionär zu werden, einer der zentralen Bestandteile des »amerikanischen Traum« bleibt also in aller Regel ein schöner, aber leerer Traum … Wenig mobil sind neben den USA auch Großbritannien und Frankreich. Am offensten sollen Kanada, Finnland, Dänemark und Norwegen sein. Deutschland und Schweden befinden sich in der Mitte.[10]

Die BRD holt seit 1990 kräftig auf. Nach offiziellem Bericht der Enquete-Kommission wie folgt: 80 Prozent der deutschen Bevölkerung besitzen gerade 18 Prozent des volkswirtschaftlichen Vermögens. Das reichste Zehntel nennt 67 Prozent sein eigen, ein Prozent der Bevölkerung hat sich 36 Prozent des Vermögens angeeignet.

Bedenklich stimmt natürlich, dass sich China und Russland in der Ungerechtigkeit in schlechter Nachbarschaft mit den USA befinden, offenkundig das Ergebnis des Privatisierungsprozesses.

Der Gini-Index der Verteilungsgerechtigkeit

1	Schweden	23,0	2005
2	Norwegen	25,0	2008
3	Luxemburg	26,0	2005
4	Tschech. Republik	26,0	2005
5	Slowakei	26,0	2005
6	Serbien	26,0	2008
7	Malta	26,0	2007
8	Österreich	26,0	2007
9	Albanien	26,7	2005
10	Deutschland	27,0	2006

Weitere Länder

33	Kanada	32,1	2005
54	Indien	36,8	2004
55	Vietnam	37,0	2004
59	Japan	38,1	2002
76	Venezuela	41,0	2009
79	China	41,5	2007
80	Russland	42,2	2009
93	USA	45,0	2007

Die 10 Länder mit der ungerechtesten Verteilung

125	Brasilien	56,7	2005
126	Bolivien	58,2	2009
127	Kolumbien	58,5	2009
128	Haiti	59,2	2001
129	Zentralafr. Rep.	61,3	1993
130	Sierra Leone	62,9	1989
131	Botsuana	63,0	1993
132	Lesotho	63,2	1995
133	Südafrika	65,0	2005
134	Namibia	70,7	2003

Je höher der Index, desto ungerechter die Verteilung

Fasst man die Daten aus den von mir verwendeten sieben Wohlstandsindizes zu einer Gesamtaussage zusammen, ergeben sich völlig neue Erkenntnisse über den Zustand der Welt. Ich habe das für 76 Länder, von denen jedes über zehn Millionen Einwohner hat, getan und erfasse damit über 86 Prozent der Weltbevölkerung. (siehe Anlage 2).

Natürlich zeigt die Darstellung, dass die ärmsten vorwiegend afrikanischen Länder auch den schlechtesten Wohlstandsindex aufweisen. Aber es ergeben sich auch andere interessante Erkenntnisse. So zeigt sich eindeutig, dass keinesfalls alle »wirtschaftlich führenden« Ausbeuterstaaten auch diejenigen mit dem höchsten Lebensniveau sind. Das trifft nur dann zu, wenn Wirtschaftskraft mit Sozial- und Umweltpolitik verbunden wird. Auf die »führende Weltmacht« USA trifft das keinesfalls zu. Aufgrund einer extrem ungerechten und ungleichmäßigen Verteilung der Einkommen, großer Versäumnisse beim Umweltschutz und eines extrem schlechten »Glücksindex« fallen die USA in der »Gesamtwertung der Lebensqualität« aber auf den 40. Platz zurück. Die USA sind das Land, das aus der extremen weltweiten Ausbeutung den geringsten sozial-ökologischen Nutzen zieht. Dabei ist auch diese Platzierung geschönt. Die internationalen Statistiker bescheinigen den USA einen 12. Platz im »Demokratieindex«. Und das für ein Land, das in Permanenz andere Völker mit Krieg überzieht, die bezogen auf die Bevölkerungsanzahl weltweit höchste Anzahl von Strafgefangenen eingesperrt hat, das nach wie vor Todesurteile an Unschuldigen vollstreckt, in dem Rassendiskriminierung weiter an der Tagesordnung ist, jeder eine Waffe besitzen kann, um Selbstjustiz zu üben und die »Demokratie« sich darin erstreckt, dass zwischen den Millionärscliquen zweier politisch ähnlicher Parteien gewählt werden kann. Der Gesamtwohlstandsindex der USA befindet sich damit in der Nähe solcher Länder wie Guatemala, Brasilien, Argentinien, Tunesien und Indonesien.

USA hat mehr Strafgefangene als China

»Als Land mit einer vier Mal so großen Einwohnerzahl als die Vereinigten Staaten von Amerika, aber einer kleineren Zahl von Menschen im Gefängnis, wird China ständig von Washington als »autoritärer Staat« abgekanzelt. China wird beschuldigt, die Menschenrechte zu missachten, während die Polizei der Vereinigten

Staaten von Amerika die Bevölkerung der Vereinigten Staaten von Amerika brutalisiert.«[11]

Eine ganz andere Entwicklung vollziehen kleinere, in der Wirtschaftsleistung zurück liegende Entwicklungsländer mit sozialer oder sogar sozialistischer Orientierung. Cuba, Vietnam, Sri Lanka, Nepal lassen durch wesentlich bessere Platzierungen im Wohlfahrtindex durch ihre Sozial- und Umweltökonomie aufhorchen, obwohl ihre Wirtschaftsleistung durchaus gering ist. Das sozialistische Cuba liegt zwar mit einer Wirtschaftsleistung von 5.550 Dollar pro Kopf nur an 30. Stelle von der erfassten Staaten, die Lebenserwartung seiner Bevölkerung –Hauptindex eines erstrebenswerten Lebens – mit annähernd 80 Jahren entspricht aber der hochentwickelter Industriestaaten. Bildung, Gesundheitsversorgung und eine annähernd gleichmäßige Verteilung dessen, was das Land erarbeitet hat, sind die Grundlagen. Folglich platziert es sich auch im Umwelt- und Glücksindex wesentlich vor den USA und anderen Industriestaaten.

Man kann derartige Betrachtungen als statistische »Spielerei« abtun. In gewissem Sinne sind sie das auch. Hinzu kommt, dass hinsichtlich der einzelnen »Platzziffern« auch methodische und politische Ungereimtheiten nicht auszuschließen sind und nicht für alle Länder alle Kennziffern erfasst sind. Tendenziell und prinzipiell bestätigt die Analyse jedoch an Hand weitgehend objektiver, international anerkannter Kennziffern: Nicht die Länder mit der höchsten »Bruttoproduktion« erreichen auch den höchsten Lebensstandard. Und umgekehrt: Auch Länder mit relativ geringer Wirtschaftskraft können politisch gewollt Wohlstand für die Menschen erreichen.

Die Analyse beweist, dass die Lebensqualität etwas anderes ist, als hohes BIP und Reichtum. Im Gegenteil. Ab einer bestimmten, lebensnotwendigen Höhe fördern Wirtschaftsleistung und Reichtum einer Nation nicht Glück und Wohlstand, sondern schaden ihm. Dass diese Aussagen eben keine statistischen Spielereien sind, wird jeder bestätigen, der das Glück hatte, Menschen in Ländern der Karibik, Südamerikas, Asiens und sogar Afrikas mit ihrer menschlichen Wärme, Bodenständigkeit und Zufriedenheit kennen zu lernen, um dann wieder den gehetzten, gestressten, kalten und gierigen Wohlstandsbürgern moderner Industriegesellschaften ausgeliefert zu sein.

Anmerkungen:

1 Joaquin Mbomio Bacheng in JUNGE WELT vom 16./17.06.2012
2 Georges Soros »Die Krise des globalen Kapitalismus« Alexander Feist Verlag 1998, S. 260
3 Süddeutsche Zeitung »Die alte Mär vom Mehr« 15.09.2009
4 Deutscher Bundestag Drucksache 17/13300 vom 03.05.2013
5 Das Gesamtranking ist abrufbar unter http://www.utopia.de/magazin/der-globale-gluecks-index-liste-zum-download?all
6 Bas Kast »Ich weiß nicht, was ich wollen soll« S. Fischer Verlag 2012 – auszugsweise veröffentlicht im Tagesspiegel vom 31.03. und 07.04.2012.
7 Friederike Habermann »Zwei Seelen, ach!« im ND vom 07./08.04.2012
8 Man muss Glück auch bemerken – Glücksforscher Karlheinz Ruckriegel im ND vom 29./30.12.2012
9 TELEPOLIS www.heise.de/tp/blogs/8/print/151653
10 www.heise.de/tp/blogs/8/print/151653
11 Paul Craig Roberts – ehem. USA-Vize-Finanzminister in http://antikrieg.com/aktuell/2014_05_26_warum-krieg.htm

III. Ist die Finanzkrise die größte Herausforderung für die Menschheit?

Seit Jahren wird durch Politik und Medien den Bürgern der Eindruck vermittelt, das entscheidende Problem zu Beginn des 21. Jahrhunderts sei die »Finanz«- oder »Schulden«-Krise. Tagtäglich bestimmen Börsenkurse, Bonitäten und Verschuldungsgrade die Spitzenmeldungen der Medien.

Regiert das Geld die Welt?

Es ist an der Zeit, sich der Rolle des Geldes in der modernen Gesellschaft prinzipiell zuzuwenden. Was ist Geld? Welche Bedeutung hat es? Geld gibt es, seit die Menschheit ihre Produkte nicht nur für den Eigenbedarf der Sippe oder Familie herstellt, ihre Bedürfnisse nicht in Form des Naturalaustausches »Getreide gegen Kuh« befriedigt, sondern die Spezialisierung in der Produktion so weit fortgeschritten war, dass der Austausch über einen anonymen Markt erfolgt. In dieser Phase der gesellschaftlichen Entwicklung war es notwendig, ein allgemeines Tauschmittel zu finden gegen das alle Produkte handelbar waren. Dieses allgemeine Tauschmittel musste wertvoll, leicht handhabbar und haltbar sein. Im Altertum waren das Federn, Tiere, Muscheln, Steine, später im 17. Jahrhundert in Holland sogar Tulpenzwiebeln.

Im Allgemeinen bildeten sich Gold-, Silber- und Kupfermünzen als allgemeines Tauschmittel heraus. Sie erforderten für ihre Herstellung hohen Aufwand, waren also teuer, hatten wenig Volumen, waren beliebig in kleine Einheiten teilbar und praktisch unendlich haltbar. Das ideale Tauschmittel war gefunden, Funde belegen seine Existenz seit 600 v. Chr. in Griechenland. Es funktionierte über 2000 Jahre. Im 17. Jahrhundert vollzog sich die erste grundsätzliche Wandlung. Der Handel mit Metallmünzen wurde beschwerlich, insbesondere dann, wenn hochwertiges Gold durch Silber oder gar Kupfer ersetzt werden musste. »Doch so schwer wollten die Kaufleute nicht tragen, und so schlossen sie die unhandlichen Platten in der Stockholm Banco ein und bekamen dafür einen Abholschein. Die ersten Banknoten waren erfunden. Jahrhunderte waren Banknoten nur ein Stück Papier mit einem aufgedruckten Zahlungsversprechen, wahren Wert hatten nur Edelmetalle.«[1]

1881 wurde der Goldstandard international verbindlich festgelegt und er sollte fast ein Jahrhundert gelten. Das Prinzip: Jedes Land musste einen hohen Anteil des auf den Banknoten aufgedruckten Geldes materiell decken. Jeder Besitzer von Banknoten konnte jederzeit – zumindest theoretisch – in hartes Edelmetall umtauschen. Dann kamen die Weltkriege. Die kriegführenden Staaten brauchten mehr Geld als sie Golddeckung hatten. Ende des Zweiten Weltkrieges wurde im Jahre 1944 im Bretton-Woods-Abkommen nochmals der Versuch einer Golddeckung unternommen: 35 US-Dollar = 1 Unze Gold – alle anderen Währungen hatten einen festen Wechselkurs zum Dollar. Mit dieser Bindung konnten die USA finanziell nicht lange leben. Die kostspieligen Kriegsabenteuer – insbesondere der Vietnamkrieg – zwangen zur Aufgabe der Goldbindung des Dollar. Die USA brauchten mehr Geld, als es Golddeckung hatte. Also wurde fleißig Papiergeld gedruckt und weltweit in Umlauf gebracht. Wären die Besitzer der wertlosen Papiere auf die Idee gekommen, ihr Papiergeld in Gold aus den Tresoren der amerikanischen Zentralbank rücktauschen zu wollen, hätte diese innerhalb weniger Tage den »Pferdekopf heraushängen« müssen. Also kam Präsident Nixon – oder seine Finanzberater – auf die geniale Idee, den Goldstandard des Dollar und damit aller anderen Währungen aufzukündigen.

Die Chronologie des Geldes

2500 v. Chr.	Mesopothamien	Geld erstmals als Silber erwähnt
ca. 2000 v.d.Z.	China	Geld in Muscheln
rd. 1000 v.u.Z.	Pazifik Inseln	Geld in roten Federn
900 v.u.Z.	Europäische Antike	Geld in Rindern
600 v. Chr.	Griechenland	Erste Gold-, Silber-, Kupfermünzen
217 v. Chr.	Rom	Einführung von Silber- und Goldmünzen
8. Jhd.	Karl der Große	Einführung des Silberdenar
16. Jahrh.	Spanien	Plündern Gold und Silber Südamerikas, erste europäische Inflation
17. Jahrh.	Holland	Ostindienkompanie gibt Anteile aus - erste Aktiengesellschaft
1637	Holland	"Tulpenblase" platzt, erste Spekulation mit Derivaten
1661	Schweden	Erste Papier-Banknoten mit Silberdeckung
1717	Großbritannien	Golddeckung für 1 Pfund Sterling wird eingeführt
1944	USA	Golddeckung durch Bretton-Woods-Abkommen
1971	USA	Aufkündigung der Golddeckung durch Präsident Nixon
1971	USA	Mit der Nasdaq beginnt der erste elektronische Börsenhandel

Seitdem ist Geld ein an und für sich wertloses Schnipsel Papier. Die Staaten oder besser »ihre« Notenbanken »garantieren« den Bürgern gegen die Schnipsel reale Werte – Waren und Dienstleistungen – erwerben zu können. Bei jeder Inflation oder Staatspleite zeigt sich die Hohlheit dieses Versprechens. Die Staaten sind in der Lage, über die »unabhängigen« Zentralbanken die Gelddruckmaschinen in beliebiger Geschwindigkeit laufen zu lassen – und sie machen regen Gebrauch davon. »Notfalls werfen wir weltweit Dollar mit dem Hubschrauber ab, um die Wirtschaft am Laufen zu halten« – sprach richtigerweise ein amerikanischer Finanzminister. Inzwischen sind wir noch ein gutes Stück weiter. Auch die Notenpressen haben nur Symbolwert und können weitgehend stillstehen. Geld wird heutzutage vorrangig elektronisch in Form von bits und bytes rund um den Globus gejagt. In Billionen fluten die Zentralbanken elektronisches Geld, um einen verheerenden, nicht mehr steuerbaren Geldkreislauf künstlich am Leben zu halten. Als die USA 1971 beschlossen, das Bretton-Woods-System aufzukündigen, betrugen ihre Schulden weniger als 38 Prozent des Bruttoinlandsproduktes. Heute sind es über 100 Prozent.

Die Wertlosigkeit des aufgeblähten Geldsystems

»Die Börsen handeln mit einem Drittel der Lichtgeschwindigkeit. Früher, als das Geschäft noch von Maklern auf Zuruf betrieben wurde, galt Schallgeschwindigkeit, 330 Meter pro Sekunde. Ein Drittel der Lichtgeschwindigkeit sind dagegen 100.000 Kilometer pro Sekunde. Dieses Tempo hat uns ein Finanzsystem beschert, das in seinem Volumen viel zu groß ist für den Welthandel. Wir haben grob 80 Billionen Dollar Weltbruttosozialprodukt, und wir haben rund 100 Billionen Dollar in Aktien und Fonds. Daneben haben wir 650 Billionen Finanzderivate und 950 Billionen sind Devisengeschäfte. Dieses Geld braucht kein Mensch. Aber es übt Druck aus.«[2]

»Allen Veränderungen zum Trotz ist eine Eigenschaft des Zahlungsmittels jedoch geblieben: Noch immer beruht das Geld, das im Kult entstand, im Wesentlichen auf Glauben. Die Scheine in unserem Portemonnaie – und die elektronischen Buchungen auf unserem Konto und den Plastekarten K.B. – sind nur deshalb etwas wert, weil wir daran glauben, dass sie etwas wert sind. Verlören wir diese Überzeugung, dann wären auch die 1,2 Milliarden Euroscheine, die von der Bundesdruckerei dieses Jahr ausgeliefert werden – und die Billionen, die die EZB an Elektronikgeld in den Kreislauf wirft K.B. – nur noch eine Menge buntes Papier.«[3] – oder eine elektronische Luftbuchung.

Geld in der heutigen Form als Papierschnipsel oder elektronische bits und bytes ist de facto nichts wert. Dass es trotzdem die Welt regiert, liegt an dem künstlich am Leben gehaltenen Versprechen der Staaten und ihrer Notenbanken, jederzeit gegen Waren und Dienstleistungen einlösbar zu sein. Dieses Versprechen ist mehr als trügerisch, wie die seit langem grassierende »Finanzkrise« zeigt. Politische Veränderungen und ökonomische Zwänge können sehr schnell dazu führen, dass das ganze Gebilde wie ein Kartenhaus zusammenstürzt.

Natürlich unternehmen das Finanzkapital und die ihm hörige Politik alles, um diesen Kollaps zu vermeiden. Der »Nichtwert« des Geldes gestattet es ihnen vorzüglich, mit diesem Surrogat zu spekulieren, zu verschulden und formell zu bereichern. Die unendliche Gier nach immer mehr von diesem »wertlosen Zeug« hat darin ihren Ursprung. Immer mehr Bits und Bytes davon auf diversen Konten zu haben, gibt Macht und versetzt in Rauschzustände. Die Wurzel dafür ist die Möglichkeit, ohne eigene Arbeit aus diesem Geld immer mehr Geld – Kapital – zu machen. Ob durch Privatbesitz von Unternehmen und Finanzinstituten oder allein durch die Möglichkeit damit zu spekulieren, bleibt zunächst unwichtig. Wo diese Möglichkeiten sozialistisch unterbunden werden, verliert die »Luftnummer Geld« von sich allein viel von ihrer Wirkung. Geld dient dann letztlich dem privaten Konsum. Und diesem sind von Natur aus Grenzen gesetzt.

Wie kann die Krise überwunden werden?

Jeder guten Therapie muss eine sichere Diagnose vorausgehen. Die Diagnose zur Krise hält sich an Oberflächenerscheinungen auf. Es wird festgestellt, der Patient hat hohes Fieber, also gibt man ihm fiebersenkende Mittel. Der Ursache der Krankheit wird nicht auf den Grund gegangen.

Als Ursachen werden diagnostiziert: Immobilienkrise, Gier der Banker und Spekulanten, »über die Verhältnisse leben«, Staatsschulden und manch andere Erscheinung. Also folgern die systemabhängigen politischen und ökonomischen Eliten durch »Aufsicht«, »Regulierung«, »Kontrolle«, Sparorgien für die Armen und noch mehr Geld für die Banken die Symptome kurieren zu können. Vor einer wirklichen Diagnose scheuen sich der bezahlte und abhängige Mainstream ebenso wie die verantwortlichen Politiker.

In ungezählten Tag- und Nachtsitzungen machten sich die »Mächtigen« und »Eitlen« dieser Welt zu Sklaven des Finanzkapitals. Bankenrettung nach dem Motto »to big to fail« (zu groß um zu fallen) und »die Märkte müssen beruhigt werden« waren die Schlachtrufe der obersten politischen Währungshüter. Die Staatshaushalte, alle nur aus Schulden und Löchern bestehend, bürgten mit Billionen. »Rettungsschirme« wurden aufgespannt nach dem Prinzip: Wer die kleineren Löcher im Schirm hat, vergrößert sie weiter, um für die größeren Löcher der anderen zu bürgen.

In einem komplizierten Geflecht von ESM, EFSM, IWF, Anleihen, Bürgschaften und Geldleistungen gingen die Euro-Staaten Verpflichtungen ein, um sich gegenseitig »zu retten«. Da aber alle kein Geld haben, ist die Geldquelle immer die gleiche: der private Kapitalmarkt. Dass ein solcher löchriger Schirm nicht schützt, versteht sich von selbst.

Die Auswirkungen sind verheerend und menschenverachtend. Alexis Tsipras – der Vorsitzende des linken griechischen Parteienbündnisses Syriza – schreibt unter der Überschrift *Merkels Sparkurs ist die Krise*: »Das soziale Gefüge Griechenlands löst sich auf. Das Land steht an der Schwelle zu einer akuten humanitären Krise. Der schwarze Schleier der Armut bedeckt ein Drittel der Bevölkerung Griechenlands. Doch der neoliberale Wahn ist nicht nur eine Bedrohung für Griechenland, sondern für ganz Europa. Angela Merkel & Co. drängen die Währungszone in den wirtschaftlichen Niedergang.«[4]

Die Lage in Portugal, Spanien ist ähnlich; Italien, Frankreich entwickeln sich auf diese Verhältnisse zu. Der »mündige Wähler« belohnt in Deutschland Angela Merkel dafür, dass es ihr gelungen ist, die stärksten sozialen Lasten fremden Völkern aufzuerlegen und das Funktionieren der Finanzmärkte auf erweiterter Stufenleiter sowie die Zunahme der Bereicherung kleinster Kreise der Bevölkerung zu garantieren.

Das Spekulationsgeschäft der Banken blüht wie nie zuvor, allen Schein-»Regulierungen« und »Beaufsichtigungen« zum Trotz. »Schattenbanken haben die Finanzkrise verschärft – und wachsen trotzdem weiter. Im vergangenen Jahr lag ihr Geschäftsvolumen bei 67.000 Milliarden Dollar. Damit verwalten sie doppelt so viel Geld wie noch vor zehn Jahren. Allein seit Ausbruch der Finanzkrise ist ihr Geschäftsvolumen um weitere 5.000 Milliarden Dollar gewachsen.«[5] Das Verderben bringende Spiel geht auf erweiterter Stufenleiter weiter.

Der denkende Mensch muss sich die Fragen stellen: Woher kommt das Geld für die Spekulanten und die Geldvermehrung, wenn alle sparen müssen? Wieso haben die Länder im reichen Europa die höchsten Schulden? Warum sind die reichsten Staaten nicht mehr in der Lage, die Grundbedürfnisse ihrer Bürger zu befriedigen?

Solche Fragestellungen führen zur richtigen Diagnose. Stellen wir zunächst fest: Nicht nur in Europa, sondern weltweit haben nicht die ärmsten Staaten die höchsten Staatsschulden, sondern die reichsten. Arme Staaten sind überhaupt nicht in der Lage, Schulden anzuhäufen. Diesen borgt keiner Geld. In logischer Konsequenz sinkt deren Verschuldung ständig. Demgegenüber ist das gesamte Wirtschaftsgeschehen in den entwickelten Industrieländern auf Pump aufgebaut: privat, geschäftlich, staatlich – Tendenz ständig steigend. Dominierend sind inzwischen die Staatsschulden geworden. Hinsichtlich der absoluten Staatsschuldenhöhe gibt es weltweit das Ranking: 1. USA, 2. Japan, 3. BRD. Auf den Kopf der Bevölkerung bezogen, heißt die Reihenfolge: 1. Japan, 2. USA, 3. Griechenland … 6. Deutschland

Der Zusammenhang zwischen Reichtum (in Gestalt des BIP) und Staatsschulden eines Landes ist funktional fassbar. Je reicher ein Land, desto mehr Staatsschulden hat es. Und umgekehrt: Je ärmer, desto weniger. Das entspricht der bürgerlichen Wirtschaftslehre: Wer ein hohes BIP hat, darf auch hohe Schulden haben, denn er bleibt zahlungsfähig. Man sollte klarer formulieren: Wer durch weltweite Ausbeutung von Mensch und Natur ein hohes BIP errreicht, beutet die Welt auch noch durch hohe Verschuldung aus – »Musterschüler« USA.

Zusammenhang zwischen Staatsschulden und BIP in US-$ pro Einwohner 2011

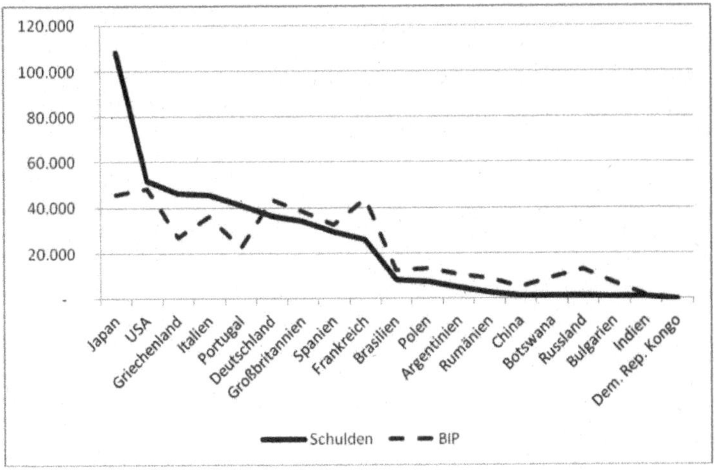

Datenquelle: Fischers Weltalmanach 2012

Diese Diagnose beantwortet aber noch nicht die Frage, warum dem so ist. Sie weist jedoch auf die Ursache des Krebsgeschwürs hin. Die führenden »reichen« Industriestaaten sind diejenigen, in denen die kapitalistische Ausbeutung am weitesten entwickelt ist. Multinationale Konzerne und Finanzinstitute beherrschen nicht nur die Wirtschaft, sondern die Gesellschaft und Politik. Das Ziel dieser Gesellschaften ist es nicht und niemals, den nationalen Reichtum allen Bürgern zu Gute kommen zu lassen. Er fließt überwiegend und zunehmend in die Taschen einer immer kleiner, aber immer reicher werdenden Oberschicht.

Der Staat ist weder dazu da, noch in der Lage, dieser Oberschicht das notwendige Vermögen zu entziehen, um gesamtstaatliche Belange durchzusetzen. Er verschuldet sich. Bei wem? Im Umweg über die »Finanzmärkte« bei eben dieser Oberschicht. Er häuft nicht nur Schulden über Schulden an, sondern zahlt dieser parasitären Clique auch noch horrende Zinsen. Woher? Durch Auspressung der unteren Schichten der Bevölkerung durch Lohnminderung, Arbeitslosigkeit und Entzug von lebensnotwendigen Sozialleistungen. Deshalb steht den Staatsschulden spiegelbildlich der Reichtum der Oberschicht gegenüber. In den Staaten mit den höchsten Schulden haben sich auch die größten privaten Vermögen angehäuft.

Privates Geldvermögen und Staatsschulden in Industrieländern 2011

	Privates Geldvermögen	Staatsschulden	Anteil
	Mrd. Euro	Mrd. Euro	%
EU	22.300	10.274	46
USA	38.693	12.227	32
Japan	15.572	10.637	68
China	6.480	1.431	22
Deutschland	4.715	2.072	44
Großbritannien	5.128	1.437	28
Frankreich	4.715	1.690	36
Italien	3.549	1.873	53

Datenquelle: Tagesspiegel 19.9.2012/Wikipedia „Staatsverschuldung"

Also: Weltweit würden 25 bis 30 Prozent des liquiden Geldvermögens ausreichen, um alle Staatsschulden zu tilgen. Dieses Vermögen ist auf kleinste Kreise konzentriert. Allein das Vermögen der obersten Reichtumsspitze – das sind 30 Millionen Menschen oder 0,5 Prozent der Weltbevölkerung – beträgt 89 Billionen Dollar, was über ein Drittel des Weltvermögens oder das Doppelte der Staatsschulden ausmacht.[8]

Nach dieser klaren Diagnose liegt die Therapie auf der Hand: Erleichterung der obersten Spitzen des Reichtums um einen Teil ihres durch Ausbeutung von Mensch und Natur erworbenen Vermögens. Alle Staatsschulden wären getilgt.

Die Anhänger des Systems wollen das durch Besteuern erreichen. Die Presse[9] kündigt für das Frühjahr 2015 in deutscher Ausgabe ein neues epochales kapitalismuskritisches Buch an. Der französische Ökonom Thomas Piketty – Professor an der Pais School of Economics – stellt darin unter dem bezeichnenden Titel *Das Kapital im 21. Jahrhundert* – eine offenkundige Anspielung auf das Hauptwerk von Karl Marx – fest: Kapital und Vermögen werfen stets mehr Ertrag ab als Anstrengung und harte Arbeit. Die Konsequenz: Die Reichen werden immer reicher, und wer hat, dem wird gegeben. Welch fundamentale neue Erkenntnis! Die Schlussfolgerung des Ökonomie-Professors daraus lautet – ganz und gar unmarxistisch: »Nur mit höheren Steuern lässt sich das System retten«. Die Lösung sieht der politisch ansonsten ausgesprochen zurückhaltende Ökonom in einer globalen Vermögensbesteuerung zwischen 0,1 und 10

Prozent je nach Vermögenshöhe. In den USA ist das Buch ein Bestseller, vielleicht das wichtigste Wirtschaftsbuch des Jahrzehnts, schwärmt Nobelpreisträger Paul Krugman. Warum auch nicht? Solange das System mit höheren Steuern gerettet werden soll, passiert dem System gar nichts. Wie wäre es ausnahmsweise mit der Erkenntnis: Da das System auch mit höheren Steuern nicht der Mehrheit der Menschen dient, muss es überwunden werden!

Die Quintessenz des französischen Professors zur höheren Besteuerung deckt sich übrigens auffallend mit der Auffassung führender Kräfte der Partei *Die Linke*. Als ich auf einem öffentlichen Forum die Auffassung vertrat, mit »nachträglichem« Versteuern einmal durch Ausbeutung von Mensch und Natur heraus gepressten Reichtums ist keine soziale Gerechtigkeit herzustellen, vielmehr nur durch »vorträgliche« Enteignung, wurde mir durch einen kompetenten Vertreter der *Linken* nachhaltig widersprochen. Es ist ja so bequem, sich mit den Grundlagen des Systems zu identifizieren und nur die Erscheinungen zu kritisieren!

Enteignung der Enteigner – Expropriation der Expropriateure – lautet die entscheidende Marx'sche Forderung! Ist das im Rahmen der bestehenden Gesellschaftsordnung möglich?

Anmerkungen:

1 Verena Friederike Hasel »Money, money, money« im TAGESSPIEGEL vom 03.03.2012.
2 Harald Lesch TAGESSPIEGEL vom 17.06.2012
3 AGESSPIEGEL 03.03.2012
4 ND vom 20./21.10.2012
5 TAGESSPIEGEL 20.11.2012 »Im Schatten«
6 Bank für Intern. Zahlungsausgleich im TAGESSPIEGEL vom 10.03.2014
7 Allianz Global Wealth Report in ISW-SPEZIAL Nr. 26
8 Angaben nach Fred Schmidt »Die Herren des Geldes« ISW-SPEZIAL Nr. 26, S. 4
9 Vgl. TAGESSPIEGEL vom 18.05.2014 »Von oben herab« und ND vom 10./11.05.2014 »Ökonom für die 99 Prozent«

IV. Die Bevölkerungsexplosion – das Kardinalproblem?

Egal aus welchem Blickwinkel man die Sache betrachtet: Ein Planet mit zehn Milliarden Menschen wird der reinste Albtraum sein

Stephen Emmott

Die Weltlandwirtschaft kann heute problemlos fast 12 Milliarden Menschen ernähren

Jean Ziegler

Gesellschaftsordnungen sollten dem Menschen dienen. Alles, was bisher gesagt wurde, macht nur Sinn, wenn es dahingehend umgesetzt werden kann, das Leben für alle Menschen auf diesem Planeten besser zu gestalten.

Das Leben der Menschen verbessern, heißt aber auch und zuvorderst die Frage zu beantworten: Wie entwickelt sich die Menschheit? Ist es überhaupt möglich, einer extrem anwachsenden Weltbevölkerung ein menschenwürdiges Leben zu ermöglichen?

Entwicklung der Weltbevölkerung

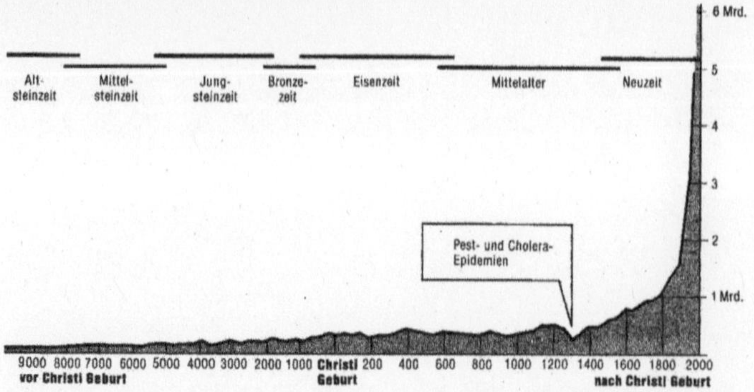

Quelle: Fischers Weltalmanach 1988

Wenn man die quantitative Entwicklung der Weltbevölkerung betrachtet, gibt es eine erstaunliche Erkenntnis. Im Jahre 0 gab es weniger als 200 Millionen Menschen auf der Erde. Über Tausende von Jahren bis um 1800 lebten weniger als 1 Milliarde Menschen auf diesem Planeten. Im Jahre 1900 erreichte die Erdbevölkerung die Größe von 1,6 Milliarden. Dann setzte eine wahre Explosion ein. 1965 bevölkerten bereits 3,3 Milliarden Menschen die Erde. Bis heute – innerhalb von knapp 60 Jahren, ein Wimpernschlag in der Menschheitsgeschichte – kamen über 4 Milliarden Menschen hinzu. Gegenwärtig bevölkern annähernd 7,3 Milliarden Erdenbürger diesen Planeten, jeden Tag kommen 240.000 neue hinzu.

Wie geht es weiter? Bevölkerungsentwicklungen vorauszusagen, ist äußerst kompliziert. Die »Propheten« der Menschheitsentwicklung der UNO geben ständig neue Prognosen von sich. Sie alle gehen davon aus, dass die Zuwachsraten sinken.

Weltbevölkerung, Wachstumsrate, Zuwachs und Durchschnittsalter 1950 bis 2030 (Prognose 2020/2030)

Jahr	Bevölkerung in Milliarden	Wachstumsrate (v. H. pro Jahr)	Zuwachs (Millionen pro Jahr)	Durchschnittsalter
1950	2,53	1,8	48	24,0
1960	3,04	1,9	58	23,0
1970	3,70	2,0	76	22,1
1980	4,45	1,8	82	23,1
1990	5,31	1,5	84	24,4
2000	6,12	1,2	77	26,7
2010	6,90	1,1	78	29,2
2020	7,66	0,9	69	31,6
2030	8,32	0,7	78	34,1

Quelle: UNO-Datenbank nach Wikipedia »Bevölkerungsentwicklung«

In der neuesten Prognose vom 11. Juli 2013 wird behauptet, es wären 2050 9,6 Milliarden, im Jahre 2100 bereits 11 Milliarden Menschen auf dieser Welt.[12]

Dabei werden sich im 21. Jahrhundert wesentliche Veränderungen vollziehen. Das Bevölkerungswachstum der Zukunft findet Prognosen der UNO zufolge fast ausschließlich in Entwicklungs- und Schwellenländern statt. In Afrika wird sich die Bevölkerung von heute 1,1 Milliarden bis 2100 auf 4,2 Milliarden vervierfachen. Die Bevölkerung in den hochentwickelten Industriestaaten in Europa wird stagnieren.[3] Bevölkerungswissenschaftler sprechen davon, dass sich die Erde zu einem »Planet der Slums« entwickelt.

Planet der Slums

Viele Menschen in den armen Ländern geben sich der falschen Hoffnung hin, in den Städten besser ihr Leben fristen zu können, schneller eine Arbeit oder etwas zu essen zu finden. Die meisten von ihnen landen in Slums. Bereits heute leben fast eine Milliarde Menschen – jeder 7. Erdenbürger – in Slums. Tendenz rasant steigend.

Die Slums – Spiegelbild der tiefgreifenden sozialen Spaltung der Menschheit

»In Südasien konzentriert sich mittlerweise die Zunahme städtischer Haushalte zu 90 Prozent auf die Slums. .. Indische Slums wachsen weiterhin zweieinhalbmal so schnell wie die Gesamtbevölkerung … Wenn (in Indien) dieser Trend ungebrochen weiter geht, werden wir nur noch Slums und keine Städte mehr haben … Zwischen 1989 und 1999 sind unfassbare 85 Prozent des kenianischen Bevölkerungswachstums von den übel riechenden, dicht bevölkerten Slums Nairobis und Mombasas aufgesogen worden.«[4]

»Slums sind Gebilde, die sich der abgeschirmte Wohlstandsbürger nicht vorstellen kann. Jeder Slum besteht charakteristischerweise aus einem Amalgam von baufälligen Häusern, Überfüllung, Krankheit, Armut und Laster … Vom Hygienestandpunkt aus gesehen, sind die armen Städte, auf welchem Kontinent auch immer, kaum mehr als verstopfte, überlaufende Abwasserkanäle … Die heutigen armen Megastädte – Nairobi, Lagos, Bombay, Dhaka usw. – sind stinkende Kotberge … Die intime Nähe zum Müll anderer Menschen ist in der Tat das Spiegelbild einer tiefgreifenden sozialen Spaltung … Die allgemeine Verbreitung von Parasiten in den Körpern der Armen, ebenso wie das Leben im Unrat, markiert in der Tat die Demarkationslinie zweier existenziell getrennter Menschheiten.«[5]

Eine solche Weiterentwicklung der Menschheit ist des Menschen unwürdig. Sie wird zum sozialen Sprengstoff auf dieser Welt. RAND, ein von der US Air Force gegründetes militärwissenschaftliches Forschungsinstitut in Santa Monica, kommt zu dem Schluss, »dass die Urbanisierung der weltweiten Armut zu einer Urbanisierung des Aufstands geführt hat … Die Forscher geben klar zu verstehen, dass der Mega-

Slum zum schwächsten Glied der neuen Weltordnung geworden ist.«[6] Welche menschenwürdigen Gegenmaßnahmen gibt es? Bei der Beantwortung dieser Frage stehen sich zwei Denkrichtungen gegenüber: Die eine behauptet, dieser Planet verträgt problemlos ein weiteres Bevölkerungswachstum. Die bereits gegenwärtig bestehenden und sich ständig verstärkenden Probleme von Armut, Hunger, Umwelt sind sozialökonomisch begründet und können durch vernünftige, menschenwürdige Politik überwunden werden. Einer der prominentesten Vertreter dieser Denkrichtung ist der UNO-Sonderbeauftragte Jean Ziegler. Ziegler prangert kompromisslos die Verbrechen des kapitalistischen Wirtschaftssystems an und behauptet, dieser Planet könnte auch 12 Milliarden Erdenbürger ernähren.

***Jean Ziegler »Wir lassen sie verhungern«*[7]**

»Alle fünf Sekunden verhungert ein Kind unter zehn Jahren. 57.000 Menschen sterben pro Tag an Hunger. Eine Milliarde Menschen sind permanent schwerst unterernährt. Und das auf einem Planeten, der vor Reichtum überquillt. Der World Food Report der UNO sagt, dass die Weltlandwirtschaft heute problemlos fast 12 Milliarden Menschen, also fast das Doppelte der Weltbevölkerung, ernähren könnte ... Der Hunger, die Unterernährung und die unmittelbaren Folgen sind bei weitem die wichtigste Todesursache auf diesem Planeten... Es gibt eine permanente Hungerkatastrophe. Dazu kommen die Hungersnöte, und diese in immer schnellerem Rhythmus. Dabei gibt es zu Beginn dieses Jahrtausends keinen objektiven Mangel mehr. Wer jetzt am Hunger stirbt, wird ermordet.

Die Mechanismen, die für dieses tägliche Massaker verantwortlich sind, sind vielfach: Die Börsenspekulation auf Grundnahrungsmittel, die EU-Dumpingpolitik in Afrika, der Landraub, dann die Überschuldung der meisten Entwicklungsländer, die Investitionen in ihre eigene Landwirtschaft verhindern.

Und letztlich der *Agrartreibstoff* ... Unter dem Vorwand des Klimaschutzes haben zum Beispiel die USA letztes Jahr 138 Millionen Tonnen Mais und hunderte Millionen Tonnen Getreide verbrannt, um Bioethanol und Biodiesel herzustellen. Das ist ein Verbrechen an der Menschlichkeit. Dazu kommt: Die Produktionsmethode von Bioethanol ist total umweltschädigend. Die Herstellung eines Liters Bioethanol erfordert 4000 Liter Wasser und setzt Unmengen von CO_2 frei ...

Die Finanzkrise hat zu massiver Börsenspekulation auf Grundnahrungsmittel geführt, damit zur Preisexplosion, die weitere Millionen Menschen zu Opfern von Hunger macht … Die Staaten des Westens haben Milliarden Euro und Dollar eingesetzt, um ihre Banken zu retten. Die europäischen und amerikanischen *Beiträge an das World Food Programm,* das für die humanitäre Soforthilfe zuständig ist, *wurden gekürzt oder gestrichen.* Das Budget des World Food Programmes lag früher bei 6 Milliarden Dollar, heute sind es noch 2,8 Milliarden. Das bedeutet, in den Hungerflüchtlingslagern von Daaba oder Nyala weisen die UNO-Beamten jeden Morgen hunderte Familien ab. Weil nicht mehr genug Vitamin-Biskuits, Milch für die Kinder oder intravenöse Sondernahrung vorhanden sind. Das alles, weil die Regierungen in Berlin, London, Paris und Washington die Beiträge gekürzt haben.

Die Konzerne diktieren ihr Gesetz auch den demokratischen Staaten des Westens. Sie funktionieren nach Profitmaximierung. Es herrscht eine kannibalische Weltordnung. Zehn weltumspannende Konzerne kontrollieren 85 Prozent der weltweit gehandelten Grundnahrungsmittel. Diese Konzerne entscheiden, wer isst und lebt oder wer hungert und stirbt.

Die Exportsubventionen müssen abgeschafft werden. Auf jedem afrikanischen Markt können Sie heute deutsches, französisches, griechisches Gemüse, Früchte, Geflügel zu einem Drittel oder zur Hälfte des Preises des entsprechenden afrikanischen Inlandproduktes kaufen. Und ein paar Kilometer weiter steht der afrikanische Bauer mit Frau und Kindern zehn Stunden unter brennender Sonne, rackert sich ab und hat nicht die geringste Möglichkeit, auf ein Existenzminimum zu kommen.

Das alles kann gestoppt werden, meint Ziegler. **Wie Herr Ziegler?** Das Vordringlichste ist, die »Waffen« des Grundgesetzes zu gebrauchen, um die Regierung zu zwingen, radikale Strukturreformen zu vollbringen. Wenn die Politiker das nicht tun, muss man eben andere wählen«, erklärt er. Und diese treiben dann das gleiche Spiel auf erweiterter Stufenleiter, da sie gar nicht anders können, weil sie am Finanztropf der Konzerne hängen, meine ich.

Die andere Denkrichtung trifft eine gegenteilige Aussage. »Wir haben überhaupt keine Antwort auf die Frage, wie wir auf unserem gegenwärtigen Konsumniveau und mit dem derzeitigen landwirtschaftlichen

System zehn Milliarden Menschen satt kriegen sollen«, schreibt Stephen Emmott in seinem Weltbestseller.[8]

Welche Denkrichtung hat Recht? Zunächst ist Jean Ziegler und allen Verfechtern seiner These zuzustimmen: Armut, Hunger, Umweltzerstörung sind in hohem Maße systembedingte Verbrechen des bestehenden kapitalistischen Weltwirtschaftssystems. Wo der Profit regiert, bleibt der Mensch auf der Strecke. Jedoch selbst die kritischsten Vertreter dieser Auffassung kommen nicht zu der Aussage: Deshalb muss das kapitalistische System überwunden werden. Sie wollen die Erscheinungen durch die Politiker ändern. Eine völlige Illusion!

Selbst wenn dieses gelänge, bleibt ein Grundproblem: Auf dieser Welt leben nach offiziellen UNO-Angaben 2,6 Milliarden Menschen in bitterster Armut. Allein diesen Erdenbürgern ein menschenwürdiges Leben zu sichern, erfordert ungeheure Anstrengungen. Dabei ist nicht der Verschwendungsluxus der Industrieländer gemeint, sondern die menschenwürdige Abdeckung der menschlichen Grundbedürfnisse nach Essen, Trinken, Kleidung, Wohnung, Mobilität, Gesundheits- und Altersversorgung. Wenn dann noch weitere Milliarden »arme Schlucker« hinzukommen, wie soll das gelöst werden? Die Anforderungen an die Ressourcen dieses Planeten siegen ins Unermessliche.

Nein, die richtigen und beißenden Kritiken an den bestehenden unmenschlichen Verteilungsproblemen auf dieser Welt greifen m.E. zu kurz, sie lösen das Grundproblem nicht.

Bevölkerungswachstum stoppen

Die entscheidende Aufgabe, vor der die Menschheit steht, ist deshalb: Die Explosion der Weltbevölkerung stoppen und möglichst in ihr Gegenteil verkehren! Das ist genau die gegenteilige Diktion eines kleinkarierten »großdeutschen Vordenkers«, der in Sorge davor lebt, dass sich »Deutschland abschafft«. Um die Welt im Gleichgewicht zu halten, bedürfte es vieler »Deutschlands, die sich abschaffen«– sprich eine rückläufige bzw. zumindest stagnierende Bevölkerungsentwicklung aufweisen.

In dieser zunehmend globalisierten Welt geht es nicht darum, die deutsche Rasse oder andere ethnische Abstammungen erweitert zu reproduzieren, sondern der Menschheit als Ganzes ein menschenwürdiges Weiterleben zu sichern. Wer durch die zunehmend »internationalisierten« Großstädte, beispielsweise Paris, London, New York und anderswo, schlendert, erkennt augenfällig, dass es mit der »Reinheit der Rasse« nicht mehr weit her ist.

Analysiert man die gegenwärtigen Verhältnisse, zeigen sich völlig unterschiedliche Tendenzen der Bevölkerungsentwicklung:

Bevölkerungsentwicklung 1990 bis 2005 (nach Wachstumsgruppen)

						Welt
Bevölkerungswachstum % je Jahr	**3,6**	**2,4**	**1,6**	**0,8**	**-0,4**	**1,4**
Lebenserwartung in Jahren	54	56	67	75	67	**68**
Fruchtbarkeitsrate	5,9	4,4	2,6	1,7	1,3	**2,6**
Geburtenrate	44	33	22,1	11,8	10	**20,1**
Sterberate	12,8	12	7,5	7,2	14,7	**8,6**
Differenz Geb.-Sterbe-Rate	31,2	21	14,6	4,6	-4,7	**11,5**
BNE je Kopf in US-$	695	1248	2208	15570	4109	**6990**
Einwohner Millionen	**186**	**1017**	**2568**	**2347**	**290**	**6408**

Datenquelle: Fischers Weltalmanach 1988

Die unterschiedlichen Staatengruppen in der Bevölkerungsentwicklung

Gruppe 1 und 2 (1,2 Milliarden Menschen): Extrem Hohes Bevölkerungswachstum um 3 Prozent/Jahr bei geringer Lebenserwartung von 55 Jahren und extrem hoher Geburtenrate.

Die ärmsten Länder Welt mit einem BIP von 2 bis max. 4 US-$ je Tag. Darunter Afghanistan, Bangladesh, Pakistan, Nigeria, Äthiopien, Kenia, Kongo, Sudan. Hier wirkt Malthus ganz real und brutal: Bevölkerungswachstum forciert Armut und Armut tötet.

Gruppe 3 (2,6 Milliarden Menschen): Zu hohes Bevölkerungswachstum von 1,6 Prozent/Jahr bei mittlerer Lebenserwartung von 67 Jahren, hoher Geburtenrate, aber relativ niedriger Sterberate.

Darunter: Indien, Indonesien, Philippinen, Brasilien, Mexiko, Ägypten, Thailand.

Gruppe 4 (2,3 Milliarden Menschen): Geringes Bevölkerungswachstum von 0,8 Prozent/Jahr bei hoher Lebenserwartung von 75 Jahren, geringer Geburten- und Sterberate.

Die entwickelten Industrieländer, aber auch Kuba, Sri Lanka, Nord- und Südkorea, Mazedonien, Polen.

Gruppe 5 (0,3 Milliarden Menschen): Negatives Bevölkerungswachstum von – 0,4 Prozent/Jahr bei mittlerer sinkender Lebenserwartung von 67 Jahren, niedriger Geburten- und extrem hoher Sterberate – Die Mehrzahl der ehemals sozialistischen Länder.

Es gibt eine Gruppe von Staaten mit insgesamt 2,6 Milliarden Einwohnern, die das Ziel- Stopp des Bevölkerungswachstums – bereits erreicht haben bzw. ihm nahe kommen. Die Ursachen für diese Entwicklung sind jedoch in höchstem Maße unterschiedlich.

Einerseits ist in allen hoch entwickelten Industrieländern eine weitestgehende Stagnation der Bevölkerungsentwicklung eingetreten. Das vorherrschende Merkmal sind niedrige Geburtenraten bei einer gleichzeitig langen Lebensdauer und niedrigen Sterberaten. Das Erscheinungsbild täuscht einen anzustrebenden Idealzustand vor. Der Schein trügt jedoch. Das durchschnittlich gute Gesamtbild dieser Staaten täuscht über eine hohe Differenziertheit in Lebenserwartung und Lebensqualität hinweg. Die Oberschicht dieser Länder will keine Kinder, die Unterschicht kann sich keine mehr leisten. Dieser Trend verstärkt sich. Die Lebenserwartung von Geringverdienern sinkt, die von Besserverdienern steigt.

Weil Du arm bist, musst Du eher sterben

»In den *USA* lag die Lebenserwartung bei 77,9 Jahren. Damit belegen die USA weltweit Rang 42 … Als Grund für das schlechte Abschneiden der USA geben Wissenschaftler unter anderem an, dass 45 Millionen US-Bürger keine Krankenversicherung haben … Auch die unterschiedliche Situation von Weißen und Schwarzen trägt zu dem Ergebnis bei: Die Lebenserwartung für Schwarze liegt bei nur 73,3 Jahren, männliche Schwarze kommen sogar nur auf 69,8 Jahre – das entspricht in etwa dem Durchschnittswert von Iran, Nicaragua und Marokko. In *Deutschland* werden bei einer durchschnittlichen Lebenserwartung von aktuell 82,8 Jahren Männer aus der Armutsrisikogruppe nur 70 Jahre und Frauen 77 Jahre alt, während Frauen und Männer mit sehr hohen Einkommen fast zehn Jahre länger leben (81 bzw. 85 Jahre)«[9]

»Im Bundesdurchschnitt *Deutschlands* sank die Lebenserwartung von Geringverdienern zwischen 2001 und 2010 um zwei Jahre … Im Osten ging die Lebenserwartung bereits um fast 4 Jahre zurück. Dort starben Geringverdiener 2001 im Schnitt noch mit 77,9 Jahren, 2010 jedoch bereits mit 74,1 Jahren ... Die Lebenserwartung Bezieher höherer Einkommen ist in den letzten zehn Jahren dagegen gestiegen. Sie lebten 2010 knapp ein Jahr länger als 2001, nämlich bis zum Alter von 83,4 Jahren. (Niedriglöhner 1.330 bis 2.000 Euro monatliches Bruttoentgelt, Besserverdiener 3.330 Euro und mehr)«[10]

Der Absturz der Lebenserwartung im »Ostblock«

Aus extrem anderen Gründen wurde die Bevölkerungsentwicklung vorrangig in den ehemals sozialistischen Ländern Osteuropas »stabilisiert«. Im Zeitraum (1990 bis 2009) seit Einführung von »Freiheit und Demokratie« mit den Segnungen der »freien Marktwirtschaft« sank in fast allen dieser Länder die Geburtenrate und die Sterberate **stieg** an. Die durchschnittliche Sterberate in diesen Ländern des »Ostblocks« befindet sich inzwischen auf einem Niveau, das dem afrikanischer und asiatischer Länder wie Laos oder Sudan entspricht. Die Menschen in den vom »Kommunismus befreiten Ländern« können ihr neues Lebensglück leider nur in kürzerer Lebenszeit genießen. Ein wahrhaft überzeugender Beweis der Überlegenheit des über die Menschen hereingebrochenen kapitalistischen Lebensmodells. Auch hier trügt der Durchschnitt noch über die wahren Lebensverhältnisse. Oligarchen und Emporkömmlinge dürfen sich spürbar höherer Lebenserwartung unter Luxusbedingungen erfreuen.

Die Einführung der Marktwirtschaft in Osteuropa verkürzt das Leben

»Der größte Umbruch der 1990er Jahre war die Verwandlung eines Großteils der früheren ›Zweiten Welt‹ – des *europäischen und asiatischen Staatssozialismus* – in eine neue Dritte Welt. Zu Beginn der 1990er stieg in den früheren ›Übergangsländern‹, wie die Vereinten Nationen sie nennen, offiziell die Zahl der in extremer Armut Lebenden von 14 Millionen auf 168 Millionen: Eine derart plötzliche Massenpauperisierung ist historisch bisher einmalig. Auch in der ehemaligen UdSSR gab es Armut, die zwar nicht offen zugegeben wurde, aber nach Auffassung von Weltbankexperten nie eine Rate von 6 bis 10 Prozent überschritt. Heute leben nach einem Bericht an UN-

Habitat 60 Prozent der russischen Familien in Armut ... Während die schlimmste »Übergangs-Armut« in den aufgegebenen ländlichen Regionen der Ex-Sowjetunion dem Blick entzogen sind, zeigen sich in den Städten schockierende neue Extreme von über Nacht erworbenem Reichtum und ebenso plötzlichem Elend. So stiegen beispielsweise die Einkommensunterschiede in St. Petersburg zwischen dem reichsten und dem ärmsten Zehntel der Bevölkerung vom 4,1-fachen 1989 auf das 13,2-fache 1996. Moskau hat heute vielleicht mehr Milliardäre als New York, aber die Stadt hat auch mehr als eine Million Squatter ... Ältere Wohnblocks – selbst ganze Viertel oder bisweilen komplette Städte – verkamen zu Slums ... Die russische Übergangs-Armut gibt es auch in anderen Ländern Osteuropas ... 43 Prozent der Bulgaren leben heute unterhalb der Armutsgrenze, und Sofia hat vermutlich die größte Slumbevölkerung Europas.«[11]
»In *Russland* ist die Lebenserwartung im Schnitt sogar gesunken. Solche Negativentwicklungen sind selten. Nach UN-Tabellen gab es in Russland in den 60er Jahren eine Lebenserwartung von 69 Jahren – heute sind es in der Russischen Föderation 67.«[12]

Nikolai Ryschkow über »Das desaströse Lebensniveau des russischen Volkes«[13]

Die Ursache dieser desaströsen Entwicklung liegt in der hemmungslosen »Liberalisierung« der russischen Gesellschaft. »Die liberalen Ökonomen riefen dazu auf, sich kopfüber in den Strudel des Marktes zu stürzen ... In dieser Zeit sprach nicht einer von ihnen über die extrem schweren Prüfungen für die Bevölkerung, die »liberale Reformen« mit sich bringen. Aber in der Mitte der 90er Jahre, als sie schon fest an die Unumkehrbarkeit ihrer Reformen glaubten, begannen sie offen und höhnisch zu verkünden, dass sie genau gewusst haben, welche Folgen der Gang der Ereignisse nach ihren Szenarium für die Mehrheit des Volkes und den Staat haben würde.«[14]
»Im Interesse einer sehr schmalen Bevölkerungsschicht privatisierten Jelzin und seine Regierung das volkseigene Staatseigentum in Russland. Im Ergebnis entfiel im Jahr 1998 auf 20 Prozent relativ wohlhabender Russen mehr als die Hälfte des Gesamtumfanges der Einkommen, und den Hauptanteil eigneten sich die 200 bis 300 reichsten Familien an, die einen unbotmäßig großen Teil des Gesamteigentums und der Staatsmacht usurpiert haben.

In den letzten Jahren fiel bei uns die mittlere Lebenserwartung der Männer auf 57 Jahre, die der Frauen auf unter 70 Jahre ... Gegenwärtig übersteigt die Zahl der Verstorbenen die Zahl der Geburten um das 1,5- bis 1,7-fache. In den Zeiten der radikalen »Reformen« von Jelzin und Gaidar nahm die Zahl der Eheschließungen um 30 Prozent ab, die Zahl der Geburten um 37 Prozent. Die russische Geburtenrate ist eine der niedrigsten in Europa, sie liegt fast 40 Prozent unter dem Minimum für eine stabile Population. Vor allem ist das eine Folge der schwierigen wirtschaftlichen Bedingungen, hängt aber auch damit zusammen, dass bei uns auf 1000 Geburten 200 bis 215 Abtreibungen kommen. Das ist kein Wunder. Wie und wo soll man Kinder aufziehen, wenn das Wohnungsproblem Millionen und Abermillionen Familien die sprichwörtliche Luft zum Atmen nimmt ... Es gab praktisch keine neuen Sozialwohnungen mehr. Das allgemeine Tempo des Wohnungsbaus ging um das 2,5-Fache zurück. Neubauwohnungen wurden teuer und für die meisten Menschen unerschwinglich.

Die allgemeinen demografischen Verluste Russlands überstiegen acht Millionen Menschen ... Eine negative Dynamik beim Gesundheitszustand der Bevölkerung war in allen Alters- und sozialen Gruppen und praktisch allen Krankheiten zu beobachten ... 70 Prozent der Bevölkerung lebt im Zustand permanentes Stresses, ständiger nervlicher, emotionaler Überlastung, hervorgerufen durch wirtschaftliche, soziale und andere Ursachen ... Immer mehr Menschen wenden sich Drogen und dem Alkohol zu ... Zwei Millionen Kinder sind in Russland ohne Eltern, sechs Millionen leben unter sozial ungünstigen Bedingungen, vier Millionen nehmen Drogen zu sich. Im Lande gibt es 870.000 obdachlose Kinder. Und das sind nur die offiziellen Zahlen!
Die Probleme der Kinder in der Schule sind gravierend, sie beginnen aber viel früher. 70 Prozent der Frauen haben gesundheitliche Probleme. Die Geburten verlaufen nur bei 40 Prozent der Schwangeren normal. Mehr als die Hälfte der Erstgebärenden sind nicht gesund. Bei 15 bis 20 Prozent der Kinder im Vorschulalter zeigen sich chronische Erkrankungen. Gesund bis zum Ende der Schulzeit bleiben nur 10 Prozent.

In groben Zügen ist das das unerfreuliche Bild des desaströsen Lebensniveaus unseres Volkes, und auch unseres sterbenden, jetzt kommerzialisierten Gesundheitswesens, das zu Sowjetzeiten als eines der besten galt.« ISW-REPORT Nr. 88

Für Osteuropa und die Ex-Sowjetunion stellt das UNPD – das Entwicklungsprogramm der UNO – fest: »In der ersten Hälfte der 90er Jahre die schnellste jemals in Friedenszeiten beobachtete Verschlechterung sowohl hinsichtlich des Durchschnittseinkommens wie auch der Einkommensverteilung fest, beides hervorgerufen durch den Übergang zum kapitalistischen System.«

Bevölkerungsentwicklung ehem. sozialistische Länder

	Einwohner				Geburtenrate			Sterberate		
	2009	1990	Differenz		2009	1990	Diff.	2009	1990	Diff.
	Mill.	Mill.	Mill.	Jährl. %						
Albanien	3,1	3,3	-0,2	-0,3	14,8	24,3	-9,5	6,3	5,9	0,4
Aserbaidschan	8,8	7,2	1,6	1,1	17,2	25,9	-8,7	5,9	6,1	-0,2
Bosnien und H.	3,8	4,3	-0,5	-0,7	9,1	15,0	-5,9	10,0	8,9	1,1
Bulgarien	7,6	8,7	-1,1	-0,7	10,7	12,1	-1,4	14,2	12,4	1,8
Estland	1,3	1,6	-0,3	-1,1	11,8	14,2	-2,4	12,0	12,5	-0,5
Georgien	4,3	5,5	-1,2	-1,3	12,1	16,7	-4,6	12,1	9,2	2,9
Kasachstan	15,9	16,3	-0,4	-0,1	22,4	21,7	0,7	9,0	7,7	1,3
Kirgisistan	5,3	4,4	0,9	1,0	25,4	29,3	-3,9	7,1	7,0	0,1
Kroatien	4,4	4,8	-0,4	-0,5	9,8	11,7	-1,9	11,9	11,0	0,9
Lettland	2,3	2,7	-0,4	-0,8	9,6	14,2	-4,6	13,3	13,0	0,3
Litauen	3,3	3,7	-0,4	-0,6	11,0	15,3	-4,3	12,6	10,7	1,9
Mazedonien	2,0	1,9	0,1	0,3	10,9	17,3	-6,4	9,3	7,9	1,4
Moldau	3,6	4,4	-0,8	-1,1	12,5	18,5	-6,0	13,1	10,4	2,7
Polen	38,2	38,1	0,1	0,0	10,9	14,3	-3,4	10,1	10,2	-0,1
Rumänien	21,5	23,2	-1,7	-0,4	10,4	13,7	-3,3	12,0	10,6	1,4
Russland	141,9	148,3	-6,4	-0,2	12,4	13,4	-1,0	14,2	11,2	3,0
Slowakei	5,4	5,3	0,1	0,1	11,3	15,2	-3,9	9,8	10,3	-0,5
Slowenien	2,0	2,0	0,0	0,0	10,7	11,2	-0,5	9,2	9,3	-0,1
Tadschikistan	7,0	5,3	1,7	1,5	28,0	39,1	-11,1	6,3	8,2	-1,9
Tschechien	10,5	10,4	0,1	0,0	11,3	12,7	-1,4	10,2	12,5	-2,3
Turkmenistan	5,1	3,7	1,4	1,7	21,7	34,7	-13,0	7,6	8,5	-0,9
Ukraine	46,0	51,9	-5,9	-0,6	11,1	12,7	-1,6	15,3	12,1	3,2
Ungarn	10,0	10,4	-0,4	-0,2	9,6	12,1	-2,5	13,0	14,0	-1,0
Usbekistan	27,8	20,5	7,3	1,6	22,3	33,7	-11,4	5,2	6,1	-0,9
Weißrussland	9,7	10,2	-0,5	-0,2	11,5	13,9	-2,4	14,2	10,7	3,5
Gesamt	**390,8**	**398,1**	**-7,3**	**-0,1**	**13,5**	**16,2**	**-2,7**	**12,0**	**10,7**	**1,3**

Datenquelle Fischers Weltalmanach 2012

Den neoliberalen Aposteln von heute reicht das noch nicht. Ich hatte die Möglichkeit, an einer Tagung des der FDP nahestehenden Gaidar-Naumann-Forums 2013 teilzunehmen, einer Zusammenkunft ultra-liberaler Anhänger aus Russland und der BRD. Prominenteste russische Vertreter waren der ehemalige Finanzminister Alexej Kudrin und der ehemalige Wirtschaftsminister Jewgeni Yasin. Beide wurden von Putin ihrer Ämter enthoben, ihnen aber freie Betätigung als Berater und Förderer von Stiftungen zugestanden. Unverhüllt gaben sie in der genannten Tagung ihre Auffassung wider, dass der Prozess der Liberalisierung der Wirtschaft in Russland zwar zum Stillstand gekommen sei, dieses aber nicht »das Ende der Geschichte« ist. Die Eigentümer formieren sich gegen Putin, weil sie Angst haben, etwas zu verlieren, denn die Regulierung des Privateigentums ist nach ihrer Meinung ein Rückschritt. Die Anführer des Neoliberalismus fordern deshalb zwingend weitere unpopuläre Maßnahmen wie die Erhöhung des Rentenalters und die weitere Privatisierung noch vorhandenen Staatseigentums wie der Aeroflot, der Eisenbahn, von Banken und Rosneft. Betrübt stellten sie fest, dass gegenwärtig nur etwa 25 Prozent der Bevölkerung für diesen neoliberalen Kurs ist, sie erwarten aber, dass ihre Zeit wieder kommen wird. Offensichtlich ist diese Gefahr nicht ganz unbegründet, wie die Ereignisse in der Ukraine zeigen.

Das Resümee

Das entscheidende Problem dieser Welt besteht darin, Bedingungen zu schaffen, um *allen lebenden* Menschen ein menschenwürdiges Dasein zu sichern und den »Nachschub« an Menschen zu begrenzen. Dafür darf aber nicht das Malthus'sche Rezept herhalten: »Wenn Du arm bist, musst Du sterben.«

Die Malthus-Theorie

Thomas Malthus (1766–1834) entwickelte bereits in einer Zeit als nur ca. eine Milliarde Menschen auf der Erde lebten, seine zutiefst reaktionäre Bevölkerungstheorie. Sein Kernsatz lautet: »Ein Mensch, der in einer schon okkupierten Welt geboren wird, wenn seine Familie nicht die Mittel hat, ihn zu ernähren oder wenn die Gesellschaft seine Arbeit nicht nötig hat, dieser Mensch hat nicht das mindeste Recht, irgend einen Teil von Nahrung zu verlangen, und er ist wirklich zu viel auf der Erde.«[15]

Eine humanistische Lösung muss anders aussehen: »Weil Du lebst, sollst Du menschenwürdig leben. Ein langes Leben in relativem Wohlstand.« Lösbar ist das nur, wenn der Planet nicht durch unkontrolliertes Bevölkerungswachstum überquillt. Geburtenregulierung ist notwendig. Es versteht sich von selbst, dass dazu Bedingungen erforderlich sind, die die Würde des Menschen und nicht die des Profits in den Mittelpunkt stellen: Bildung und Aufklärung, Gesundheitsversorgung, Recht auf Familienplanung, Loslösung von klerikalen und Stammesdogmen. Es geht um den Schutz des geborenen, nicht des ungeborenen Lebens.

Ehe ich mich den Fragen zuwende, wie eine Gesellschaft gestaltet sein müsste, die diesen humanistischen Anforderungen entspricht, ist es zwingend notwendig, die Frage zu beantworten, warum der in Europa im 20. Jahrhundert praktizierte Versuch dazu gescheitert ist.

Anmerkungen:

1 www.heute.de/Die-mögliche-Gewinnergeneration

2 Jeder mathematisch Gebildete kann allerdings ausrechnen: Wenn die gegenwärtige weltweite Zuwachsrate der Bevölkerung anhält, haben wir (mathematisch) nicht 11 Milliarden Erdenbürger, sondern annähernd 20 Milliarden. (Rechnung: 7,3 Mrd. x 1,011hoch 90 =19,5) »Nur« 11 Milliarden Erdenbürger sind also eine Annahme, die eine wesentliche Senkung der Geburtenrate unterstellt.

3 ebenda

4 Mike Davis »Planet der Slums« Assoziation A, Berlin, 2007, S. 22

5 ebenda S. 27, 144, 145

6 ebenda S. 212 f.

7 https://www.bpd.de/dialog/145727/wir-lassen-sie-verhungern-interview-mit-jean-ziegler

8 Stephen Emmott, a.a.O. S. 128

9 AUGSBURGER ALLGEMEINE vom 21.09.2011 und Wikipedia 2004

10 TAZ vom 13.12.2011

11 Mike Davis a.a.O. S. 173ff.

12 AUGSBURGER ALLGEMEINE vom 21.09.2011

13 Aus »Mein Chef Gorbatschow – Die wahre Geschichte eines Unterganges« – Das Neue Berlin, 2013 – Auszüge S. 236 ff.

14 ebenda, S. 16/17

15 Thomas Robert Malthus – Wikipedia – Bevölkerungstheorie

V. Warum ist der in Europa praktizierte Sozialismus gescheitert?

Wo stand die DDR-Wirtschaft 1989 wirklich?

Die politische Propaganda – nicht nur die bürgerliche, sondern auch bestimmte »linke« Kreise – stellen die DDR-Wirtschaft als gescheitert, marode, bankrott und als ein System von Mangelwirtschaft dar. Manche entwickeln daraus sogar die »wissenschaftliche« Theorie, dass Mangel Markenzeichen und Triebkraft im Sozialismus schlechthin sei. Andere bemühen immer und immer wieder, »dass der Herr Schürer ja aufgeschrieben hat, dass die DDR in kurzer Zeit zahlungsunfähig und pleite« gewesen wäre. Es ist verblüffend und gleichzeitig ehrenvoll, sich fast ein Vierteljahrhundert nach dem Untergang der DDR-Wirtschaft immer noch und immer wieder mit derartigen Entstellungen auseinandersetzen zu müssen. Niemand bestreitet Probleme in der DDR-Wirtschaft, in welcher Wirtschaft gibt es keine? Es geht aber um das Wesen des Wirtschaftssystems, das nur an Hand von Fakten richtig dargestellt werden kann. Hier die wichtigsten Ergebnisse aus 40 Jahren DDR-Wirtschaft:[1]

Die DDR-Wirtschaft entwickelte sich schneller als die der BRD. Im Jahre 1989 war das Bruttoinlandsprodukt (BIP) je Einwohner gegenüber 1950 in der BRD auf das 4,3-fache, das der DDR (umgerechnet) auf das 6,2-fache gestiegen. Das in der DDR als Maßstab wirtschaftlicher Tätigkeit verwendete produzierte Nationaleinkommen (NEK) stieg auf das Zehnfache.

Der Rückstand in der gesellschaftlichen Arbeitsproduktivität gegenüber der BRD wurde dadurch verringert. Zum Zeitpunkt des Anschlusses der DDR an die BRD im Jahre 1990 hatte die DDR einen (vergleichbar in Euro und BIP umgerechnet) Anteil an der westdeutschen Arbeitsproduktivität von 55 Prozent, also einen Produktivitätsrückstand von noch 45 Prozent. Es war gelungen aufzuholen, ein Angleichen oder gar Überholen erwies sich als Illusion und politisch falsche Orientierung.

Wirtschaftliche Entwicklung in beiden deutschen Staaten (BIP und NEK je Einwohner) von 1950 bis 1989 in %

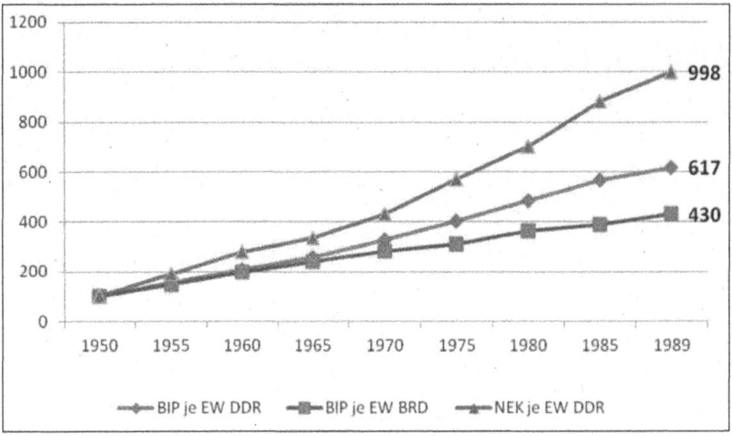

Datenquelle: Blessing/Kühn »Der Osten hängt am Tropf«

Diese wirtschaftliche Entwicklung der DDR wurde trotz intensiver Störmaßnahmen und einseitiger Belastungen der DDR-Wirtschaft erreicht. Durch einseitige Reparationszahlungen, Abwerbung und Abwanderung in Zeiten der offenen Grenze, innerdeutschen Handel, 1989/90 geraubtes Volksvermögen entzog der Westen dem Osten eine Wirtschaftskraft, die insgesamt einem Wertvolumen von über 2 Billionen DM entsprach. Dieser Ausbeutungsprozess wurde nach der Wiedervereinigung insbesondere durch Abwanderung von über 3 Millionen Arbeitskräften weiter fortgesetzt.[2]

Im Zuge der wirtschaftlichen Entwicklung wurden durch die DDR eine Reihe international anerkannter wissenschaftlich-technischer Spitzenleistungen vollbracht.

Beispiele für wissenschaftlich-technische Spitzenleistungen der DDR

- Elektronenstrahlbedampfung von Stahlblech (Methode zum materialsparenden Auftrag von hochwertigen Metallen (insbesondere Aluminium auf Stahlblech)
- Plasmaschmelztechnologie zur Herstellung hochwertiger Stahllegierungen (Edelstahlwerk Freital)

- Malimo-Webtechnik (bis heute angewendete Spitzentechnologie zur Beschleunigung des Webens)
- Entwicklung des FCKW-freien Kühlschrankes im Kombinat Haushaltsgeräte
- Zulieferungen des Kombinates Carl-Zeiss für die sowjetische Weltraumtechnik
- Eigenentwicklung und Produktion von mikroelektronischen Bauelementen und dafür notwendigen Ausrüstungen zur Umgehung des Wirtschaftsembargos in den Kombinaten Carl-Zeiss Jena, Mikroelektronik Erfurt und Dresden
- Weltspitzentechnologie und weltweite Anwendung bei der Herstellung von Kühlsystemen für Bob-und Rodelbahnen durch das Kombinat Luft- und Kältetechnik
- Entwicklung, Herstellung und Export von Hochleistungsdrahtstraßen durch das Kombinat SKET Magdeburg – Konkurrent von Schloemann-Siemag
- Weltspitze des Kombinates Getriebe und Kupplungen bei der Entwicklung und Herstellung von Getrieben für große Bagger
- Hochtechnologie-Produkt »Atlantik-Trowler« des Kombinates Schiffbau
- Hochwertige Exportprodukte der Kombinate Textilmaschinenbau, Polygraf und Nahrungs- und Genussmittelmaschinen, sowie teilweise der Kombinate des Werkzeugmaschinenbaues
- Export von Krananlagen in wichtige Hafenanlagen der Welt

Im Ergebnis der wirtschaftlichen Entwicklung erreichte die DDR 1989 im internationalen Vergleich ein Produktivitätsniveau von 12.700 Euro je Kopf der Bevölkerung. (Die BRD 22.500 Euro/Kopf). Damit reihte sich die DDR an 14. Stelle unter führenden kapitalistischen Ländern ein. Sie lag annähernd gleich auf mit Großbritannien und Italien und deutlich vor Spanien, Griechenland, Portugal.

Die DDR erreichte durch die ökonomische Entwicklung ein Produktions- und Verbrauchsniveau je Einwohner, das auf vielen Gebieten dem der BRD entsprach. In der Ernährung und dem Verbrauch von Alltagsgütern lag es vielfach über dem der BRD, bei technischen Konsumgütern in Quantität und Qualität darunter.

Hatte die DDR Schulden?

In der Auseinandersetzung mit der DDR-Wirtschaft ist die »Verschuldungsproblematik« nach wie vor von besonderer Brisanz. Daran sind leitende Wirtschaftsfunktionäre der DDR nicht unschuldig. Von Anfang an bis heute konzentriert sich die Propaganda des politischen Gegners – und nicht nur von diesem – auf die Behauptung: Die DDR war doch pleite, das hat doch ihr Herr Schürer selbst aufgeschrieben. In der Tat: In dem nun schon berühmt-berüchtigten *Schürer-Bericht* vom 30. Oktober 1989 steht geschrieben: »Es wurde mehr verbraucht als aus eigener Produktion erwirtschaftet wurde zulasten der **Verschuldung im NSW**, die sich von 2 Mrd. VM im Jahre 1970 **auf 49 Mrd. VM im Jahre 1989** erhöht hat … Die Lage in der Zahlungsbilanz wird sich nach dem erreichten Arbeitsstand zum Entwurf des Planes1990 weiter verschärfen … Die Konsequenzen der unmittelbar bevorstehenden Zahlungsunfähigkeit wäre ein Moratorium (Umschuldung), bei der der Internationale Währungsfonds bestimmen würde, was in der DDR zu geschehen hat … Es ist notwendig alles zu tun, damit dieser Weg vermieden wird.«

Diese Vorlage war unterschrieben von Gerhard Schürer – Vorsitzender der Staatlichen Plankommission –, Miteinreicher waren Gerhard Beil – Minister für Außenhandel, Alexander Schalck – Staatsekretär für Außenhandel und Leiter des Bereiches Koko, Ernst Höfner – Minister für Finanzen – und Arno Donda – Leiter der Zentralverwaltung für Statistik. Keiner der Einreicher kann heute mehr befragt werden. Fakt ist: Das Dokument war Panikmache. Es entsprach nicht der realen Lage. Die tatsächliche Lage ist seit August 1999 der Öffentlichkeit zugänglich. Die Deutsche Bundesbank stellte klar: »Die internationalen Finanzmärkte sahen die Situation jedoch nicht als kritisch an. Sowohl im Jahre 1988 als auch 1989 konnten die DDR-Banken Rekordbeträge im Ausland aufnehmen … Netto, das heißt nach Abzug der Devisenreserven, erreichte die Verschuldung gegenüber den westlichen Ländern im Krisenjahr 1982 mit 25,1 Mrd. VM ihren Höhepunkt. Bis Ende 1985 ging sie auf 15,5 Mrd. DM zurück. Danach wuchs sie wieder an; **Ende 1989 betrug die Nettoverschuldung 19,9 Mrd. VM.**«

Hinzu kommt, dass diesen Schulden im NSW nach Abschlussbilanz der DDR bei der Internationalen Bank für Wirtschaftliche Zusammenarbeit (IBWZ) in Moskau im Jahre 1990 Guthaben von umgerechnet 23,4 Milliarden DM in sozialistischen Ländern gegenüber standen. **Die DDR hatte also zum Zeitpunkt ihres Unterganges überhaupt keine Auslandsschulden!** Den beherrschbaren rund 20 Milliarden im NSW standen annähernd gleich große Guthaben im SW gegenüber. Diese wurden von der Regierung der BRD trefflich genutzt, um die EU-Osterweiterung voran zu treiben und die Beitrittsländer durch Schuldenerlasse für von der DDR erwirtschaftete Guthaben zu ködern. Für die kleinkarierten Kritikaster meiner Darlegungen noch die Bemerkung: Natürlich weiß ich, dass man Guthaben im SW nicht gegen Schulden im NSW aufrechnen kann. Darum geht es auch gar nicht. Es geht um die Aussage, dass die DDR so leistungsfähig war, dass sie im Ausland keine Schulden hinterlassen hat. **Das ist angesichts der aktuellen Rundum-Verschuldung führender kapitalistischer Staaten eine prinzipielle Aussage, deren Tragweite überhaupt nicht hoch genug eingeschätzt werden kann: Die DDR hatte so gut wie keine Schulden!**

Das erfordert eine völlig neue Denk- und Herangehensweise an die Bewertung und Aufarbeitung der DDR-Wirtschaft. Es gibt keinerlei Anlass, das in gebückter Demutshaltung, Fehlersuche und Verliererposition zu tun. Es gilt vielmehr zu vermitteln, wie sich die DDR ohne Schulden zu einem wirtschaftlich führenden Land entwickelt hat.

Offen bleiben andere Fragen. Wenn die DDR summa summarum kaum Schulden hatte, warum und von wem wurden in der Wendezeit 30 Milliarden Guthaben in kapitalistischen Ländern der neuen Führung der DDR unter Krenz und Modrow verheimlicht? Kannte wirklich keiner der Einreicher die wahren Verhältnisse?

Ich meine, im *Schalck-Buch*[3] von Frank Schumann und Heinz Wuschek wird die richtige Spur verfolgt: »Ohne einer Verschwörungstheorie das Wort zu reden: War solche Wirkung Kalkül der Autoren? Haben sie mit Absicht den neuen Generalsekretär in die Irre schicken und ihn damit vor eine unlösbare Aufgabe stellen wollen? War dies im Sinne Moskaus? … Oder hatten noch andere Dienste ihre Finger im Spiel und spitzten zweckdienlich zu? Wer hat da welchen Zug gemacht? Wann wird dieses Geheimnis gelüftet? Von den Autoren sind inzwischen alle tot, man kann sie nicht mehr fragen. Bis auf Schalck-Golodkowski. Doch der nimmt sich von einem solchen Verdacht aus. Was sein gutes Recht ist.«[4]

Juristisch ist es das sicher. Aber politisch-moralisch? Für nichts und wieder nichts gestattet es die bundesdeutsche Elite gewiss nicht, unbehelligt, gehegt und bewacht seinen Lebensabend an einem der schönsten Flecken Deutschlands genießen zu können. Nur ein Schalk, wer Böses dabei denkt?

Auch ich bin kein Anhänger von Verschwörungstheorien und halte nichts davon, die Verantwortung für das Scheitern der DDR und der sozialistischen Länder vorrangig an Personen festzumachen. Aber angesichts der dargestellten Situation muss schon die Frage gestellt werden: wie hätte eine neue DDR-Führung gegenüber dem Volk und den arroganten Politikern der BRD auftreten und reagieren können, wenn sie im Besitz der Wahrheit gewesen wäre? Hätte sie sich so bedingungslos der Herrschaft des bundesdeutschen Kapitals und der Politik unterwerfen müssen? Oder wären andere politische Konstruktionen als der Anschluss an die BRD zu den von dieser diktierten Bedingungen möglich gewesen? Die Autoren der Schalck-Biographie haben Recht, wenn sie einschätzen: »Ob nun absichtsvoll zweckdienlich überzogen oder konspirativ geschwiegen wurde: Die Wirkung war verheerend. Die vorgelegte Bilanz sandte die unzweideutige Botschaft aus: Die Krise ist nicht mehr zu meistern! Letztlich paralysierte diese »Analyse …« nahezu den ganzen politischen Apparat der DDR. Aufs Ganze betrachtet war der »Schürer-Bericht« der Sargnagel für die DDR.« Und das bis heute! Bis heute stürzen sich »Freund« und Feind begierig auf die Aussagen dieses Berichtes – ohne die längst dokumentierte anderslautende Wahrheit zur Kenntnis zu nehmen.

Die eigentlichen Fragen ergeben sich aber, wenn man über den »Bericht« hinaus denkt. Was war das für ein sozialistisches Wirtschaftssystem in der DDR, in welchem neben der offiziellen Planwirtschaft eine bedeutende Marktwirtschaft existierte? Was war das für ein »sozialistisches Wirtschaften«, in welchem der marktwirtschaftliche Sektor aus der staatlich geplanten Wirtschaft Milliarden über Milliarden »herausquetschte« und dabei höchst Kapitalismus-typische Methoden anwandte – Betrug, Erpressung, Falschbuchungen etc., wie der Bericht der Bundesbank entlarvt?[5]

Wie die Koko-Banken den Staat betrogen – Auszüge aus dem Bericht der Deutschen Bundesbank

Kredite im Ausland zu beschaffen, war Aufgabe der Banken (zu denen auch das Koko-Unternehmen Intrac zählte); … Entsprechend stellten die Banken dem Planbereich Zinsen für die aufgenommenen Auslandskredite in Rechnung, jedoch nicht die tatsächlich an das Ausland gezahlten, sondern – etwa ab Mitte der achtziger Jahre – aus politischen Gründen weit höhere als ihr entsprechender Zinsaufwand. Diese überhöhten Zinsen fanden Eingang in die Zahlungsbilanz für den Planbereich … Der gleichen Verschiebung diente, dass im Planungsstadium in der Bilanz für den Planbereich die für das folgende Jahr erwarteten Zinszahlungen bereits dem Anfangsbestand der Verbindlichkeiten zugeschlagen wurden, wobei die zum Teil weit überhöhten Zinsen angesetzt wurden. Das trug dazu bei, dass sich die Höhe der Auslandsverbindlichkeiten in der Bilanz für den Planbereich von Jahr zu Jahr mehr vom weitaus niedrigeren Niveau der effektiven Auslandsverschuldung entfernte.

Soll man wirklich glauben, dass die dafür verantwortlichen Leiter keinerlei Ahnung von der Dimension des Geschäftes hatten, so dass zum Schluss derartig gravierende Fehleinschätzungen auftraten? Man mag ja glauben, dass die Stellen nach dem Komma nicht bekannt waren, aber 30 Milliarden? Welche Rolle spielte dabei der »allwissende« Wirtschaftssekretär Mittag, der meiner Kenntnis nach jede Woche die verantwortlichen Leiter in der Gruppe »Zahlungsbilanz« am Tisch hatte? Welche Wirtschaftspolitik hat er der DDR eingepeitscht, um Devisen um jeden Preis zu erlösen? Was hätte bei einer ausgewogenen Wirtschaftslenkung an unrentablen Exporten an Konsumgütern für westdeutsche Handelsketten zugunsten der DDR-Bevölkerung verhindert werden können? Wäre sogar eine Teillösung des Devisenproblems für »Westreisen« lösbar gewesen? Und was nützte letztlich die ganze Geheimniskrämerei über die Devisenreserven des marktwirtschaftlichen Sektors, wenn in dem Moment, wo es ernst wurde, die dafür angesammelten Devisen weder bekannt, noch erst Recht nicht verfügbar waren? Welche Ziele verfolgte der erste Mann im Staate, indem er diese Geheimniskrämerei nicht nur duldete, sondern ausdrücklich anordnete?

Diese Fragen heute aufzuwerfen, ohne sie schlüssig beantworten zu können, ist eigentlich müßig. Es hilft rückwirkend niemanden mehr. Es hilft aber in der gegenwärtigen Auseinandersetzung eindeutig festzustellen: Die sozialistische Wirtschaft der DDR war eben nicht pleite und bankrott. Wie sollte sie auch? Woher sollten denn die nicht rückzahlbaren Kredite eigentlich kommen, die zu einer Pleite hätten führen können? IWF, Weltbank und andere kapitalistische Finanzinstitutionen waren keine Ansprechpartner für die DDR. Deren verheerendes Wirken gegenüber verschuldeten Ländern können wir heute nicht nur »besichtigen«. Millionen Menschen in Europa müssen es mit Leib und Gut ertragen.

Die DDR hatte also objektiv zum Zeitpunkt ihrer Angliederung 1989 keine Auslandsschulden.[6]

Entwicklung des Gesamt-Außenhandelssaldo (SW plus NSW) per Jahresende zu effektiven Preisen in Mrd. US-$

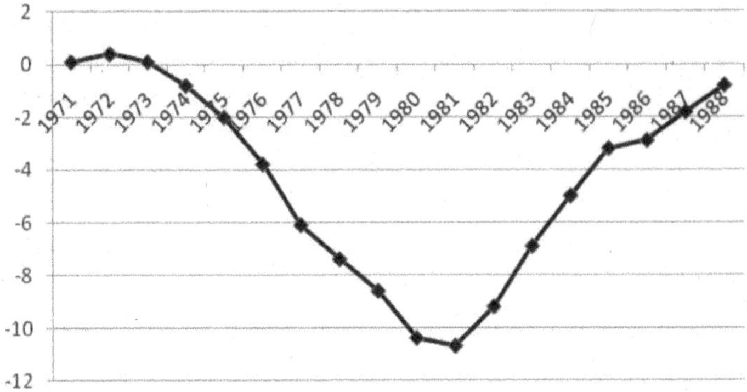

Datenquelle: Internes Material der Zentralverwaltung für Statistik der DDR

Die **innere Staatsverschuldung der DDR** war 1989 wesentlich geringer als die der BRD. Der damalige Bundesfinanzminister Waigel sprach im Deutschen Bundestag von einer DDR-Verschuldung von nur 13 Prozent des Bruttosozialproduktes. Das entspricht der Auffassung von DDR-Ökonomen und ergibt (umgerechnet auf Euro) maximal 1.800 Euro je Kopf der Bevölkerung. Die BRD war bereits damals mit (umgerechnet) 8.100 Euro je Kopf der Bevölkerung verschuldet. Heute beträgt die Staatsverschuldung über 83 Prozent und 25.000 Euro pro Kopf. Der DDR war es nicht möglich, sich wesentlich höher zu verschulden, da ein Eingriff des IWF und der Weltbank verheerende, das soziale und politische Gefüge zerstörende Folgen gehabt hätte.

Staatsverschuldung der DDR und BRD in Euro pro Kopf der Bevölkerung

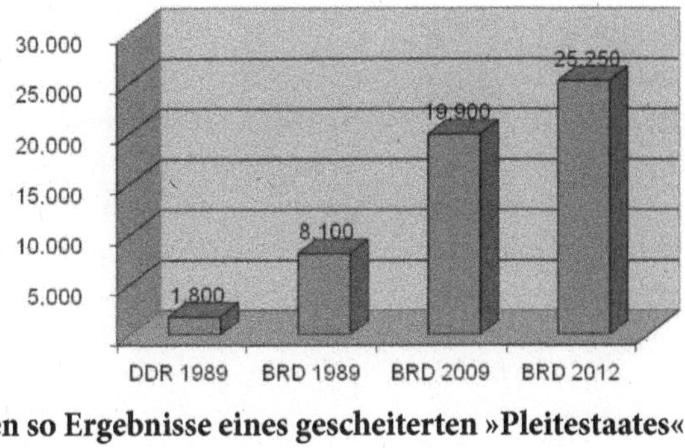

Sehen so Ergebnisse eines gescheiterten »Pleitestaates« aus?

Warum ist der in Europa praktizierte Sozialismus (trotzdem) gescheitert?

Bei dieser insgesamt durchaus erfolgreichen Wirtschaftsbilanz erhebt sich natürlich die Frage, warum der praktizierte Sozialismus in Europa trotzdem gescheitert ist. Über zwanzig Jahre haben offensichtlich **nicht** ausgereicht, um diese Frage tiefgründig zu beantworten und die tiefe Schockstarre zu überwinden, die die Niederlage des praktizierten Sozialismus in Europa ausgelöst hat. Schlimmer: In diesen bald fünfundzwanzig Jahren ist es noch nicht einmal gelungen, eine weitgehend anerkannte schlüssige Analyse über die Ursachen dieser Niederlage auszuarbeiten und der Öffentlichkeit zu vermitteln. »Kommunismus« ist zu einem Schimpfwort verkommen, dessen alleinige Nennung die Geister von rosarot bis tiefschwarz hektisch auf das Podium oder in die Medien treibt, um Abscheu und Verdammung zu verbreiten. »Sozialismus«, modern zusätzlich mit der Tautologie »demokratisch« garniert, ist ein weitgehend undefiniertes Gebilde einer fernen Zukunft.

Es muss geklärt sein, warum eine richtige und »gute« Idee, ein angeblich »wissenschaftlich« begründetes Konzept so kläglich Schiffbruch erlitten hat. Dabei betone ich »tabulos«. Es macht keinen Sinn, von vornherein bestimmte Denkrichtungen auszuschließen, weil sie unbequem oder schmerzlich sind. Die Wahrheit zu kennen, ist manchmal schmerzlich. Aber die Wahrheit zu kennen und sie zu verschweigen, ist töricht. Dabei ist das mit der Wahrheit in gesellschaftlichen Prozessen so eine Sache. Wie viele unumstößliche Wahrheiten wurden und werden verkündet? Wir können uns nur an die materialistische Marx'sche Auffassung halten: »Das objektive Kriterium der Wahrheit ist die Praxis als materielle Tätigkeit, in der die Ideen mit der objektiven Realität konfrontiert werden … Hat diese Tätigkeit Erfolg, so beweist das die Richtigkeit derjenigen Erkenntnisse, die der Tätigkeit zugrunde gelegt wurden.«[7]

Die Praxis des Gesellschaftssystems mit dem Namen »Sozialismus« ist schiefgegangen. Wo liegen die Ursachen für diese »Schieflage«? Lassen wir die Verleumdungen und Diffamierungen beiseite, verbleibt doch eine große Anzahl von unterschiedlichen Erklärungsversuchen. Diese beschreiben, berechtigt oder unberechtigt, Erscheinungen für das Scheitern, ohne jedoch dabei die grundlegenden Ursachen aufzudecken. Überwiegend werden als wesentliche Einzelursachen genannt:

Äußere Bedingungen

- Der Sozialismus entstand zunächst in einem Land – der UdSSR
- Alle sozialistischen Länder waren keine führenden Industrieländer
- Die kapitalistische Umklammerung
- Die sozialistischen Länder mussten sich ständiger heißer oder kalter Kriege erwehren
- Das Wettrüsten
- Die sozialistischen Länder wurden ökonomisch erpresst
- Die Entwicklung in allen Ländern wurde von der UdSSR geprägt
- Das ökonomische Zusammenwirken der sozialistischen Länder entsprach nicht den objektiven Notwendigkeiten

Innere Fehlentwicklungen

- Doktrinärer Führungsanspruch der Partei in allen Gesellschaftsbereichen
- Unzureichendes ökonomisches Entwicklungspotential
- Permanente Mangelwirtschaft
- Starres überzentralisiertes Wirtschaftssystem
- Ungenügende Förderung der Eigeninitiative der Werktätigen und Leiter
- Ungenügendes Eigentümerbewusstsein
- Unzureichende Entwicklung der sozialistischen Demokratie
- Wesentliche Einschränkungen der Bürgerrechte
- Personenkult, Verrat

Welche Rolle spielen diese Ursachenkomplexe? Treffen sie überhaupt das entscheidende Kettenglied? Mit dieser Komplexitätstheorie werden die weitgehend nicht zu leugnenden Einzelprobleme zu einem gordischen Knoten verknüpft, der offenkundig nicht auflösbar ist. Ein Hauptkettenglied wird dabei nicht erkennbar.

Andere Auffassungen gehen durchaus von einem solchen Hauptkettenglied aus. Im Rahmen dieser Einzelkomplexe nimmt auf ökonomischem Gebiet offensichtlich das unzureichende ökonomische Zusammenwirken der sozialistischen Länder eine Schlüsselstellung ein. Es war nicht annähernd gelungen, einen einheitlichen Wirtschaftsraum zu schaffen und das Gesamtpotential dieses Raumes koordiniert für die wirtschaftliche Entwicklung einzusetzen. Es gab keine einheitliche Währung (der »transferable Rubel« war eine Verrechnungsgröße), kein wirksames einheitliches Banksystem, kaum untereinander abgestimmte wissenschaftlich-technische Entwicklungen (wer konnte, entwickelte

Mikroelektronik selbst), nur wenige gemeinsame Investitionsobjekte, keinen gemeinsamen »Markt«. Der RGW war im wesentlichen eine Austauschbörse national gefertigter Produkte.

Einige meinen, dass die fehlenden Freiheiten, die Missachtung wirklicher Demokratie die Hauptursache darstellten. »Alle diese Ursachen haben eine gemeinsame Wurzel. Damit könnte man sie, ohne zu vereinfachen, in einer einzigen zusammenfassen: das Fehlen von Demokratie.«[8] »Der reale Sozialismus ist nicht gescheitert an den Prinzipien der Vergesellschaftung der Produktionsmittel und der gesamtgesellschaftlichen Planung, sondern vor allem an seinem entscheidenden Mangel, dem Fehlen von Demokratie.«[9]

Dieser Auffassung widerspreche ich zunächst nicht. Es ist in der Tat so, dass die Entmündigung des Menschen, das nicht nur materielle, sondern vor allem auch geistig-ideologische Diktat der Parteiführung die Menschen in die Isolation trieb. Die Schönfärberei, das Verschweigen der realen Probleme, der Widerspruch zwischen Schein und Sein, das Nichtzulassen wirklich kritischer Debatten stieß viele Menschen, insbesondere die Intellektuellen, vor den Kopf. Die Forderungen der Wendezeit bestanden deshalb vorrangig im Ruf nach Mitbestimmung, ernst genommen zu werden, »wir sind das Volk«. Im Inneren entwickelten sich die unzureichende Gewährung der Bürgerrechte – insbesondere die unzureichende Meinungs- und Reisefreiheit – sowie die Entfernung der politischen Führung vom Volk zunehmend zum Konfliktpotential.

Andere Auffassungen sehen getreu der Marx'schen und Lenin'schen Definition, dass die ökonomische Basis – die Produktivkräfte – das Entscheidende, Bestimmende bei der Gestaltung jeder Gesellschaftsordnung sind, die Hauptursache für die Niederlage in den wirtschaftlichen Problemen, letztlich im Zurückbleiben der Arbeitsproduktivität gegenüber den führenden kapitalistischen Industrieländern. Sie beziehen sich dabei auf die bekannte und in der Tat die sozialistische Entwicklung bestimmende Aussage Lenins, dass die Arbeitsproduktivität das Wichtigste für den Sieg der neuen Gesellschaftsordnung sei. Das aber hat der praktizierte Sozialismus nicht zu erreichen vermocht.

Aus dieser Feststellung heraus sind grundsätzliche Überlegungen notwendig. Sie laufen auf die Frage hinaus, ob der gesellschaftspolitische Ansatz, dass die Arbeitsproduktivität letztlich über Sieg oder Niederlage des Sozialismus entscheidet, richtig ist. Das gesellschaftliche Konzept aller sozialistischen Staaten ging von dem Ziel aus, langfristig den Kommunismus zu errichten. Der Sozialismus war in diesem Verständnis ein Durchgangsstadium, eine Etappe auf dem Weg dahin.

Die Kernaussagen zur Kommunistischen Gesellschaft sind: Es herrscht allgemeines gesellschaftliches Eigentum an Produktionsmitteln. Durch die Entwicklung der Produktivkräfte wird ein solcher Überfluss an Produkten erzeugt, dass Jeder nach seinen Bedürfnissen leben kann. Die Produkte werden aus einem gesamtgesellschaftlichen Konsumtionsfonds nach diesen Bedürfnissen unentgeltlich verteilt, es gibt keinen Kauf und Verkauf, folglich kein Geld. Jeder arbeitet unbezahlt nach seinen Fähigkeiten, Arbeit wird zum ersten Lebensbedürfnis. Dadurch wird die völlige soziale Gleichheit aller Gesellschaftsmitglieder erreicht. Klassen gibt es nicht mehr, der Staat stirbt ab. Alle Mitglieder beteiligen sich an der demokratischen Leitung der Gesellschaft.

Ich vermag nicht zu beurteilen, ob eine solche Zielstellung im 19. Jahrhundert realistisch war. Im 20. und erst recht im 21. Jahrhundert ist sie glatte Utopie. Die Orientierung der Gesellschaft auf eine Welt, in der das Individuum nach seinen Bedürfnissen leben kann, mag in einer Welt, in der 1,5 Milliarden Menschen lebten (1850) für diese eine politisch mobilisierende Wirkung gehabt haben. In einer heutigen Welt mit 7 Milliarden Erdenbewohnern und in wenigen Jahrzehnten vielleicht zehn Milliarden ist sie eine Illusion. Wie viele Planeten wollen wir dafür benötigen? Unabhängig davon bleibt die Frage: Ist diese Orientierung überhaupt »kommunistisch«? Das Ideal der Menschheit kann doch nicht im grenzenlosen Konsum liegen – selbst wenn man darunter kulturelle Güter einschließt. Ein solches Ideal orientiert sich am kapitalistischen Konsumverhalten, will den Kapitalismus auf diesem Gebiet sogar übertreffen.

Folgerichtig wurde auch für die erste Stufe der kommunistischen Gesellschaft – den Sozialismus – im Rahmen der Hauptaufgabe die »immer bessere Befriedigung der materiellen und kulturellen Bedürfnisse auf der Grundlage der höchsten Steigerung der Arbeitsproduktivität« ins politische Zentrum gestellt.

Diese Orientierung wirft grundsätzliche Fragen auf. Es geht darum, ob der Vergleich der Arbeitsproduktivität zwischen einem sozialistischen und einem kapitalistischen Land überhaupt geeignet ist, ein Werturteil über die Gesellschaft abzugeben. Aus heutiger Sicht ist diese Frage eher zu verneinen. Arbeitsproduktivität stellt das Ergebnis des Wirtschaftens (Güter und Dienstleistungen) ins Verhältnis zum dafür eingesetzten Arbeitsaufwand. **Arbeitsproduktivität = Leistung / Arbeitsaufwand.**

Folglich: Je mehr Güter und Leistungen erzeugt und/oder je weniger Arbeit dafür verausgabt wird, desto höher ist die Produktivität. Beide Entwicklungsrichtungen sollten in der heutigen Zeit in entwickelten Industriestaaten nicht mehr das Hauptziel wirtschaftlicher Tätigkeit sein. Überfluss an Produkten bedeutet zunehmende Umweltzerstörung und Ressourcenverschwendung. Einsparung von Arbeit kann in einer Zeit, die national und erst recht international von ungenutzten Arbeitsvermögen überquillt, nicht mehr vorrangiges Ziel des Wirtschaftens sein. Ein Wettbewerb zwischen sozialistischen und kapitalistischen Staaten um höchste Produktivität ist durch erstere nicht zu gewinnen. Das Kapital verfügt über Ausbeutungsmethoden von Natur, Mensch und Entwicklungsländern, die für den Sozialismus a priori nicht zu beschreiten sind. Sozialismus schließt ein, in der produktiven Sphäre wesentliche Leistungen der sozialen, kulturellen und sozialen Betreuung, der Erholung und des Sportes, der Wohnungswirtschaft und des Feriendienstes durchzuführen, die das Kapital ausgliedert und den Marktmechanismen überlässt. Sozialismus bedeutet auch, internationale Solidarität zu üben und Entwicklungsländern zu helfen und diese nicht auszubeuten. Sozialistische Wirtschaftsführung ist deshalb an anderen Kriterien zu messen als kapitalistische Wirtschaftsführung. Die auch in linken Kreisen anzutreffende hochnäsige Be- und Verurteilung der sozialistischen Planwirtschaft als »unproduktive Mangelwirtschaft« zeugt von bürgerlich kleinkariertem Denken.

Meines Erachtens folgt aus diesen Betrachtungen: Das gesellschaftspolitische Ziel Kommunismus im Sinne der maximalen Befriedigung der Bedürfnisse ist zu den geschichtlichen Akten zu legen, weil es unrealistisch und falsch ist. Etwas anderes ist die Frage, ob sich Parteien und politische Strömungen als »kommunistisch« in dem Sinne bezeichnen, dass sie sich von anderen Bewegungen abgrenzen. »Die Kommunisten unterscheiden sich von den übrigen proletarischen Parteien nur dadurch, dass sie einerseits … die gemeinsamen, von der Nationalität unabhängigen Interessen des gesamten Proletariats hervor heben und zur Geltung bringen, andererseits dadurch, dass sie stets das Interesse der Gesamtbewegung vertreten« – heißt es im *Kommunistisches Manifest.*

Der künftige Weg der Menschheit kann nicht in den Kommunismus führen, sondern »nur« in den Sozialismus, der natürlich bestimmte kommunistische Ideale übernimmt. Thomas Mann: »Der Zukunft aber gehört er (der Kommunismus) insofern an, als die Welt, die nach uns kommt … schwerlich ohne kommunistische Züge vorzustellen ist: das heißt, ohne die Grundidee des gemeinsamen Besitz- und Genussrechtes an den Gütern der Erde, ohne fortschreitende Einebnung der Klassenunterschiede, ohne das Recht auf Arbeit und die Pflicht zur Arbeit für alle.«[10]

Warum ist der reale Sozialismus gescheitert?

Erstens: Dem Realsozialismus lag eine unrealistische gesellschaftliche Zielstellung zugrunde: den Kapitalismus auf seinem ureigenem Gebiet überholen zu wollen, bei Konsumtion, Produktivität und Effektivität. **Zweitens:** Die Ausgestaltung des praktizierten Sozialismus in Europa erfolgte durch eine dogmatische Auslegung des Marxismus-Leninismus, die es unterband, rechtzeitig und schöpferisch auf neue gesellschaftliche Herausforderungen zu reagieren. **Drittens:** Die Führung hatte sich immer mehr vom Volk entfernt, war nicht bereit und in der Lage, das Volk wahrheitsgemäß zu informieren und in die Lösung der Probleme schöpferisch einzubeziehen. **Viertens:** Die Folge war eine Unterschätzung und Unterentwicklung der sozialistischen Demokratie und der persönlichen Freiheiten, geopfert der führenden Rolle der Partei (-führung und -bürokratie). **Letztlich** mündeten alle Mängel in einer falschen Einschätzung der menschlichen Natur. Der Mensch wurde als Gattung »Gutmensch« behandelt, was er sowohl an der Spitze der Gesellschaft als auch in der Breite der Gesellschaft umfassend nicht war.

Anmerkungen:

1 Ausführliche Dokumentation und Datenquellen siehe in Blessing/Kühn »Der Osten hängt am Tropf« – Unsere Buchempfehlungen Art.Nr. 65877

2 Vgl. Klaus Blessing »Die Schulden des Westens« edition ost 2010

3 Frank Schumann, Heinz Wuscheck »Schalck-Golodkowski – Der Mann, der die DDR retten wollte« edition ost 2012

4 a.a.O. S. 72

5 Original des »Schürer-Bericht« und Auszüge aus dem Bericht der Bundesbank in »Blessing/Kühn »Der Osten hängt am Tropf« – Verlag am Park 2011

6 Vgl. Klaus Blessing/Wolfgang Kühn »Der Osten hängt am Tropf« Verlag am Park 2011, S. 62 ff.

7 »Dialektischer und historischer Materialismus« Lehrbuch, Dietz-Verlag 1979, S. 181

8 Panajotis Aleku »Sozialismus – Vergangenheit und Zukunft einer Utopie« – Schkeuditzer Buchverlag 2007, S. 81

9 Conrad Schuhler, isw-Report Nr. 79, S. 31

10 Zitiert von Hans Dieter Schütt »... auch die Herren sollen arbeiten« im ND vom 07.04.2011

VI. Welche Merkmale sollten eine erneuerte sozialistische Gesellschaft prägen?

Der Begriff des Sozialismus meint eine große historische Erfahrung. Es war ein Versuch, auf diese Weise die sozialen Fragen lösen zu wollen, die sich jetzt im Weltmaßstab wieder zuspitzen. Er ist misslungen. Das heißt nicht, dass man den Sozialismus verurteilen, gar hassen soll. Man muss nach neuen Wegen suchen, um sich seinen Idealen anzunähern.

Tschingis Aitmatow[1]

Bei Gedanken über eine neue sozialistische Gesellschaft sollte man davon ausgehen, dass es nicht darum geht, ein Gesellschaftssystem zu kreieren, das einem Paradies auf Erden gleicht. Die moralisch am wenigsten zu rechtfertigende Position in der Verleumdung und Kritik am praktizierten Sozialismus besteht darin, dass eine Messlatte angelegt wird, die einer idealen Gesellschaft entspricht. An dieser Bewertung haben allerdings die Vertreter des praktizierten Sozialismus einen nicht unerheblichen Anteil, wollten sie doch dem Volk gerade diesen Idealzustand suggerieren. Diesen gibt es aber nicht und wird es nicht geben. Es geht also darum, Formen des gesellschaftlichen Zusammenlebens zu finden, die unter den gegebenen ökonomischen, ökologischen, historischen und ethnischen Bedingungen eine weitgehend optimale Gestaltung ergeben. Diese wird in den unterschiedlichen Regionen dieser Erde eben aufgrund der unterschiedlichen Bedingungen und Lebensauffassungen auch unterschiedliche Formen annehmen. Deshalb wäre es falsch, wiederum ein perfektes Modell eines einheitlichen Sozialismus konstruieren zu wollen, nachdem sich weltweit die praktische Ausgestaltung richten sollte. Praktisch unterscheiden sich bereits gegenwärtig sozialistische Wege in Lateinamerika prinzipiell von denen in Asien. Was aber möglich und notwendig erscheint, ist, einige Grundsätze zu postulieren, die das Wesen einer sozialistischen Gesellschaft kennzeichnen sollten. Diese Grundsätze werde ich nicht im luftleeren Raum konstruieren, sondern aus der Kritik des Bestehenden und den Erfahrungen des Vergangenen ableiten. Das wird in wesentlichen Punkten auf eine Negation der im kapitalistischen System herrschenden politischen und ökonomischen Verhältnisse hinaus laufen, da »Das Morgen eben nicht im Heute tanzt«, wie ein führender Transformationstheoretiker vermitteln möchte,[2] sondern »das Heute« in vielem grundsätzlich – revolutionär – überwunden werden muss.

Als Ausgangspunkt unterstreiche ich, dass eine neue Gestaltung einer

sozialistischen Gesellschaft *das* »menschliche Wesen in Theorie und Praxis eindeutig und prägnant über die Rolle seiner Ökonomie heben sollte.«[3] Es gilt also, den Menschen mit seinen Stärken und Schwächen tatsächlich in das Zentrum aller Überlegungen zu stellen.
Wenn wir nicht akzeptieren, dass allein die immer bessere Befriedigung der Bedürfnisse, ausgedrückt in der Konsumtion und dem Genuss immer mehr materieller und kultureller Güter, den Sozialismus bestimmen können, was dann? Wie können Menschen für ein neues Projekt gewonnen und mitgenommen werden, deren Hauptstreben eben darin bestand und besteht, immer mehr zu konsumieren? Ich meine, in meiner Auffassung nicht falsch zu liegen, wenn ich behaupte, dass viele der Menschen, die in der »Wendezeit« gerade diesem »Ideal« nachgejagt sind, inzwischen sehr ernüchtert andere Tugenden preisen und suchen. Das Dilemma des praktizierten Sozialismus in Europa und besonders der DDR bestand wohl auch darin, dass es seinen Bürgern – aus objektiven und hausgemachten Gründen – eben nicht »erlauben« konnte, die »Segnungen« der kapitalistischen Welt mit eigenen Augen zu sehen. Kaum einer ihrer Bürger konnte im »freiesten Land der freien Welt« die Slums in L.A., San Francisco und anderswo, den Existenzkampf ums nackte Überleben, die Ausgrenzung der farbigen Bevölkerung und den anwidernden exzessiven Reichtum der Oberschicht »bestaunen«. Es war auch den wenigsten vergönnt, mit Arbeitslosen oder Obdachlosen im »Traumland BRD« zu reden. Aber sehr bald, als viele der Angegliederten die Segnungen der freien Marktwirtschaft am eigenen Leibe verspürten, änderte sich das Bewusstsein. Die verlorenen Vorzüge des praktizierten Sozialismus wurden für viele existenzbedrohend, für sie selbst und ihre Familien. Sie spürten schmerzhaft, dass Selbstverständlichkeiten des sozialistischen Alltags eben keine Selbstverständlichkeiten waren. Menschen werden in eine neue Gesellschaft durchaus mitzunehmen sein, wenn nicht versprochen wird, durch noch höhere Arbeitsproduktivität noch mehr Konsumtion anzubieten, sondern andere menschenwürdige Ziele gestellt werden. Diese Auffassung beginnt, sich bei der Aufarbeitung der sozialistischen Vergangenheit schamhaft einzuschleichen.

Der über jeden antimarxistischen Verdacht erhabene unlängst verstorbene Philosoph Hans Heinz Holz kommt zu folgender bemerkenswerten Aussage: »Die Konkurrenz zwischen den Gesellschaftssystemen wurde nicht mehr als Konkurrenz um Lebensziele, sondern um Konsumstandards geführt. Wenn aber überhaupt der Kampf mit einer Welt überlegener Zivilisationsangebote hätte gewonnen werden sollen – und man kann fragen, ob das eine echte Chance war – dann jedenfalls nicht auf deren eigenem Boden der Konsumgüterproduktion, sondern auf dem Boden einer alternativen, die Entfaltung des ganzen Menschen und seiner Kultur akzentuierenden Wertorientierung.«[4]

Ich stimme einer derartigen Auffassung vollständig zu, jedoch mit dem Zusatz, dass sich derartig vernünftige Verhaltensweisen der Menschen nicht von selbst herausbilden. Sie müssen gesteuert werden. Diese Erkenntnis hat weitreichende theoretische und praktische Konsequenzen.

Was wären unter Berücksichtigung dieser Erkenntnisse die Wesenszüge einer neuen sozialistischen Gesellschaft? Wir müssen beginnen mit einer Neudefinition der »Bedürfnisse« des Menschen. Natürlich gehört dazu auch ein Konsumtionsniveau, das allen Menschen eine menschliche Existenz ermöglicht.

Menschliche Bedürfnisse neu definieren

»Die Bedürfnisse stellen wohl die ursprünglichste und in diesem Sinne auch älteste Triebkraft menschlichen Handelns dar … Die ursprünglichsten Bedürfnisse der Menschen waren sicher die nach Nahrung und Sexualität. Ohne das Erste gäbe es kein Leben und ohne das Zweite keine Gattung Mensch. Zu den frühen Bedürfnissen gehören die nach Kleidung und Hausung. Je weiter sich die Produktivität der Menschen und ihre Sozialisierung entwickelten, umso differenzierter entwickelten sich ihre Bedürfnisse. Es kommen geistige, rechtliche, politische und andere hinzu.«[6]

Ich würde eine Einteilung der praktischen **menschlichen Bedürfnisse** in folgende Kategorien vornehmen:

Kategorie 1: Lebensnotwendiger Bedarf. Jeder Mensch braucht zum Überleben Trinken, Essen, Kleidung und Wohnung. In der gegenwärtig vom Kapital dominierten Welt werden Milliarden Menschen selbst diese lebensnotwendigen Grundbedürfnisse vorenthalten. Sie müssen täglich um ihre nackte Existenz kämpfen und viele von ihnen unterliegen dabei. Erst eine sozialistische Gesellschaft kann die Aufgabe in Angriff nehmen, den lebensnotwendigen Bedarf für alle Menschen abzusichern, sonst ist sie den Namen nicht wert. Es ist das elementarste Menschenrecht zum Überleben aller Menschen.

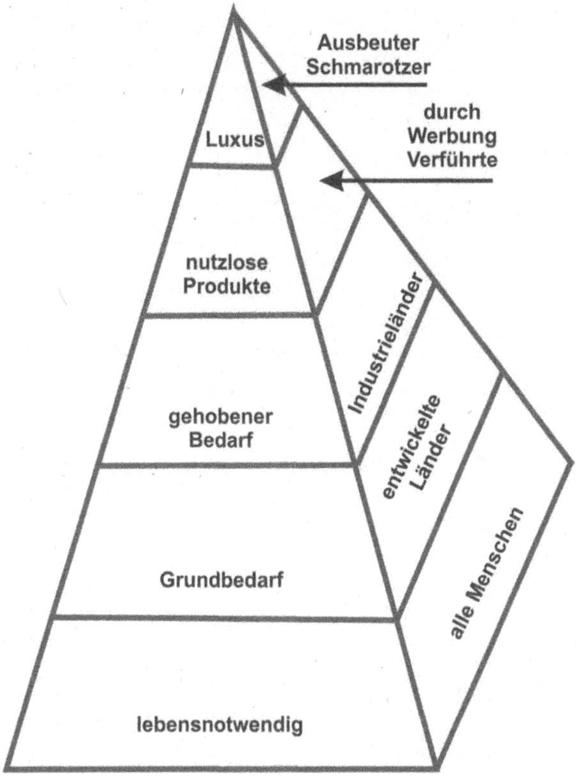

Kategorie 2: Grundbedarf. Zu den materiellen Existenzbedingungen kommen in entwickelten Ländern die Bedürfnisse nach sanitären Einrichtungen, Gesundheits- und Altersversorgung, Bildung, Kommunikation, sowie angemessene Mobilität hinzu. Auch diese Bedürfnisse müssen sozialistisch gesichert werden, wobei Art und Weise bereits deutliche Unterschiede zu entwickelten kapitalistischen Gesellschaften aufweisen sollten. Gesundheitsversorgung und Bildung sollten weitgehend kostenlos sein, Mobilität sich nicht vorrangig im Individualverkehr konzentrieren.

Der 1993 ermordete Generalsekretär der KP Südafrikas definierte Sozialismus folgerichtig wie folgt: »Beim Sozialismus geht es nicht um große Konzepte und schwere Theorie. Beim Sozialismus geht es um ein bescheidenes Dach für jene, die obdachlos sind. Es geht um Wasser für jene, die keinen Zugang zu sicherem Trinkwasser haben. Es geht um Gesundheitsfürsorge, um ein Leben in Würde für die Alten. Es geht darum, die riesige Kluft zwischen Stadt und Land zu überwinden. Es geht um Bildung für alle unsere Bürgerinnen und Bürger. Beim Sozialismus geht es darum, die Tyrannei der Märkte zurückzudrängen.«[7]

Kategorie 3: Gehobener Bedarf. Sozialismus in modernen Industriegesellschaften, sofern er dort jemals aktuell auf der Tagesordnung steht, kommt mit diesem Grad der Bedürfnisbefriedigung natürlich nicht aus. Bedürfnisse nach Kultur, Unterhaltung, Sport, Reisen sind integraler Bestandteil der menschlichen Bedürfnispalette in diesen Ländern. Art und Weise der Befriedigung sollte sich jedoch grundlegend von der kapitalistischen unterscheiden. Kulturvolle Unterhaltung statt seichtester Massenverdummung, Breitensport statt manipuliertem medienwirksamen Profitum, umweltschonender statt kulturlosem Massentourismus sollten die sozialistische Gesellschaft prägen.

Kategorie 4: Nutzloser Bedarf. In den auf hemmungsloses Wachstum getrimmten kapitalistischen Industrieländern wird Bedarf zunehmend künstlich geschürt. Nutzlose Produkte, Schnick-Schnack und Firlefanz, technische Spielereien verschlingen ungeheure materielle, finanzielle und geistige Kräfte. Unerträgliche, an primitivste Instinkte appellierende Werbung drängen den potenziellen Käufern Produkte und Leistungen auf, für die überhaupt kein realer gesellschaftlicher Bedarf vorliegt. Viele »Sonderangebote« der Supermarktketten ebenso wie private Leistungen der Ärzte,[8] technische Spielereien am Auto, bei der neuesten Computergeneration, in der Heimelektronik bis zum iPad und iPhone[9] sind ein beredter Ausdruck einer aus den Fugen geratenen Konsumgesellschaft. In einer sozialistischen Gesellschaft haben diese Produkte und Leistungen überwiegend nichts zu suchen. Sobald die offensive Werbung dafür eingestellt wird, brechen diese Zweige wie ein Kartenhaus zusammen – mit ihm die ungezählten, von dieser Werbung finanzierten Medien.

Kategorie 5: Luxusbedarf. Privatyachten und -jets, Luxuslimousinen, Villen, Edelschmuck, Designerwaren. Luxusbedarf entsteht nur dort, wo kaufkräftiger Luxus besteht. In einer sozialistischen Gesellschaft haben Millionäre und Milliardäre keine Heimstadt, der Luxusbedarf ist in dieser Gesellschaft nicht existent.

Wir müssen unseren Konsum reduzieren

»Wir müssen unseren Konsum reduzieren. Deutlich weniger Nahrungsmittel, weniger Energie, weniger von all dem Zeug. Weniger Autos, Elektroautos, Baumwoll-T-Shirts, Laptops, Smartphones. Viel, viel weniger. Der weltweite Konsum steigt jedoch weiterhin Jahrzehnt für Jahrzehnt an – und zwar gnadenlos. An dieser Stelle sollte man darauf hinweisen, dass mit »wir« diejenigen gemeint sind, die im Westen und Norden dieses Planeten leben. Es gibt nämlich anderswo drei Milliarden Menschen, für die es derzeit lebenswichtig wäre, mehr zu konsumieren, vor allem mehr Wasser, mehr Nahrungsmittel und mehr Energie. Und bis Ende dieses Jahrhunderts wird diese Zahl auf fünf Milliarden steigen«, schreibt Stephen Emmott in seinem Bestseller *Zehn Milliarden*.[10]

Was er – wie in allen derartigen »Bestsellern« – nicht sagt, ist, dass diese überlebenswichtige Forderung nicht in einem Gesellschaftssystem zu realisieren ist, das vom Maximalprofit angetrieben wird. Nur eine sozialistische Gesellschaftsordnung mit einer vernünftigen Konsumtion kann dieses Menschheitsproblem lösen. In dieser wird die Bedarfspyramide zum Pyramidenstumpf. Die beiden oberen Segmente entfallen, die unteren werden ausgebaut. Das hat eine grundlegende Umstrukturierung der materiellen Produkte und Dienstleistungen auf den wirklichen Bedarf der Menschen zur Folge. Ein anderer, vernünftiger Lebensstil, eine Neuordnung der Bedürfnisse im menschlichen Bewusstsein ist jedoch schwerlich mit Appellen und Agitation zu erreichen. Der Mensch, in seiner genetischen Entwicklung und den bisherigen Ausbeutergesellschaften auf Besitz, Genuss und Macht getrimmt, wird in Europa kaum weniger konsumieren, weil in Afrika Kinder verhungern. Dazu muss die Gesellschaft den notwendigen Rahmen schaffen.

Wachstum oder Verteilung?

Wenn man den Heilsbringern der vorherrschenden politischen Schattierungen Glauben schenken würde, gibt es für die wirtschaftlichen und sozialen Probleme – auch und vorrangig für die Finanzkrise – vor allem einen Lösungsweg: Wachstum, Wachstum und nochmals Wachstum. Je-

dem sollte doch einleuchten: Wenn die Wirtschaft wächst, gibt es mehr Arbeit und es ist mehr zum Verteilen für alle da. Auch im linken politischen Spektrum ist diese Meinung weit verbreitet. Harry Nick kritisiert: »Heute sind die Wachstumsnihilisten und die Technikpessimisten unter den Linken zu finden.«[11]
Lucas Zeise vertritt sogar die Auffassung: »Wer in der wirtschaftspolitischen Auseinandersetzung gegen die Förderung des Wachstums plädiert, schlägt sich auf die Seite des Großkapitals.«[12] Diese allseits hofierte Meinung ist aber nicht nur umstritten, sie ist irreführend.

Wachstum stabilisiert Armut und fördert Reichtum

Wenn Wachstum das selig machende Allheilmittel ist, warum befindet sich die Welt nach Jahrzehnten unaufhaltsamen Wachstums in einem solch erbärmlichen Zustand? Warum soll der Zustand besser werden, wenn eine Methode – Wirtschaftswachstum unter den Bedingungen des Kapitals –, die derart miserable Ergebnisse hervor gebracht hat, noch schneller verläuft? Bereits die Fragestellung: Wem hat das Wachstum was gebracht, führt national und international zu alarmierenden Aussagen.

International: BIP je Einwohner in Dollar

	Bevölkerung	1980	1990	2000	2010	Zuwachs
	Jahr 2010 in Mio					2010 gg. 1980
Afrika	1025	2051	1990	2013	2595	544
Asien	3919	1448	2031	3201	5716	4268
dar. China	1338	524	1101	2667	6810	6286
dar. Indien	1171	899	1249	1776	2308	1409
Lateinamerika	586	7630	7121	8321	10194	2564
Osteuropa	405	8464	9441	7358	11656	3192
OECD	918	21022	26823	32504	35120	14098
Welt	6853	5953	6799	7892	9913	3960

*In konstanten, um die Kaufkraft bereinigten Preisen des Jahres 2005

Datenquelle: ISW-Report Nr. 88 »Welt-Einkommensverteilung«, Seite 6

Nach wie vor konzentriert sich das Wirtschaftswachstum vorrangig auf die führenden Industriestaaten. Das Welt-Bruttoprodukt (in vergleichbaren Preisen) je Kopf der Bevölkerung wuchs innerhalb von 30 Jahren im Durchschnitt um ca. 4.000 Dollar. Der Zuwachs in den ohnehin am weitesten entwickelten OECD-Ländern betrug jedoch ca. 14.000 Dollar, in den zurück gebliebenen Ländern Afrikas nur 500 Dollar. Osteuropa brach nach den »Segnungen der Marktwirtschaft« nach 1990 völlig ein, um sich bis 2010 wieder leicht über das Niveau zu erheben, das es zu sozialistischen Zeiten bereits erreicht hatte. Die Entwicklung in Asien und Lateinamerika ist bescheiden, wenn man China gesondert betrachtet. (siehe dazu Kapitel VIII). Die Spreizung zwischen armen und reichen Ländern nimmt rasant zu. Nach vorliegenden Erhebungen betrug das Verhältnis der reichsten Ländergruppe zu der ärmsten 1973 das 13-fache, im Jahre 2001 bereits das 18-fache. Bis heute ist die Spreizung weiter fortgeschritten. Eine aktuelle Studie der Bertelsmann-Stiftung unterstreicht meine Aussagen.

Bertelsmann-Stiftung aktuell: »Die Globalisierung hilft vor allem den Reichen« [13]

»Deutschland zählt zu den größten Gewinnern der Globalisierung. Nur Finnland, Dänemark und Japan haben noch stärker von der weltweiten Verflechtung profitiert ... Zwischen 1990 und 2011 seien in allen 42 (untersuchten) Ländern positive Wirkungen erkennbar. Doch während das Bruttoinlandsprodukt pro Kopf in den Industrienationen aufgrund von Globalisierungseffekten um bis zu 1.500 Euro jährlich anstieg, wuchs es in Ländern wie Mexiko, China oder Indien um weniger als 100 Euro je Einwohner. Wir müssen erkennen, dass die Globalisierung die Schere zwischen Arm und Reich eher noch weiter öffnet ... Selbst Deutschland und das aufstrebende China sind weiter auseinander gedriftet. Betrug ihr Abstand beim Bruttoinlandsprodukt (BIP) pro Kopf noch 20.879 Euro im Jahr 1990, waren es vor drei Jahren 25.630 Euro ... Auch die Einkommen in Deutschland stiegen zwischen 1990 und 2011 allein durch die Effekte der Globalisierung um durchschnittlich 1240 Euro pro Jahr. In Indien nahmen sie um 20 Euro und in China um 80 Euro zu.«

Die Entwicklung innerhalb Deutschland zeigt das gleiche Ergebnis: Vom Wachstum profitieren vor allem die Reichen. Die Ergebnisse der deutschen Wachstumsperiode nach dem Anschluss der DDR bis zum Ausbruch der großen Krise sprechen für sich. Das Wachstum schuf weder Arbeit noch Wohlstand. In 15 Jahren mit einem durchschnittlichen jährlichen Wirtschaftswachstum von 2,8 Prozent sank das gesellschaftlich notwendige Arbeitsvolumen. Der wesentliche Anstieg in der Wachstumsperiode in Deutschland vollzog sich bei den Staatsschulden einerseits und im privaten Geldvermögen andererseits.

Hinter diesen abstrakten Zahlen verbirgt sich das Schicksal der übergroßen Mehrheit der Menschen auf diesem Planeten. Trotz der großspurigen Versprechungen von Millenniumsgipfeln und Wachstumsanbetern ist es der Weltgemeinschaft weder gelungen, die Armut noch den Hunger zu reduzieren. Sie erweisen sich als mehr oder weniger wirkungslose Lippenbekenntnisse zur Einschläferung des Weltgewissens, weil an sie keinerlei gesellschaftspolitische Bedingungen geknüpft sind.

National: Ergebnisse der Wachstumsperiode 1991 bis 2006 in der BRD

		1991	2006	Differenz
Arbeitsvolumen	Mrd. Std.	59,8	55,9	-3,9
Nettolöhne	Mrd. €	481	605	123,6
BIP	Mrd. €	1535	2325	790
Sozialleistungen	Mrd. €	258	458	199,6
Vermögenseinkommen	Mrd. €	467	969	502
Geldvermögen	Mrd. €	1930	4390	2460
Staatsschulden	Mrd. €	596	1497	901

Quelle: Statistisches Taschenbuch, Presse

Acht Millenniumsziele

Gegenüber 1990 sollen bis 2015 folgende Ziele erreicht werden:

Der Anteil der Menschen, die mit weniger als 1 Dollar/Tag auskommen müssen, und den Anteil jener, die Hunger leiden, halbieren.

Vollbeschäftigung und würdige Arbeitsbedingungen für alle.

Alle Kinder sollen eine Primärschule absolvieren.

Gleichstellung und stärkere Beteiligung der Frauen. Insbesondere soll die Benachteiligung der Mädchen in der Primar- und Sekundarschulbildung beseitigt werden.

Die Kindersterblichkeit um zwei Drittel verringern.

Die Müttersterblichkeit um drei Viertel senken.

Die Ausbreitung von Aids, Malaria und anderen Krankheiten stoppen und zurückdrängen.

Einen nachhaltigen Umgang mit der Umwelt sichern. Der Anteil der Menschen, die über kein sauberes Trinkwasser und keine einfachen sanitären Anlagen verfügen, halbieren. Die Lebensbedingungen von 100 Millionen Slumbewohnern erheblich verbessern.

Eine weltweite Partnerschaft für Entwicklung bilden; ein nicht-diskriminierendes Handels- und Finanzsystem aufbauen, Schulden von armen Ländern streichen und die Entwicklungszusammenarbeit verstärken.

Diese acht Hauptziele wurden in 21 Unterzielen konkretisiert. Die Abrechnungen zum Stand der Umsetzung sind ernüchternd bis zynisch. Aus dem letzten UN-Zwischenbericht ergibt sich: ***Konkret werden bis 2015 wohl nur drei der 21 Unterpunkte erreicht.*** Weltweit steigen Hunger und Armut, statt zu sinken.

Anzahl der Hungernden weltweit – in Millionen

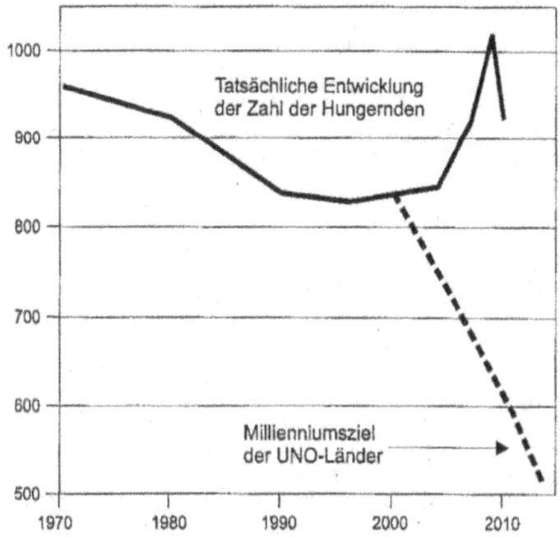

Quelle: isw-Report Nr. 88, Seite 23

Millionen Menschen mit weniger als 2 $ / Tag

	1981	1993	2005	Zuwachs gg. 1981
Welt gesamt	2535	2821	2562	27
Welt ohne China	1257	1559	1833	576

Quelle: Franz Garnreiter ISW-Report Nr. 88, Seite 22

In einer Studie stellt das Institut für sozial-ökologische Wirtschaftsforschung e.V. in München fest: »Die Wachstumsprediger, nach deren Credo Mängel, Armut und Krankheiten im Gefolge des Wirtschaftswachstums verschwinden würden, sind schon durch die Vergangenheit widerlegt. Die globale Wirtschaftsleistung steigt in 30 Jahren auf 250 Prozent, aber Hunger und schlimmste Mangelerkrankungen bleiben in denselben horrenden Zahlen, in vielen Ländern fallen immer mehr Menschen hinter die schon erreichten Standards zurück.«[14] Diese Aussage wird durch die Fakten gestützt.

Globales Wachstum dient auf diesem kapitalisierten Planeten nicht der Verbesserung des Lebens der Mehrheit der Menschen, sondern der Bereicherung immer kleinerer Kreise.

Globale Vermögenspyramide – 2011

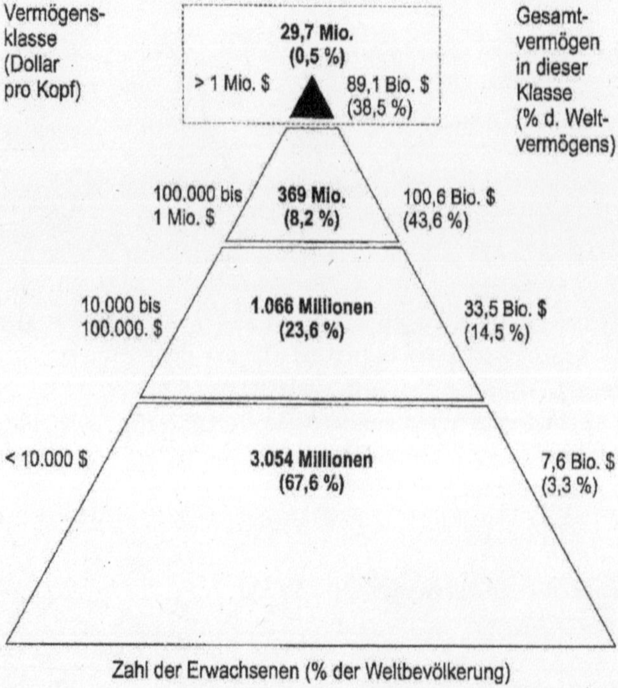

Quelle: Fred Schmid »Die Herren des Geldes« ISW-SPEZIAL Nr. 26 S. 4

Die Pyramide dokumentiert den sozialen, wirtschaftlichen und politischen Irrsinn auf diesem weitgehend kapitalisierten Planeten. Sozial bis zur Perversion ungerecht. Ökonomisch sinnlos, denn Superreichtum kann weder konsumiert, noch akkumuliert werden. Vor allem aber politisch brisant: Glaubt die Kapitalisten- und Politikerkaste tatsächlich, dass auf Dauer sich 400 Millionen erwachsene Menschen über 80 Prozent des Weltvermögens aneignen können? Glauben diese, dass sich die »restlichen« 4 Milliarden volljährige Erdenbürger damit abfinden? Meinen sie wirklich, die vielleicht 3 Milliarden oder sogar mehr armen Schlucker, die in den folgenden Jahrzehnten diesen Planeten zusätzlich bevölkern werden, auch noch durch Unterdrückung, Ausgrenzung und innerstaatliche und äußere Grenzanlagen im Zaum halten zu können?

***Wenn weltweit umverteilt würde*[1]**

Die Studie des isw kommt in einem zwar theoretischen, aber in der Aussage zwingenden Rechenbeispiel zu diesem Ergebnis: »Wenn weltweit niemand mehr Einkommen erhalten würde als der deutsche Durchschnittsbürger (statistisch: Einkommens-Median-Bürger mit 26.600 $/Kopf) und wenn alles darüber liegende Einkommen – 22% des Welt-BIP – frei würde zur globalen Umverteilung, dann würde das durchschnittliche Pro-Kopf-BIP der Afrikaner um 144% zunehmen, das der Asiaten um 50%.«

Fazit: Der Reichtum in der Welt, die Masse an produzierten Gütern und Dienstleistungen, würde gut ausreichen, um Milliarden Menschen wenigstens aus dem bittersten Elend zu befreien, in das sie die kapitalistische Weltwirtschaft zwingt. Und: Das Problem versiegender Ressourcen und beschleunigter Umweltzerstörung durch eine nachholende Entwicklung in den armen Ländern, also das Problem, dass wir nur eine Erde haben, würde sich bei solcher Umverteilung schon sehr viel weniger gravierend stellen.

Die Grenzen der Zeit sind erreicht

Es gibt unzählige weitere Publikationen, die die Folgen des ungebremsten Wirtschaftswachstums auf Ökologie, Klima, Ressourcen und andere Prozesse beschreiben und dringlich zu Einkehr und Umkehr mahnen. Den meisten dieser Publikationen ist gemeinsam, dass sie die Vorgänge auf technologischen Fachgebieten darstellen und ihre Ratschläge zur Verbesserung der Welt sich in technokratischen Maßnahmen erschöpfen. Was die Ratgeber aber alle »auszeichnet« ist die Befangenheit in einem vom System geprägten Denken. Kaum einer legt die Wurzeln allen Übels frei, nur Wenige unternehmen den Versuch, zu komplexen gesellschaftlichen Lösungen vorzudringen.

Grenzen der Zeit erreicht

Als einer der ersten hat im Jahre 1972 der Club of Rome mit einer weltweit aufsehenerregenden Studie »Die Grenzen des Wachstums« die Komplexität der Thematik erfasst. Die Studie des Club of Rome untersucht für den Zeitraum 1900 bis 2100 – gespeist mit Daten aus den Jahren 1900 bis 1970 – mögliche Entwicklungen in den globalen Kategorien Industrieproduktion, Rohstoffreserven, Nahrungsmittelerzeugung, Umweltverschmutzung und Bevölkerungswachstum. Das Resümee: Macht nicht weiter so! Ihr ruiniert die Menschheit!

Wirtschaft und Politik haben sich zynisch über diese Warnung hinweggesetzt. Sie sind stolz darauf, verkünden zu können, dass sie aus den »Grenzen des Wachstums« das »Wachstum der Grenzen« gemacht haben. Nach 30 Jahren, im Jahre 2002, zieht der Club of Rome eine Bilanz. Sie fällt ernüchternd aus. »Der gewaltige technologische Fortschritt hat zwar ein stetiges industrielles Wachstum ermöglicht; aber die Lücke zwischen arm und reich hat sich vergrößert und der Druck auf die komplexen und empfindlichen Systeme unseres Planeten ist größer als jemals zuvor. Um es deutlich zu sagen: ***Wir können auf diesem Pfad der Entwicklung nicht weiter gehen …*** Wissenschaft und Technologie müssen auf reale Bedürfnisse reagieren, sie müssen für jedermann zugänglich und nutzbar sein. Wir müssen die Energieeffizienz verbessern und eine auto-unabhängige Gesellschaft schaffen. Wir müssen das vorhandene Paradigma in Frage stellen, die Arbeit in besonderen Räumen zu konzentrieren weit entfernt von anderen städtischen und sozialen Funktionen. Eine stärkere Besteuerung von materiellen Ressourcen, Energie, Landnutzung und Transportfazilitäten ist notwendig … ***Den Marktkräften allein kann nicht vertraut werden,*** um das Naturkapital des Planeten zu bewahren und angemessenen Ersatz für erschöpfbare Ressourcen zu schaffen. Unternehmerische soziale Verantwortung muss ein allgemeines Erfordernis werden. Wir benötigen eine neue ›Ethik menschlicher Solidarität‹, die alle globalen Herrschaftsstrukturen durchdringen muss.« Der Club of Rome stellt richtigerweise fest: »Viele Initiativen wurden während der letzten 30 Jahre ergriffen, aber sie sind bei weitem nicht ausreichend, um den ***Kurs*** zu ändern.«

Der Club of Rome stellt fest: Die Menschheit sieht sich zwischenzeitlich mit der Grenze der Zeit konfrontiert. Diese Grenze ist offenkundig nahe. In den letzten 20 Jahren hat sich zwar die Weltwirtschaft fast verdoppelt. Das reichte jedoch nicht, um die wachsende Weltbevölkerung besser zu ernähren. Trotz aller Versprechungen sind der Energieverbrauch und CO_2- Ausstoß um annähernd die Hälfte gestiegen.

Veränderung globaler Weltgrößen von 1990 bis 2010 in Prozent

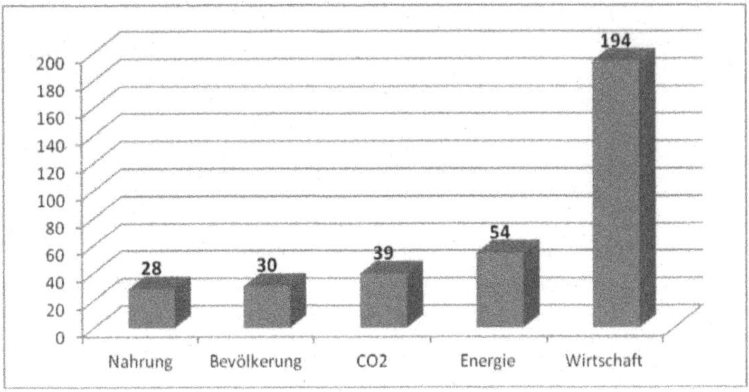

Datenquelle: Studie isw, diverse Jahrgänge Fischers Weltalmanach

Die Darstellung zeigt – bei aller Ungenauigkeit einer exakten Aussage – zweierlei:
Einmal, dass der Verbrauch an Nahrung und Energie, sowie die Belastung der Umwelt, annähernd der Entwicklung der Bevölkerung proportional ist. Und zum zweiten, dass die Entwicklung der Wirtschaft in hohem Maße »um ihrer selbst willen« erfolgt.
Soll die Entwicklung in den nächsten 20 Jahren so weitergehen? Soll dieses extensive und exponierte Wirtschaftswachstum weiterhin die Welt zerstören? »Wenn der Verbrauch an natürlichen Ressourcen so weitergeht, würden bereits im Jahre 2035 theoretisch zwei Planeten benötigt, um den weltweiten Bedarf an Nahrung, Energie und Fläche zu decken.«[15]

Weltproblem Nahrung – lösbar?
Der Bedarf an Nahrungsmitteln wird sich bis 2050 mindestens verdoppeln. Der Zusammenhang ist komplex, aber einfach und drastisch: Kein Mensch auf dieser Welt wird freiwillig bereit sein, auf errungene

Lebensqualität zu verzichten, im Gegenteil: er will mehr und immer mehr. Die übergroße Mehrheit der Bevölkerung auf diesem Planeten hat aber extrem Wenig, Milliarden haben zu wenig, um überhaupt überleben zu können. Nun werden wahrscheinlich in den nächsten Jahrzehnten weitere Milliarden Menschen zusätzlich diesen Planeten bevölkern. In einer humanistischen Welt **müssen** diese Menschen versorgt werden, und zwar auf einem Niveau was unter der extremen Armut liegt. Die Anforderung ist also nicht nur quantitativ, sondern auch qualitativ. Allein die Heranführung des Kalorienverbrauchs an die »Weltnorm« von 2700 Kilokalorien/Tag erfordert für die heute lebenden 3 bis 4 Milliarden Menschen in Entwicklungsländern zusätzliche Nahrungsmittel. Weitere 3 bis 4 Milliarden Menschen kommen hinzu. Viele wollen nicht nur mehr, sondern besser Essen. Dadurch steigt der Kalorienverbrauch weiter. Der Bedarf wird sich bis 2050 mindestens verdoppeln. Mehr und bessere Nahrung verbraucht mehr Wasser und mehr Treibhausgase. Schon heute stammen rund 30 Prozent aller vom Menschen produzierten Treibhausgase auf die Nahrungskette. 70 Prozent des auf der Erde verfügbaren Trinkwassers wird schon heute zur Bewässerung landwirtschaftlicher Flächen verwendet. Für ein Hähnchen braucht man 9000 Liter Wasser, für einen Burger 3000 Liter. Mehr Nahrung bedeutet mehr Anbauflächen, die Entwaldung wird beschleunigt. Die CO_2-Aufnahme sinkt. Die Umwelttemperatur steigt. Gleichzeitig muss mehr Nahrung transportiert werden. Der CO_2-Ausstoß steigt weiter. All diese Faktoren beschleunigen den Anstieg des Energieverbrauches weiter. Der Kreislauf nimmt Exponentialfunktion an.[16]

»Um unseren voraussichtlichen Bedarf zu decken, müssen wir die Menge der erzeugten Energie bis zum Ende dieses Jahrhunderts verdreifachen – mindestens. Um das zu schaffen, müssen wir im Grunde einfach nur folgendes tun: 1800 Staudämme bauen, die so groß sind wie die leistungsstärksten, die wir haben, 23.000 neue Atomkraftwerke ans Netz nehmen, 14 Millionen Windräder aufstellen, 36 Milliarden Solarmodule installieren – oder einfach mit Öl, Kohle und Gas weitermachen und die 36.000 neuen Kraftwerke bauen, die wir dann benötigen werden.«[17]

Die Menschheit hat mit ihrem Wachstumswahn offensichtlich die »Grenze der Zeit« erreicht, sie steht bereits mit einem Bein über dem Abgrund. Eine gesellschaftliche Alternative ist also keine Alternative eines Sankt-Nimmerleinstages, ein Fernziel in einigen hundert Jahren.

Die der Menschheit dienende Forderung heißt nicht, weiteres globales Wirtschaftswachstum in entwickelten Industrieländern, sondern Umverteilung von reich zu arm, sowohl national als vor allem international. Die führenden OECD-Länder brauchen überhaupt kein globales Wachstum, sondern eine dem Bedarf der Völker entsprechende Struktur der Produkte und Leistungen, sowie eine gerechtere nationale und internationale Verteilung ihrer hohen Wirtschaftsleistung. »Es ist gegenwärtig ein Niveau der Produktivkräfte erreicht, welches erstmalig in der Geschichte erlaubt, für alle Menschen auf der Erde elementare Bedingungen eines selbstbestimmten Lebens in sozialer Sicherheit und Würde Schritt um Schritt zu schaffen. Diese Chance besteht auch künftig bei einem Bevölkerungszuwachs auf ca. 8 Milliarden Menschen im Jahre 2020.«[18]

Damit ich nicht falsch interpretiert werde: Natürlich braucht die Menschheit weitere wissenschaftlich-technische Entwicklungen zur Lösung der Menschheitsprobleme: Eine wirklich neue Energiebasis, Ressourceneinsparung, Umweltschutz, Gesundheitsfürsorge, altersgerechte Lösungen und vieles andere. Wenn aber vom neuesten Autosalon nicht über Kraftstoffeinsparung berichtet wird, sondern »dass Autofahrer bald in den Marken Mercedes-Benz, Volvo und Ferrari – den größten Kraftstoffverbrauchern – sich vom Auto SMS vorlesen lassen oder während der Fahrt die Lieblingsmusik vom Smartphone abspielen – so ist das nichts anderes als gewinnträchtiger Firlefanz. Das Ziel: »Ein großer Teil der Wertschöpfung der Autoindustrie kommt inzwischen von Internet-Unternehmen, betont ein Branchenexperte – ein Milliardengeschäft!«[19]

Warum also letztlich die Floskel vom alle selig machenden Wirtschaftswachstum?

»Wer die leistungsfähigste Wirtschaft besitzt, kann sich die größten Armeen und Flotten und die modernsten Waffen erlauben; wer die modernsten und schlagkräftigsten Armeen und Flotten besitzt, kann anderen Ländern seinen Willen aufzwingen und wird früher oder später zur Großmacht.«[20]

Alle Wachstumsapostel – vor allem aus dem linken Spektrum – sollten sich eingedenk dieser Aussagen im Klaren sein, dass globales Wachstum unter kapitalistischen Bedingungen vorrangig die Besitz- und Herrschaftsverhältnisse auf erweiterter Stufenleiter reproduziert, damit das System stärkt und zu einer weltweiten ökologischen, sozialen und politischen Gefahr geworden ist.

Kriterium einer sozialistischen Gesellschaft sollte sein, ob und wie alle Mitglieder der Gesellschaft angemessen am nationalen Reichtum beteiligt werden. Deshalb wird es hinsichtlich der Bedarfsdeckung niedriger entwickelte und höher entwickelte sozialistische Länder geben. Real kann Sozialismus auf hoher oder niederer ökonomischer und sozialer Stufenleiter gestaltet werden. Der Sozialismus Kubas ist einer auf relativ niedrigem, der der DDR war einer auf relativ hohem ökonomischem Niveau. Ein Sozialismus auf höchstem Niveau, so wie ihn sich Marx und Engels als ein Sozialismus in den entwickelten Industrieländern vorstellten, hat es bisher nicht gegeben.

Markenkennzeichen des Sozialismus ist aber in jedem Falle die entsprechende Teilhabe aller am erreichten Stand der Entwicklung. Das sozialistische Prinzip »Jedem nach seiner Leistung« bei angemessener Einbeziehung der aus Gründen der Krankheit oder des Alters Arbeitsunfähigen muss dabei konsequenter durchgesetzt werden, als es mit den gleichmacherischen Tendenzen im praktizierten Sozialismus der Fall war. Der Mensch belohnt Geschenke der Gesellschaft im Allgemeinen nicht durch übermäßige Leistungen für die Gesellschaft, sondern betrachtet diese zunehmend als Selbstverständlichkeit. Persönliche Einkommen müssen durch persönliche Arbeit errungen werden.

Arbeit für alle Erwerbsfähigen

Die Argumentation führt uns damit zur Rolle der Arbeit in der sozialistischen Gesellschaft. Gerechte Verteilung ist nur möglich, wenn alle arbeitsfähigen Menschen die Möglichkeit, das Recht und die Pflicht zur **Arbeit** haben. Der Mensch muss sein Leben materiell und ideell durch Teilhabe am gesellschaftlichen Arbeitsprozess selbst gestalten können. Arbeitslosigkeit war und ist dem Sozialismus fremd, der Kapitalismus braucht sie existenziell zum Konkurrenzkampf unter der Arbeiterklasse.

Zunächst ist Vollbeschäftigung eine Rechenaufgabe. Sie ist dann gegeben, wenn die Nachfrage nach Arbeit dem Angebot entspricht.

Nachfrage nach Arbeit	=	*Angebot an Arbeit*
Wirtschaftliche Leistung : Produktivität	=	*Erwerbsfähige x Persönliche Arbeitszeit*

In der kapitalistischen Gesellschaft verbreiten ihre Protagonisten die Lehrmeinung, durch hohes Wirtschaftswachstum die Arbeitslosigkeit beseitigen zu wollen. Das ist eine bewusste Täuschung. Tendenziell entwickelt sich in der kapitalistischen Gesellschaft die Produktivität immer schneller als das Wirtschaftswachstum. Dadurch wird die Nachfrage nach Arbeit absolut verringert. Auf der Angebotsseite wird in der kapitalistischen Welt die Zahl der Erwerbsfähigen künstlich durch Verlängerung der Lebensarbeitszeit erhöht. Ältere sollen später in Rente gehen. Kompensiert wird diese Erhöhung des Arbeitsangebotes durch menschenentwürdigende Kurzarbeit, Zeitarbeit, Leiharbeit.

In einer sozialistischen Gesellschaft gehört Vollbeschäftigung zum Markenzeichen. Sie ist ein entscheidendes Merkmal des Sozialismus, eines seiner großen Vorzüge. Für die Bewusstseinsbildung der Menschen im praktizierten Sozialismus wurde mit diesem Pfund viel zu wenig gewuchert. Vollbeschäftigung wird sozialistisch erreicht durch eine der Entwicklung der Produktivität angepasste persönliche Arbeitszeit. Je höher die Arbeitsproduktivität, desto kürzer die persönliche Arbeitszeit. Um Vollbeschäftigung praktisch durchzusetzen bedarf es dazu gleichzeitig einer dem Bedarf der Gesellschaft angepassten Ausbildung, Weiterbildung und auch Umschulung. Die ist staatlich zu lenken, der Markt richtet das nicht von selbst. Auch im realen Sozialismus wurden Betriebe stillgelegt, wenn sie uneffektiv arbeiteten (in der DDR z.B. Steinkohle. Eisenerz, Niederschachtöfen). Arbeitslos wurde jedoch niemand. Gleichzeitig mit der Stilllegung wurden die notwendigen Maßnahmen für ein neues Wirtschaftsprofil umgesetzt. Die arbeitenden Menschen wurden umgeschult und wieder produktiv in Arbeit gebracht. Aus Metallurgen wurden Metallarbeiter, aus Bergleuten Produzenten von Campingfahrzeugen.

Entwicklung von BIP, Arbeitsproduktivität und Arbeitsvolumen in Deutschland (auf %)

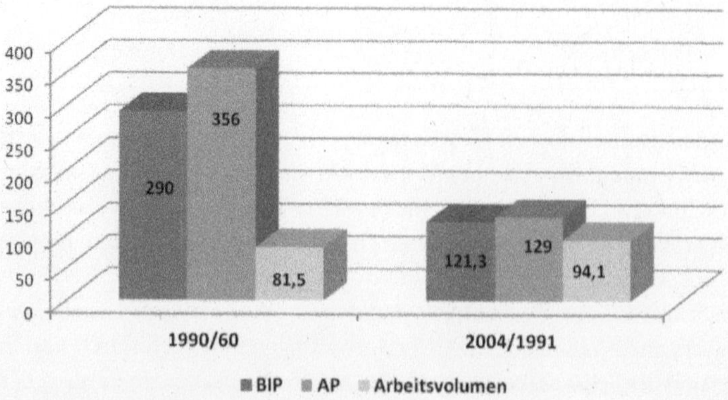

Datenquelle: Statistisches Jahrbuch der BRD

Eigentum oder Mitbestimmung?

Die Kernfrage jeder Gesellschaftsordnung ist die Ausgestaltung der Eigentumsverhältnisse. Die Kernaussagen des Kommunistischen Manifestes von Marx und Engels aus dem Jahre 1848 gelten unverändert. »Was den Kommunismus auszeichnet, ist nicht die Abschaffung des Eigentums überhaupt, sondern die Abschaffung des bürgerlichen Eigentums ... Ihr werft uns mit einem Worte vor, dass wir euer Eigentum aufheben wollen. Allerdings das wollen wir.«

Wohlgemerkt, es geht nicht um das persönliche – durch eigene Arbeit erworbene – Eigentum, sondern um das durch Ausbeutung fremder Arbeit entstandene und ständig vermehrte Eigentum. **Die Verfassung der DDR** entsprach diesen Anforderungen. Diese Festlegungen der Verfassung der DDR wurden konsequent durchgesetzt – bei vielen anderen Verfassungsgrundsätzen war das nicht immer der Fall.

Verfassungsgrundsätze zur Enteignung

Verfassung der DDR
Artikel 10
Das sozialistische Eigentum besteht
als gesamtgesellschaftliches Volkseigentum
als genossenschaftliches Gemeineigentum werktätiger Kollektive
sowie
als Eigentum gesellschaftlicher Organisationen der Bürger

Artikel 12
(1) Die Bodenschätze, die Bergwerke, Kraftwerke, Talsperren und großen Gewässer, die Naturreichtümer des Festlandssockels, größere Industriebetriebe, Banken und Versicherungseinrichtungen, die volkseigenen Güter, die Verkehrswege, die Transportmittel der Eisenbahn, der Seeschifffahrt sowie der Luftfahrt, die Post- und Fernmeldeanlagen sind Volkseigentum. Privateigentum daran ist unzulässig.
(2) Die Nutzung und Bewirtschaftung des Volkseigentums erfolgt grundsätzlich durch volkseigene Betriebe und staatliche Einrichtungen. Seine Nutzung und Bewirtschaftung kann der Staat durch Verträge genossenschaftlichen oder gesellschaftlichen Organisationen und Vereinigungen übertragen.

Artikel 13
Die Geräte, Maschinen, Anlagen, Bauten der landwirtschaftlichen, handwerklichen und sonstigen sozialistischen Genossenschaften sowie die Tierbestände der landwirtschaftlichen Produktionsgenossenschaften und das aus genossenschaftlicher Nutzung des Bodens sowie genossenschaftlicher Produktionsmittel erzielte Ergebnis sind genossenschaftliches Eigentum.

Diese Entwicklung war als Ausdruck sozialistischer Verhältnisse prinzipiell richtig. Problematisch war der Grad der Verstaatlichung des Eigentums. Durch Überdehnung des staatlichen Sektors wurden zweifellos private Initiativen gehemmt.

»Moderne« Auffassungen über den Sozialismus negieren die Eigentumsfrage weitgehend. Ihnen liegt die Fehleinschätzung zugrunde, sozialistische Wirtschafts- und Arbeitspolitik vorrangig auf dem Weg der **Mitbestimmung** durchsetzen zu können. Dem realen Sozialismus wird auf dem Gebiet der Wirtschaftspolitik vordergründig vorgeworfen, »staatssozialistisch« gewesen zu sein.

Die Entwicklung der Eigentumsformen in der DDR (Anteil am Nationaleinkommen in Prozent – Preisbasis 1986)

	Volkseigen	Genossenschaft	Privat
Gesamt			
1950	49,2	6,1	44,7
1985	85,5	10,4	4,1
Industrie und produz. Handwerk			
1950	67	1,4	31,6
1989	97,6		2,4
Bau			
1950	40,7		59,3
1989	75	16,3	8,6
Land/Forst			
1950	3		97
1985	23,1	66,5	10,4

Quelle: Statistisches Jahrbuch der DDR 1990, Seite 105

Kostproben linker Utopisten über Eigentum und Mitbestimmung

»Lange galt die radikale Umgestaltung der Eigentumsverhältnisse neben der Eroberung der politischen Macht als Voraussetzung sozialistischer Transformation. Doch mit vertieften Einsichten in die Regulationsweise des (fordistischen) Kapitalismus und den Erfahrungen mit dem Staatseigentum in den realsozialistischen Ländern erwies sich dies als im Kern falscher Weg. Vergesellschaftung und demokratische Steuerung, Pluralität von privaten, genossenschaftlichen, öffentlichen und staatlichen Eigentumsformen sind Eckpunkte eines Transformationsobjektes, das nicht mehr auf einen »archimedischen Punkt« verdichtet werden kann.«[21]

»Das heißt, das ***Kriterium für Sozialismus als Gesellschaftsformation*** ist, das die ökonomischen, sozialen, politischen und rechtlichen Verhältnisse so sind, dass demokratische Gestaltung sich entfalten und durchsetzen kann.«[22]

»Sozialismus darf also nicht verstanden werden als möglichst radikale und vollständige Negation aller im Kapitalismus entwickelten Strukturen. Ein demokratischer Sozialismus muss und kann auf vielem aufbauen, was im Kapitalismus entwickelt worden ist … Allein schon ohne Massenarbeitslosigkeit sieht die Welt so im Betrieb völlig anders aus als heute – und das gilt auch schon im Kapitalismus.«[23]
So einfach ist das! Dann sollten wir mal die guten Kapitalisten ganz demokratisch davon überzeugen, die Massenarbeitslosigkeit zu beseitigen!
Regieren nach den Vorstellungen linker Utopisten geht so: »Alle Planungskommissionen müssen aus fachlich qualifizierten Vertretern verschiedenster Interessengruppen zusammen gesetzt sein (Experten aus Parteien, Verbänden, Gewerkschaften, Wissenschaftsvertreter etc.) … Diese Plankommissionen arbeiten zwei bis drei Planvarianten aus, die der Bevölkerung zur Wahl vorgelegt werden. Die Planung ist also von ihrer Entstehung wie von ihren Ergebnissen her demokratisch legitimiert. Die Pläne, welche alle krisenvermeidend ausbalanciert sein müssen, unterscheiden sich vor allem durch die unterschiedlichen Modi der Aufteilung der gesamtökonomischen Konsumtion auf privaten und sozialen Konsum und speziell durch die je unterschiedliche innere Aufteilung des letzteren (eher mehr Geld für privaten oder öffentlichen Verkehr, für Atomkraftwerke oder Sonnenkollektoren, für Rüstung oder Bildung) … Die Regierung ist, entgegen den einzelnen Betrieben, an den via Volksentscheid ausgewählten Plan gebunden.«[24]

Sozialismus wird demnach nicht mehr als eine Gesellschaft der sozialen Gerechtigkeit auf der Grundlage von Gemeineigentum definiert, sondern als eine solche, in der alles demokratisch zugeht. Demokratie an sich und für sich als Kriterium des Sozialismus!? Jeder kann an jedem Ort jedwedes diskutieren! Also: Volksbefragung durch die Regierung: »Liebe Bürgerinnen und Bürger, möchtet Ihr mehr verfressen oder lieber mehr verreisen? Wenn letzteres, wollt Ihr lieber mehr Auto fahren oder Eisenbahn? Und im Übrigen, der Staat hat demnächst ein Energieproblem. Sollen wir die Sonnenenergie aus Afrika importieren oder stimmt Ihr vorübergehend zu, die Atomkraftwerke wieder anzufahren? Und dann noch eine Frage: Die Gefahr eines bewaffneten Überfalls auf unser Land nimmt zwar zu, aber Ihr seid doch auch der Meinung, dass wir uns lieber bilden als verteidigen? Wir versprechen Euch, dass wir uns an Eurer Votum halten werden, auch wenn es mehrheitlich nur 50,1 Prozent beträgt. – Eure, Euch liebende, demokratisch gewählte und immer demokratisch handelnde Regierung.«

Ich betrachte Auffassungen, durch Mitbestimmung eine veränderte, den Interessen der Arbeiter besser entsprechende Wirtschaftspolitik durchsetzen zu können, mit großer Skepsis. Wirtschaft kann nicht demokratisch durch Arbeiterräte geleitet werden. Wirtschaft ist durch Leiter zu leiten, im Sozialismus durch »sozialistische Leiter«. Wirtschaftsleiter haben hoch qualifiziert häufig kurzfristig, aber insbesondere strategisch Entscheidungen zu treffen. Sie haben die Verantwortung für ihr Tun zu übernehmen, sind gegenüber der Gesellschaft und Belegschaft rechenschaftspflichtig. Das Problem des praktizierten Sozialismus bestand darin, dass die »Wirtschaftskapitäne« zu wenig Entscheidungsspielraum hatten – erdrosselt durch starre Planvorgaben und politische Einflussnahme der allmächtigen Partei. Diese Handlungsbeschränkung kann in einer sozialistischen Gesellschaft nicht in Drosselung durch Arbeiterräte umschlagen. Das ist auch überhaupt nicht das Problem.

Das Problem, ob jemand real »mitbestimmen« kann, ergibt sich aus der Beantwortung der Frage: wem gehört was. In einer privatkapitalistischen Ordnung, in der die entscheidenden Produktions- und Finanzmittel einer kleinen Klasse von Kapitalisten gehören, ist »Mitbestimmung« ein Feigenblatt. Wirkliche Entscheidungen trifft der, der besitzt. Und unabhängig davon: Jede Entscheidung nützt letztlich dem, der besitzt.

Deshalb ist es grotesk und für mich nicht nachvollziehbar, warum Linke, wenn sie denn wirklich eine sozialistische Wirtschafts- und damit Gesellschaftsordnung wollen, sich so schwer mit der »Eigentumsfrage« tun. Es wird darüber fabuliert, dass es gar nicht darum geht, wer das Eigentum besitzt, sondern darum, wer darüber verfügt.

Über sozialistische Eigentumsverhältnisse

»Und das ist zumindest einer der Gründe, weshalb dieser gute Lösungsansatz unter kapitalistischen Eigentumsverhältnissen nicht realisierbar ist: Sie arbeiteten auch dann weiterhin für andere! Nämlich für die, die die großen Anteile am Unternehmen besitzen! Sie werden weiterhin ›Arbeitnehmer‹ bleiben, während die Reichen weiterhin reicher werden! Für sie wird eine Beteiligung am Gewinn nur zu einer besonderen Form des Leistungslohnes! Eine direkte

Entlohnung nach Leistung, wie ein Stücklohn, dürfte das Gleiche bewirken. Und was die Demokratie anbetrifft, so werden sie nie die gleichen Stimmrechte und damit nie gleiches Mitbestimmungsrecht haben. Ist der Osten diesbezüglich nicht schon weiter gewesen?! Hatte er, indem alle Menschen zu gleichberechtigten Miteigentümern geworden waren, diesbezüglich nicht schon bessere Voraussetzungen für eine höhere Interessiertheit und für eine bewusste Mitarbeit, also für eine größere Demokratie geschaffen?! Hat er nicht die ›Arbeitnehmer‹ zu ›Werktätigen‹, also zu ›Aktionären der besonderen Art‹ gemacht?! Hat er damit der Entwicklung von Freiheit und Demokratie nicht schon prinzipiell und sehr weitgehend Rechnung getragen?! ›Ein Werkdirektor, der auf Dauer die Meinung der Brigadiere ignorierte, wäre kaum vorstellbar gewesen.‹«[25]

»Und das müssen Sie sich nun einmal vorstellen! Ein Werkdirektor, der die Meinung seiner Leute auf Dauer ignoriert hat, ist nicht haltbar gewesen! Kein selbständiger Eigentümer braucht auf Ratschläge seiner Arbeitnehmer zu hören! Er kann ja tun und lassen, was er will! Die Werkdirektoren von damals sind aber nicht Eigentümer der Betriebe gewesen! Sie waren ›nichts weiter‹ als ›Angestellte‹, als Werktätige, die durch die ›Geschäftsleitung‹ zur Rechenschaft gezogen worden sind, wenn sie Fehler begangen haben!«[26]

Wer noch Anschauungsunterricht über die »führende Rolle« der Eigentumsfrage im kapitalistischen System bedurfte, erinnere sich an den »Vereinigungsprozess«. Das Wichtigste, was die Kapitalisten von der anderen Seite des »Eisernen Vorhanges« wirklich interessierte, war, sich das sozialistische Eigentum so schnell und so billig wie möglich unter den Nagel zu reißen. Grund und Boden, Felder, Wälder, Seen – zurück in adlige Junkerhände. Volkseigene Betriebe ausschlachten, um dem häufig bankrotten Kapitalisten jenseits der Elbe zu neuem Glanz zu verhelfen. Gelder aus Kombinaten, Banken und Versicherungen dem westlichen Finanzkapital zum Spekulieren übereignen – das war die Interessenlage.

Warum die »tote« DDR gefährlich ist

Der international anerkannte DDR-Jurist **Erich Buchholz** erklärt: »In den Augen der (ökonomisch und politisch) Herrschenden war es die **Todsünde der Ostdeutschen und der DDR-Bürger, dass sie gewagt**

hatten, dieses Privateigentum angetastet und Volkseigentum geschaffen zu haben. Diese Todsünde begangen zu haben, war und ist der wahre Grund dafür, weshalb die DDR, obwohl es sie seit über 20 Jahren nicht mehr gibt, für die in dieser Gesellschaft Herrschenden eine Gefahr darstellt. Da man diesen wirklichen Grund nicht zugeben möchte, werden verschiedene nach dem Recht der DDR rechtmäßige staatliche Maßnahmen vorgeschoben, um die DDR als ›Unrechtsstaat‹ zu verleumden. Da diese Kräfte in der ›toten‹ DDR eine Gefahr sehen, es könnte jemand auf die Idee kommen, ebenfalls das Privateigentum (vor allem an den wichtigsten Produktionsmitteln) anzutasten, wird jede wahrheitsgemäße positive Darstellung der DDR (informell) verboten, weil die Herrschenden solches für ihre Herrschaft für gefährlich halten.«[27]

Deshalb erfordert ein erneuertes sozialistisches Gesellschaftskonzept zwingend ein gesellschaftliches Eigentum an Produktionsmitteln. Über das »Wie« lässt sich freilich trefflich streiten. Wer meint, durch Anteilsscheine das Problem lösen zu können, solle es tun. Wer die Werktätigen stärker am Ertrag beteiligen will, sollte es auch. Nur möge er sich nicht der Illusion hingeben, hätten wir das im praktizierten Sozialismus besser gemacht, hätten die Werktätigen sich »ihr« Eigentum in der Wendezeit nicht so einfach stehlen lassen. Viele Menschen hatten das politische System satt, deshalb haben sie auch nicht deren Grundbestandteil, das sozialistische Eigentum verteidigt. Wer allerdings als Schlussfolgerung daraus meint, »Volkseigentum« erfordert zuallererst, dass »das Volk« die Entscheidungen in der Wirtschaft trifft, ist auf dem Irrweg.

Die Eigentumsutopie der Partei **Die Linke**

»*Die Linke* kämpft für die Veränderung der Eigentumsverhältnisse. Wir wollen eine radikale Erneuerung der ***Demokratie,*** die sich auch auf wirtschaftliche Entscheidungen erstreckt … Deshalb sehen wir in der Wirtschafts***demokratie*** eine tragende Säule des ***demokratischen*** Sozialismus … In einer solidarischen Wirtschaftsordnung haben verschiedene Eigentumsformen Platz: staatliche und kommunale, gesellschaftliche, private und genossenschaftliche Formen des Eigentums … Auf welche Bereiche, Unternehmen und Betriebe sich die ***demokratische*** Vergesellschaftung erstrecken und in welchen öffentlichen oder kollektiven Eigentumsformen (staatliches oder kommunales Eigentum, Genossenschaften, Belegschaftseigentum) sie sich vollziehen soll, muss im ***demokratischen*** Prozess entschieden werden ... Allumfassendes Staatseigentum ist auf Grund bitterer historischer Erfahrungen nicht unser Ziel. Die Beschäftigten müssen realen Einfluss auf die betrieblichen Entscheidungen bekommen. Wir setzen uns dafür ein, dass Belegschaften ohne Lohnverzicht an dem von ihnen erarbeiteten Betriebsvermögen kollektiv beteiligt werden.«[28]

Man stelle sich nur einen Augenblick vor, diese vor Demokratie strotzenden Vorstellungen würden Wirtschaftspraxis. Runde Tische tagen und streiten unendlich über Wirtschaftsentscheidungen. Innerhalb kürzester Zeit würde jede Wirtschaft – ob staatlich oder privat – im Entscheidungschaos versinken. Wie das praktisch abläuft, beschreibt ein Bericht vom Wirken der französischen Gewerkschaft CFDT. »Die Ziele und Forderungen werden im Betrieb von der Belegschaft diskutiert und danach wird beschlossen, wie vorzugehen ist. Dann wird eine Kommission gewählt, die dem Kapitalisten die Forderungen vorträgt und darüber verhandelt. Nach der Verhandlung kommt die Kommission zurück in den Betrieb und teilt der Belegschaft das Ergebnis mit. Die diskutiert und entscheidet, wie es weiter geht, ob ein Ergebnis akzeptiert, weiter verhandelt oder, wenn der Kapitalist auf stur schaltet, gestreikt oder möglicherweise der Betrieb besetzt wird.«[29]

Ich weiß nicht, ob solche Vorstellungen von »Wirtschaftsdemokratie« ernsthafter Bestandteil linken Gedankenguts sind. Wenn ja, kann man nur sagen: In wenigen Wochen sehen sich alle auf dem Arbeitsamt wieder, der Betrieb ist wegen Handlungsunfähigkeit längst bankrott. Aus eigener praktischer Erfahrung kann ich berichten, wie »wirkliche Wirtschaftsdemokratie« aussieht. Ich hatte als Wirtschaftsfunktionär der DDR mit einem Betriebsleiter eines jugoslawischen Betriebes zu verhandeln. Der Inhalt ist mir heute nicht mehr erinnerlich, aber es war nicht allzu bedeutungsvoll, ich glaube, es ging um die Investition einer Werkzeugmaschine aus der DDR. Nach zwei Stunden Verhandlung unterbrach der Direktor mit der Bemerkung, er müsse jetzt seine Belegschaft informieren. Das tat er. Nach einer Stunde kam er zurück mit der Antwort: Wir können leider keine Entscheidung treffen, die Vertreter der Belegschaft sind uneins. Wir verließen ergebnislos das Werk.

Die geistigen Verfechter dieser Art von Wirtschaftsdemokratie wollen angeblich Wirtschaftsinteressen für die gesamte Gesellschaft durchsetzen, aber dazu das Mittel der »demokratischen Selbstbestimmung« in den Betrieben nutzen – ein Widerspruch in sich, die Katze beißt sich in den Schwanz.

Wie sich die »Sozialistischen Wirtschaftsdemokraten« unlogisch widersprechen[30]

Die richtige Forderung lautet: »In einer demokratischen, emanzipierten sozialistischen Gesellschaft muss die Planung und Regulierung darauf gerichtet sein, die lebenswichtigen Grundbedürfnisse ***aller Menschen*** zu befriedigen, soziale Sicherheit, Gleichheit und Gerechtigkeit zu erreichen, die Erfordernisse zur Erhaltung der natürlichen Umwelt konsequent umzusetzen sowie die Bedingungen für gleichberechtigte internationale Wirtschaftsbeziehungen zu verbessern.«

Die Lösung soll sein: »Die Verfügung über die Ressourcen, vor allem über deren Einsatz und Nutzung, waren im Staatssozialismus der demokratischen Mitwirkung und gesellschaftlichen Kontrolle im wesentlichen entzogen. Dies betraf vor allem auch die Teilnahme der Bevölkerung an der Erörterung und Entscheidung über den Einsatz und die Aufteilung des erzielten Mehrprodukts, des Überschusses der gesellschaftlichen Produktion für die weitere gesellschaftliche Entwicklung, insbesondere für die produktive Akkumulation, für soziale Aufgaben und für die Infrastruktur.«

»Wichtige Erkenntnisquellen für die Weiterentwicklung der Vorstellungen zur Regulierung der wirtschaftlichen Entwicklung sind insbesondere die umfassende Demokratisierung des gesamten Planungsprozesses auf der gesamtwirtschaftlichen Ebene ... u.a. durch die Ausarbeitung und öffentliche Diskussion von Grundlinien der volkswirtschaftlichen – ökonomischen, sozialen und ökologischen – Entwicklung einschließlich möglicher Alternativen. Diese Demokratisierung muss sich auf die ***Ebene der Betriebe, Unternehmen und Regionen beziehen.***«

Also: Die gesamtgesellschaftlichen Aufgaben erfüllen die sozialistischen Wirtschaftsdemokraten dadurch, dass man auf allen Ebenen, insbesondere Betriebe, Unternehmen und Regionen über die Vertei-

lung des Mehrproduktes entscheiden lässt! Ich halte folgende Grundpositionen bei der Eigentumsdebatte für unumgänglich:
Zum Ersten: Jede Form privaten Eigentums an Produktionsmitteln ist die Grundlage für die Ausbeutung des Menschen. Der Besitzer eignet sich Teile des Arbeitsergebnisses an, das andere für ihn geschaffen haben. Vom amerikanischen Präsidenten Roosevelt stammt die Aussage: »Die meisten schönen Dinge sind durch Arbeit entstanden, woraus von Rechts wegen folgen sollte, dass diese Dinge jenen gehören, die sie hergestellt haben. Aber es hat sich zu allen Zeiten so ergeben, dass die einen gearbeitet haben, und die anderen ohne zu arbeiten, genossen den größten Teil der Früchte. Das ist dem Wesen nach falsch und sollte nicht fortgesetzt werden.«[31] Folglich: der real sozialistische Ansatz, alles Privateigentum abzuschaffen, war durchaus folgerichtig im Sinne der Schaffung sozialistischer Produktionsverhältnisse. Ob er im praktizierten Umfang auch klug und notwendig war ist eine andere Frage. Offenkundig war er es nicht, er lähmte Initiativen.

Zum Zweiten: Genossenschaftliches Eigentum oder Beteiligung der Belegschaften am Betriebseigentum löst das wirkliche gesellschaftliche Problem nicht. Dieses besteht darin, wie die Wirtschaft der **gesamten Gesellschaft** dient, ohne autoritärer staatlicher Regelung zu unterliegen. Genossenschaftseigentum und Belegschaftsbeteiligungen – in welcher Form auch immer – befriedigen Gruppeninteressen. Die private Ausbeutung – auch der Natur – wird von der Einzelperson auf die Gruppe verlagert. Es ist an dieser Stelle durchaus angebracht, Lenin zu zitieren: »Es ist die größte Entstellung der Grundprinzipien der Sowjetmacht und eine völlige Abkehr vom Sozialismus, wenn den Arbeitern einer einzelnen Fabrik oder eines einzelnen Berufszweiges in irgendeiner Form, direkt oder indirekt, das Eigentumsrecht an ihrer spezifischen Produktion gesetzlich zuerkannt wird oder das Recht, die Anordnungen der gesamtstaatlichen Macht abzuschwächen oder zu behindern.«[32]

Auch die immer wieder herangezogene Behauptung, wenn die Werktätigen der DDR an ihrem Eigentum beteiligt gewesen wären, hätten sie es besser gepflegt und letztlich nicht kampflos den westlichen Haifischen überlassen, ist offenkundig nicht stichhaltig. Pfleglicher Umgang wird nicht über Anteilsscheine am Eigentum entschieden, sondern durch Ordnung und Disziplin am Arbeitsplatz. Ansonsten müssten die privatkapitalistischen Betriebe zu einem Haufen der Unordnung verkommen. Das Gegenteil ist der Fall. Die Ursache des »unpfleglichen« Umgangs mit dem sozialistischen Eigentum bestand vielmehr darin, dass den sozialistischen Leitern aus falsch verstandener Rücksichtnahme auf die Arbeiterklasse disziplinarische Maßnahmen kaum möglich waren.

Die »kampflose« Übergabe wäre durch Anteilsscheine am sozialistischen Eigentum bestimmt nicht zu verhindern gewesen. Was man mit diesen Scheinen machen kann, haben die russischen Oligarchen bis zum Exzess getrieben: Sich persönlich unendlich bereichern. Man kann auch anders herum argumentieren: Als die Arbeiter der Opelwerke in Bochum von der vorgesehenen Schließung des Werkes erfuhren, haben sie für den Erhalt »ihres« Werkes gestreikt, obwohl es ihnen gar nicht gehörte. Hatten die ein höheres »Eigentümerbewusstsein« als DDR-Werktätige. Nein, ihnen ging es auch nicht um »ihr Werk«, an dem sie keinerlei Anteil hatten, sondern um ihren Arbeitsplatz. Das Dilemma der ostdeutschen Werktätigen war offenkundig, dass sie sich nicht vorstellen konnten, dass mit kapitalistischer Übernahme nicht nur »ihr Betrieb« in private Hände überging, sondern dass diese Hände umgehend millionenfach ihren Arbeitsplatz zerstörten. Als die Menschen aufwachten, war es zu spät.

Wie sich die russischen Oligarchen durch Anteilsscheine der Bevölkerung bereicherten

Anfang der 1990er Jahre besuchte ich – Herbert Roloff, ehemaliger Generaldirektor des Außenhandelsbetriebes Industrie-Anlagen-Import der DDR – Betriebe in der ehemaligen Sowjetunion, die von uns Anlagen für die Erdölverarbeitung bezogen hatten. Es ging direkt zum Abnehmer.

Während dieser Besuche konnte ich auch Zeuge der Wandlung der sowjetischen Industrie von Staatseigentum in Privateigentum werden. Grundlage dafür war 1992 die Ausgabe von 140 Millionen Anteilsscheinen (Voucher) mit einem Nennwert von 10.000 Rubel (ca. 30 Euro) an Arbeiter und Angestellte der Betriebe. Diese sollten den Werktätigen den Eindruck vermitteln, sie wären nun Miteigentümer ihrer Betriebe. Praktisch trat jedoch eine ganz andere, gegenteilige Wirkung ein. Da es den Menschen zunehmend wirtschaftlich schlechter ging, wurden diese Voucher für sie zu einem vermeintlichen Rettungsanker, zu einem Objekt der »Notlinderung« und der Spekulation. Es bildete sich sogar ein Schwarzmarkt für diese Scheinchen. Der Wert der Scheine verfiel mehr und mehr. Geschürt wurde dieser Prozess bewusst dadurch, indem gezielt das Gerücht verbreitet wurde, dass die Voucher bald gar nichts mehr wert seien. Die Menschen verschleuderten daraufhin ihre Anteilsscheine.

Die Kombinatsleitung eines Erdölförderbetriebes mit etwa zehn Millionen Tonnen Erdöl pro Jahr nutzte diese Chance. Sie verstärkte das Gerücht des absoluten Wertverfalls. Dazu wurde die lokale Presse gegen ein geringes Entgelt eingespannt. 51 Prozent der Aktienanteile wurden auf diese Weise direkt oder durch Mittelsmänner in das Eigentum der Leitungsmannschaft transferiert – je nach Rang unterschiedlich aufgeteilt, versteht sich. Die dazu notwendigen relativ wenigen Rubel hatte man bereits vorher durch Tausch von günstig erworbenen oder beliehenen freien Devisen »erwirtschaftet«. So erfolgte die geräuschlose Verwandlung von Staatseigentum in Privateigentum auf einer scheinbar ganz legalen Basis.

Der »Großmeister« in diesem Prozess, der verurteilte und vom Westen als politisches Opfer gehätschelte, ***Michael Chodorkowski,*** trieb das Spiel dann doch etwas zu dreist. »Das Ausmaß der Verbrechen um Chodorkowskis Firmenkonglomerat – und das geben alle Experten zu – war tatsächlich einzigartig. Er hatte viel mehr Dreck am Stecken als jeder andere Oligarch Russlands ... Sicherheitspolitisch war Chodorkowski gefährlich, weil er – vorbei an der russischen Regierung – den Verkauf seines Unternehmens Jukos an die Amerikaner einfädelte. Wenn dieses Geschäft zustandegekommen wäre, hätte Russland einen entscheidenden Teil seiner Erdölvorkommen verloren. Die russische Souveränität stand auf dem Spiel.«[33]

Zum Dritten: Die geradezu penetrant immer wieder als Ausdruck der wahrhaften Wirtschaftsdemokratie erhobene Forderung der Mitbestimmung der Werktätigen an den wirtschaftlichen Entscheidungen »ihres« Betriebes führt in die Irre. »Die Beteiligung der Belegschaften an ihren Betrieben eröffnet den Weg zu einer freieren und demokratischeren Gesellschaft.«[34] Das mag sein. Die Frage ist aber, ob das das gesellschaftliche Ziel ist. »Ein Aspekt der zu kurz greifenden alternativen Orientierung besteht darin, die alte Idee einer betrieblichen »Demokratisierung« wieder aufzugreifen. Eine betriebliche Mitbestimmung läuft unter Krisenbedingungen darauf hinaus, die Beschäftigten für das Bestehen in der Konkurrenz mitverantwortlich zu machen.«[35] Klartext: Geht der Betrieb pleite, ist die Belegschaft beteiligt. Auch anders herum: Geht es dem Betrieb überdurchschnittlich gut, realisieren die Beschäftigten »Extraprofit«. Die Mittel für die gesamte Gesellschaft erarbeitet »Der Weihnachtsmann«? Der Gesellschaft nützliche Wirtschaftsdemokratie kann eben gerade nicht darin bestehen, dass Betriebskollektive »ihre« Interessen durchsetzen. Wie würden denn die Opel-Arbeiter entscheiden, wenn sie vor der Frage stehen, ihren Betrieb auf Elektroautos umzustellen? Wie würden die Atomkraftwerker entscheiden, wenn sie darüber abstimmen sollten, ob ihr Werk auf Solartechnik umgestellt werden soll? Welche Entscheidungen würden Belegschaften treffen, wenn sie vor der Frage stehen, die erarbeiteten Mittel entweder als Lohn oder Prämie auszuschütten oder zukunftsfähig zu investierten? Nein, betriebliche Mitbestimmung kann und muss sich auf die Fragen konzentrieren, die die Arbeitswelt direkt betreffen: Arbeitsschutz, Arbeitsbedingungen, Arbeitsrecht, Entlohnung. Vorbildlich, vielleicht bereits zu weit gehend im Interesse der Werktätigen, war das im Arbeitsgesetzbuch der DDR geregelt. Strategische Entscheidungen über das Wirtschaften gehören in die Verantwortung von Leitern mit Qualifikation und Sachverstand. Ob diese von den Belegschaften gewählt werden, ist diskussionswürdig. Auf jeden Fall müssen sie ihr Tun vor der Belegschaft und der Gesellschaft verantworten. Helmut Schmidt vertritt die Auffassung »Das Zusammenwirken beider Faktoren (Arbeit und Kapital im Produktionsprozess) bedarf der Leitung durch lenkungsbefähigte Personen. Diese Leitenden (Geschäftsführer, Direktoren oder Manager) müssen berufen, sodann bei ihrer Tätigkeit aber auch beaufsichtigt werden.«[36]

Zum vierten: Die »Angst« vor Staatseigentum »auf Grund der bitteren Erfahrungen« schaut aus allen Auffassungen »moderner« linker Bewegungen hervor. Zunächst einmal ist zu fragen: Worin die »bitteren Erfahrungen« liegen. Dass auch oder gerade mit Staatseigentum vorzeigbare wirtschaftliche Ergebnisse zu erzielen sind, die in hohem Maße der Gesellschaft nützen, hat der praktizierte Sozialismus durchaus eindrucksvoll bewiesen.(Siehe Kapitel V) Wenn wir uns vom reinen Profitstreben, von der ständigen Steigerung der Arbeitsproduktivität als oberstes Ziel sozialistischen Wirtschaftens verabschieden, wenn wir wirtschaftliche Ziele durchsetzen wollen, die nicht nur dem einzelnen Betrieb, sondern der gesamten Gesellschaft dienen, dann sind gerade staatliches Eigentum und staatliche Lenkung gefragt. Wie will der Staat sonst seine Ziele umsetzen? Wer besitzt, hat das Sagen. Selbst wenn es berechtigte Argumente gegen Staatseigentum als autoritär verwaltet gibt, bleibt immer noch der das sozialistische System prägende Vorteil, dass die wirtschaftlichen Ergebnisse der gesamten Gesellschaft zugute kommen und nicht in Privattaschen versickern. Die »bitteren Erfahrungen« mit dem Staatseigentum im Sozialismus bestanden doch nicht darin, dass es das Staatseigentum gab, sondern darin, wie mit diesem umgegangen wurde. Die »bittere Erfahrung« war, dass Kräfte – insbesondere die allmächtige Partei – den Leitern der Staatsbetriebe Entscheidungen auferlegte oder abnahm, so dass diese gar nicht ihrer Verantwortung gerecht werden konnten. Die »bittere Erfahrung« war, dass ökonomische Dogmen – Tonnenideologie und Warenproduktionsfetischismus – ökonomisch begründete Entscheidungen blockierten. Eine sozialistische Gesellschaft muss gerade davon ausgehen, dass die staatliche Wirtschaftspolitik Vorrang vor der betrieblichen hat, sonst können wir gleich bei der Marktwirtschaft bleiben. Und staatliche Wirtschaftspolitik erfordert einen starken Staat. Dass dieser anders gestaltet und kontrolliert werden muss, wie im praktizierten Sozialismus mit dem Doktrinat der »allwissenden« Parteiführung – und erst recht anders als der dem Kapital hörige bürgerliche Staat, versteht sich von selbst.

Es geht also um die Frage, ob, wann und wie die Gesellschaft, das Volk als Ganzes, Einfluss auf wirtschaftliche Grundentscheidungen ausüben sollte. Ich mache kein Hehl daraus, dass ich solchen Maßnahmen äußerst skeptisch gegenüber stehe. Woher soll »das Volk« die notwendigen Kenntnisse über ökonomische Zusammenhänge in einer globalisierten Welt nehmen, um daraus gesellschaftlich nützliche Meinungen oder sogar Entscheidungen abzuleiten? Wie soll ein Volk, das zunehmend durch Massenmedien politisch verdummt und abgelenkt wird, rationale wirtschaftliche Entscheidungen im Interesse der gesamten Gesellschaft treffen? Volksbefragungen im Sinne der Meinungsäußerung können sich zwar auf wirklich grundlegende Richtungsentscheidungen – aus heutiger Sicht: Einführung des Euro, Ausstieg aus der Atomenergie, Gentechnik u.ä. – beziehen. Vor **bindenden** Entscheidungen durch Volksentscheidungen ist jedoch dringend abzuraten.

Plan- oder Marktwirtschaft

Es hat sich eingebürgert, dass die Planwirtschafts als Synonym für den Sozialismus gilt und fast einhellig als autoritär, ineffektiv und gescheitert verpönt wird. So einfach ist die Sache aber nicht. Zunächst: Auch im Kapitalismus wird versucht, zu planen. Jeder Konzern muss seine Wirtschaftsstrategie vorher bestimmen. Der Staat versucht krampfhaft – gestützt auf Heerscharen von Wissenschaftlern – Wachstumsprognosen, Steuerschätzungen und darauf aufbauend Haushaltspläne auszuarbeiten. Meist als Makulatur, die schon überholt ist, wenn sie auf dem Papier steht. Kapitalismus lässt sich nicht planen, da er der Willkür des Marktes ausgesetzt ist.

Wie steht es um eine sozialistische Gesellschaft, die sich von diesen Marktgesetzen lösen will und kann sie das überhaupt?

Wenn und solange eine sozialistische Wirtschaft überwiegend über Export, Import und Finanzbeziehungen mit dem Chaos eines kapitalistischen Außenmarktes verbunden ist, kann sie es zweifelsfrei nicht. Sozialistische Planwirtschaft in des Wortes eigentlicher Bedeutung ist nur möglich, wenn sie sich in einem Rahmen annähernd gleichartiger wirtschaftlicher Systeme – sozialistischer Wirtschaftssysteme auf Grundlage gesellschaftlichen Eigentums – abspielt. Denn Planwirtschaft heißt nicht, den Versuch zu unternehmen, vorauszusagen, wie viel Gewinn der Betrieb oder Steuereinnahmen der Bund in den nächsten Jahren erwirtschaften wird. Planwirtschaft im Sinne sozialistischer Wirtschaftsführung heißt, die Wirtschaft **planmäßig zu gestalten** und zu lenken und diese Lenkung nicht den blinden Kräften des Marktes zu überlassen. Deshalb ist Planwirtschaft unabdingbar mit gesellschaftlichem Eigentum und einer zentralen Lenkung über den Staat verbunden.

Wie wäre unter dieser Voraussetzung sozialistische Planwirtschaft zu gestalten? Welche Erfahrungen sind aus der praktizierten sozialistischen Planwirtschaft zu ziehen? Welche Wirkung haben darin marktwirtschaftliche Elemente?

Eine sozialistische Gesellschaft, wie ich sie beschrieben habe, kann ohne eine starke zentrale Planwirtschaft überhaupt nicht existieren. Wenn Sozialismus nicht mehr bedeuten soll, höchste betriebliche Effektivität und Produktivität zu seinem Markenzeichen hoch zu stilisieren, dann kann er weder an marktwirtschaftlichen, noch betrieblichen Kriterien allein gemessen werden. Eine starke zentrale staatliche Planung und die Möglichkeit des Staates, diese auch durchzusetzen, sind unerlässlich. Das »Wie« ist die Gretchenfrage. Im praktizierten Sozialismus war bei allen subjektiven Fehlern und bürokratischen Entgleisungen nicht falsch, dass geplant wurde. Es war falsch, wie diese Pläne zustande kamen und wie sie gegenüber den Wirtschaftseinheiten durchgesetzt wurden. Pläne kamen zustande durch die politische Allgewalt der Führungsorgane der Partei und Regierung mit dem Stabsorgan »Staatliche Plankommission«. Obwohl vom Statut der Planung vorgesehen, wurden die demokratischen Elemente der Beteiligung der Werktätigen an einer Diskussion des Planes immer stärker zugunsten reiner Partei- und Staatsadministration zurückgedrängt. Die zentralen Entscheidungen zum Plan nahmen immer stärker subjektivistische und realitätsfremde Züge an. Insofern ist es richtig, in einer neuen sozialistischen Gesellschaft Gremien zu schaffen, die bei der Ausarbeitung der zentralen Entwicklungsrichtung der Wirtschaft beratend mitwirken. Demokratische Abstimmungen mit Entscheidungscharakter sind jedoch kein geeigneter Weg für die Wirtschaftsführung. Entscheiden, verantworten und Rechenschaft legen muss der verantwortliche Leiter nach der ihm gemäß demokratischen Regularien übertragenen Machtbefugnis.

Bei der Umsetzung der gesamtstaatlich als richtig und notwendig erkannten Entwicklungsrichtungen sind die herkömmlichen Wege sozialistischen Wirtschaftens weitgehend zu verlassen. Planwirtschaft im praktizierten Sozialismus war in hohem Maße Naturalwirtschaft, Zuteilungswirtschaft. Das wesentliche Begleitinstrument der Planung war die Bilanzierung. Im Rahmen der Bilanzierung wurde allen Ernstes der Versuch unternommen, alle Produkte der Volkswirtschaft planmäßig zu verteilen. Planwirtschaft war deshalb eigentlich ein Verteilungskampf um Bilanzanteile. Die Kombinate und Betriebe wollten möglichst viele Ausrüstungen, um investieren zu können, viel Material und Energie, um produzieren zu können; sie boten aber meist zu wenig eigene Produktion an. Welch ökonomischer Widersinn!

Es gibt Vorstellungen für einen Sozialismus des 21. Jahrhunderts, die dieses System weiter perfektionieren, jedoch auf jede Veränderung der Eigentumsverhältnisse verzichten wollen. Der von Heinz Diederich auch in Deutschland propagierte »**Computersozialismus**« geht von folgendem Postulat aus: »Im Gegensatz zum Sozialismus des 20. Jahrhunderts stellt der Wissenschaftlich-Demokratische Sozialismus des 21. Jahrhunderts nicht länger die Verstaatlichung der Industrien in das Zentrum seines Anliegens, sondern die positive Geltendmachung der Rechte der arbeitenden Bevölkerung, ihren vollen Anteil an der Wertschöpfung zu erhalten. Das Recht auf Aneignung geht somit vom Kapital auf die Arbeit über.«[37] Das Konzept läuft darauf hinaus, das Geld abzuschaffen, zum Produktenaustausch auf Grundlage des Arbeitszeitaufwandes überzugehen und alle Verteilungsprobleme mit Hilfe moderner Computertechnik zu lösen. Ich bezweifle nicht, dass moderne Computer in der Lage sind, die volkswirtschaftlichen Verflechtungen immer komplexer zu erfassen. Ich sehe darin nur nicht die Lösung der herangereiften Probleme. Wirtschaftlicher Computersozialismus bedeutet die komplette Entmündigung der nachgeordneten Wirtschaftseinheiten zugunsten einer total zentralisierten Verteilungswirtschaft mit doktrinärem Machtanspruch der Zentrale. Gerade das war das Problem der real sozialistischen Zentralwirtschaft, das es zugunsten einer Mitbestimmung der nachgeordneten Wirtschaftseinheiten zu verändern gilt.

Dabei ist in der Tat eine »Quadratur des Kreises« nötig. Wenn wir akzeptieren, dass sozialistisches Wirtschaften etwas anderes ist als Profitwirtschaft; wenn wir davon ausgehen, dass sich gesamtstaatliche Entscheidungen vom reinen betriebswirtschaftlichen Handeln unterscheiden müssen; wenn wir also letztlich nicht den Gewinn zum alles entscheidenden Kriterium erheben; wenn wir aber andererseits nicht zulassen wollen, dass betriebliche Wirtschaftseinheiten nur von oben reglementiert werden; wenn wir wollen, dass sie Eigeninitiative entwickeln, effektiv arbeiten und am Erfolg gemessen und beteiligt werden – wie soll das zusammen gehen?

Eine perfekte Antwort darauf wird es nicht geben. Eine mögliche Antwort liegt in einer geschickten Verbindung zwischen staatlicher Planung und marktwirtschaftlicher Eigenverantwortung. In Umkehrung eines bekannten Ausspruches des ehemaligen BRD-Wirtschaftsministers Karl Schiller würde ich formulieren: »So viel Plan wie möglich, so viel Marktwirtschaft wie (unbedingt) nötig.«

Es wird nichts anderes übrigbleiben, als den Gewinn als Kontrollziffer für den Erfolg der betrieblichen Arbeit zu übernehmen – ohne ihm allerdings die alleinige Dominanz zuzuschreiben. Es ist notwendig, von der zentralen Zuteilungswirtschaft über Bilanzen zu realen Wirtschaftsbeziehungen durch Verträge überzugehen. Es ist erforderlich, die nachgeordneten Wirtschaftseinheiten nicht über Einzelkennziffern zu reglementieren, sondern ihnen aufgrund zentraler Stellgrößen genügend Eigenverantwortung zu überlassen. Es ist aber hierbei in der Tat richtig, dass es keine vorgefertigten perfekten Lösungen gibt und die einzelnen Schritte auch vom Reifestadium der sozialistischen Entwicklung abhängen: Anfangs mehr Zentrale, später mehr Eigenverantwortung.

In keinem Stadium darf sich die Zentrale jedoch die letzte Verfügungsgewalt aus den Händen nehmen lassen, wenn es gilt, gesamtvolkswirtschaftliche Interessen vor betriebsegoistische zu stellen.

Ein Leserbrief zur Planwirtschaft[38]

Wir sprachen bekanntlich stets von ***Volkseigentum.*** Es ging uns und es wird künftig auch als zukunftsfähige Alternative zum Kapitalismus darum gehen, die produktiven Potenziale einer Gesellschaft ***allen*** Gesellschaftsmitgliedern, also dem ganzen Volk, zugute kommen zu lassen – und nicht nur einzelnen Unternehmern und auch nicht nur

einzelnen Betriebskollektiven Deshalb: ***Volkseigentum!*** Wenn es also im Sozialismus darum geht – und ich glaube, daran kann man doch eigentlich nicht zweifeln – das das Produkt der gemeinschaftlichen Arbeit aller auch allen Mitgliedern angemessen zur Verfügung gestellt werden soll, kann man sich doch zur tatsächlichen Realisierung einer solchen Grundauffassung kaum eine andere Variante vorstellen als die einer zentralen staatlichen Planung. Das heißt doch, dass das politisch klar definierte Ziel, nämlich alles zu tun für das Wohl der Menschen, untersetzt werden muss durch direkt auf dieses Ziel ausgerichtete materielle, verbindliche Planentscheidungen entsprechender staatlicher Fachorgane,(was übrigens nicht nur für die Wirtschaft gilt, sondern auch für alle anderen Bereiche des gesellschaftlichen Lebens).
Dass wir vom perfekten Funktionieren eines solchen Mechanismus noch sehr, sehr weit entfernt waren, darf doch keinesfalls dazu verleiten, die zentrale Planung und ihre politische Orientierung überhaupt in Frage zu stellen. Schließlich hatte die DDR ***realsozialistische*** Ergebnisse vorzuweisen (Arbeit für alle; hohe Bildung für alle usw.). Kamen diese denn ***trotz*** der »Politbürokratie« (so liest man es immer auch, wenn unsere Gegner nicht umhin kommen, Erfolge der DDR zu benennen) oder ***wegen*** der »führenden Rolle« zustande? Zu dieser »Politbürokratie« noch eine Bemerkung. In keiner Gesellschaft dieser Welt geht es ohne politische Orientierung der Herrschenden ab. Auch in der BRD gilt das – im progressiven Sinne z. B. in Bezug auf »Energiewende«, »Mindestlöhne«, »Bankenkontrolle« u.a. – im konservativen Sinne bezogen auf Systemerhaltung der kapitalistischen Produktions- und Verteilungsverhältnisse. In der DDR galten eben andere, den Menschen zugewandte Verteilungsverhältnisse. Und das musste politisch geführt, organisiert und abgesichert werden. Eine zentrale Planung, die höchstens in Ausnahmefällen eingreifen darf, sonst aber den Betriebskollektiven jegliche Freiheiten bis hin zu Entscheidungen über Verwendung von Gewinnen für Investitionen überlässt, ist keine Planung. Wenn das nicht zurück zum Kapitalismus führt, dann zumindest zum Chaos.
Meine Auffassung ist, dass keine Abstriche daran zugelassen werden dürfen, dass alle wirtschaftlichen und darüber hinaus alle gesellschaftlichen Prozesse politisch-sozialistisch determiniert sein müssen und nur durch ein bewusstes Organisieren durch entsprechende staatliche Organe – eben zentrale staatliche Planung – durchgesetzt werden können. Dass es hierbei in unserer Praxis deutliche Überziehungen durch

die Führungsadministration der Parteiführung gegeben hat, liegt wahrscheinlich auch daran, dass eine »Entstraffung« derart, dass die Betriebe und Kombinate selbst über Investitionen entscheiden sollten, zu einem völligen Chaos geführt hätte. Nicht das (überzogene) administrative Planungssystem war das Hauptproblem, sondern das völlig unterentwickelte System der Interessiertheit der Betriebs- und Kombinatsleitungen, ***von sich aus*** (und nicht über äußeren Druck) höchste Leistungsangebote zur Erarbeitung und Untersetzung von »optimalen« Planzielstellungen zu erarbeiten. Die zu klärende Aufgabe wäre gewesen, wie man die »kraftvollen« Marktmechanismen, die den Kapitalismus wirtschaftlich tatsächlich immer wieder vorantreiben, auch für sozialistische Zielsetzungen nutzen und in ein gesamtstaatliches Planungssystem einordnen kann. Dazu wäre auch im Hinblick auf die Übermittlung von Erfahrungen für künftige linke Wirtschaftsstrategien noch viel Denkarbeit nötig.

Peter Elz, Königs Wusterhausen

Sozialistische Finanzbeziehungen

Wenn wir anerkennen, dass eine sozialistische Gesellschaft etwas grundsätzlich anderes darstellt, als die vom Profitstreben geprägte Welt des Kapitals, ist es natürlich unumgänglich, diese auch anders zu steuern und zu werten. Es führt deshalb am Ziel vorbei, dem Sozialismus vorzuwerfen, dass manches »unproduktiv« und »uneffektiv« war. Jawohl, das war es. Dafür war vieles sozial, und das kostet Aufwand.

Wir stehen also bei der Gestaltung einer künftigen Gesellschaft vor der Frage, wie einerseits die alleinige das menschliche Leben und Handeln bestimmende Dominanz von Geld und Profit durchbrochen, andererseits jedoch die Verschwendung von Ressourcen unterbunden wird. Alle bisher praktizierten Versuche in Form des NÖSPL in der UdSSR, des NÖS in der DDR und der Selbstverwaltung in Jugoslawien oder Ungarn sind letztlich an der Nichtlösung dieses Widerspruches gescheitert. Vernünftige und realisierbare Lösungswege zu finden, ist zweifellos ein Ritt auf der Rasierklinge. Überall und zu allen Zeiten richtige Lösungswege wird es nicht geben. Trotzdem lohnt es sich auch hier, über einige Grundsätze nachzudenken.

Jedwede sozialistische Ökonomie muss von einem hohen Anteil gesellschaftlichen Eigentums ausgehen und dieses zur Grundlage haben, sonst ist es keine sozialistische Ökonomie, die diesen Namen verdient und soziales Gemeinwohl durchsetzen kann. Wenn das anerkannt ist, scheidet eine Steuerung der Wirtschaft durch das Wertgesetz mit seinen katastrophalen Krisenerscheinungen aus. Daraus folgt, dass Preise prinzipiell nicht nach Angebot und Nachfrage, sondern in Höhe des gesellschaftlichen Aufwandes gebildet werden – Ausnahmen für bestimmte Konsumgüter und Märkte sollten zulässig sein. Dem Plansystem im praktizierten Sozialismus lag ein verzerrtes Preissystem zugrunde. Auf allen Ebenen und überall gab es Stützungen und Subventionen. Rohstoffe wurden gestützt und subventioniert. Bei Importgütern gab es Stützungen oder auch Abführungen über den Außenhandel, d.h. der Verbraucher von Importmaterial wusste gar nicht, was das Material überhaupt gekostet hat. Exporte, besonders in das kapitalistische Wirtschaftsgebiet, wurden grundsätzlich gestützt.

Geld, Preise, Finanzbeziehungen, Banken, Kredite, Gewinne und Verluste und viele weitere finanzielle Kategorien werden auch in einem erneuerten Sozialismus eine Rolle spielen. Vorstellungen, diese abschaffen zu wollen, sind unrealistisch, mehr noch, sie sind schädlich. Ihre Unterschätzung im praktizierten Sozialismus führte zu Verschwendungswirtschaft. Wenn die Gier nach Besitz eine entscheidende Triebgröße der menschlichen Natur ist, kann man Geld nicht per Dekret abschaffen und damit wesentliche Triebkräfte lahm legen. Gegenüber dem kapitalistischen Geldsystem werden in einem sozialistischen Finanzwesen jedoch wesentliche Änderungen notwendig sein. Die geradezu psychopathische Ausrichtung des menschlichen wie wirtschaftlichen Lebens auf den Besitz und die ständige Vergrößerung der Menge Geld wird überwunden werden, wenn maximaler Konsum nicht mehr das Lebensziel darstellt, exzessiver Reichtum ausgeschlossen ist und privates Geld nicht in Kapital verwandelt werden kann.

Die gegenwärtig die Gesellschaft steuernden Finanzbeziehungen und die ohnmächtige Abhängigkeit der Staaten vom Agieren anonymer Finanzmächte, ist zu überwinden. Für den Sozialismus ist deshalb prägend: Börsen, Investmentbanking, Spekulationen mit Währungen – von Rohstoffen und Nahrungsgütern ganz zu schweigen – haben in einer sozialistischen Gesellschaft keine Existenzberechtigung. »Der Bankensektor muss von Grund auf umstrukturiert werden. Die Grundfunktionen von Banken sind: Gelder zu sammeln für Kredite für sinnvolle Zwecke; die Sparguthaben der Bevölkerung zu garantieren; die Kontoführung von Unternehmen und Privatpersonen durchzuführen. Jenseits dieser Funktionen gibt es nichts, was das Volk von Banken will. Und nichts, was diesen durchzuführen erlaubt sein sollte.«[39]

Die Linke ***fordert Neuordnung des Bankensektors***

»Die Kernfunktionen auf die der Bankensektor in Zukunft zurecht gestutzt werden soll, sind: Erstens die Organisation des Zahlungsverkehrs, zweitens das Einlagengeschäft mit einfachen und sicheren Möglichkeiten zur Ersparnisbildung und drittens die Finanzierung gesamtgesellschaftlich sinnvoller öffentlicher und privater Investitionen durch Kreditvergabe. Eine Rückbesinnung auf diese Kerngeschäftstätigkeit muss durch eine Vergesellschaftung flankiert werden, d.h. durch eine demokratische Einbettung der Banken in ihr ökonomisches und gesellschaftliches Umfeld. – *Die Linke* im Bundestag, »Bankensektor neu ordnen«

Die Linke tritt für ein Bankensystem aus drei Säulen ein: Sparkassen, Genossenschaftsbanken und staatliche Großbanken. Ein funktionierender Finanzsektor ist ein öffentliches Gut, seine Bereitstellung daher eine öffentliche Aufgabe. Das europäische Banken- und Finanzsystem gehört unter gesellschaftliche Kontrolle.« – ***Erfurter Programm der Partei*** **Die Linke**

Von besonderer Bedeutung ist, die Abhängigkeit vom kapitalistischen Auslandskapital weitgehend auszuschalten. Das hat doppelte Bedeutung. Zum ersten werden die sozialistischen Staaten unabhängig und sind nicht gezwungen, sich von diesem Bedingungen diktieren zu lassen. Zum zweiten werden dem Kapital die Verwertungsbedingungen entzogen, es wird sozusagen »ausgetrocknet«. Das ist das genaue Gegenteil der vom Kapital mit aller Gewalt – im wahrsten Sinne des Wortes, wie die gegenwärtig in der Ukraine geschürten Prozesse beweisen – voran getriebene Einverleibung der Oststaaten Europas.

Die EU-Osterweiterung füllt die Taschen des Kapitals

Eine internationale Studie zeigt, dass in den in die Marktwirtschaft getriebenen osteuropäischen Ländern der Anteil vom Auslandskapital rückgeführter Gewinne zwischen 57,7 Prozent (Tschechien) bis 97,8 Prozent (Slowenien) liegt. »Im Jahre 2008 betrug die durchschnittliche Repatriierungsquote 70 Prozent, das entspricht dem höchsten

Wert in der zwanzigjährigen Geschichte eines ungleichen Verhältnisses zwischen West- und Osteuropa. Die Investoren aus dem Westen haben in dieser Zeit ihre mageren Bilanzen zu Hause mit den sagenhaften Gewinnen aus den Ostgeschäften aufgebessert. Im Durchschnitt der Jahre 2003 bis 2008 lag die Rendite für investiertes Kapital aus dem Ausland jährlich zwischen 10 Prozent und 20 Prozent; in Ungarn bei 18,4 Prozent, in Tschechien bei 14,4 Prozent und in Polen bei 10,5 Prozent. Weit über die Hälfte der getätigten Gewinne werden seit Jahren außer Landes geschafft.«[40]

Was bleibt dem Gastgeberland? Ausbeutung der einheimischen Arbeiter und der Ressourcen, Umweltbelastung und einige »Almosen« in Form von Steuern, jedoch der Ausweis eines Wirtschaftswachstums im Bruttoprodukt.

»Die Staaten sollten nur noch im eigenen Land Kredite aufnehmen dürfen, dann würden den Schulden echte Werte gegenüber stehen. Die Weltwirtschaft würde dann weniger schnell wachsen. Wir brauchen nicht so viel Wachstum.«[41] Ich würde die Aussage erweitern: **Ein** Land wird nicht in der Lage sein, diese Aufgabe zu stemmen (außer China). Es würde von der kapitalistischen Umwelt »erdrückt«. Aber ein sozialistischer Staatenbund, wenn er denn die wirtschaftliche Kooperation ernsthaft betreibt, wäre dazu sehr wohl in der Lage.

Die konkrete Ausgestaltung der sozialistischen Ökonomie wird wie kaum ein anderes Feld ein Gebiet sein, wo abhängig von den konkreten historischen Bedingungen Schritt für Schritt Erfahrungen gesammelt und umgesetzt werden. Es macht gerade auf diesem Gebiet wenig Sinn, allgemein gültige Dogmen zu verkünden. Es macht aber Sinn, sich bei der konkreten Ausgestaltung an sozialistische Grundsätze zu halten, die sich wesentlich von der kapitalistischen Wirtschaft unterscheiden.

Sozialismus, Demokratie und Freiheit

Nach der Niederlage des in Europa praktizierten Sozialismus, die zweifelsfrei wesentlich auf Defizite in der Demokratie zurückzuführen ist, legen linke Parteien und Bewegungen aus nachvollziehbaren Gründen besonderen Wert darauf, ihr Bekenntnis zur Demokratie zu betonen. Man kann den Eindruck gewinnen, dass Demokratie an sich der vorherrschende Wesenszug einer sozialistischen Gesellschaft ist. Diese Auffassung dokumentiert jedoch eine oberflächliche Vorstellung von Demokratie. Gibt es »Demokratie« an sich, losgelöst von Klassenstrukturen und sozialen Grundlagen?[42]

Jede bisherige Gesellschaft ist in Klassen und Schichten strukturiert. Diese zeichnen sich durch ihre unterschiedliche Stellung zu den Produktionsmitteln und daraus abgeleitet, ihrer unterschiedlichen Teilhabe am gesellschaftlichen Reichtum aus. Abgesehen von allen Deformationen, die die Demokratie durch Meinungsmanipulation, Korruption, Wahlbetrug, Ausschaltung von Minderheiten, Wahlenthaltungen und anderen verzerrenden Aktivitäten der herrschenden, privilegierten Klassen erfährt, besteht in allen Klassengesellschaften eine Grundproblematik: Im lupenreinsten demokratischen Verfahren können 51 Prozent der Bürger über das Wohl und Wehe der »restlichen« 49 Prozent bestimmen. Solange es der Gesellschaft – dem bürgerlichen Staat, denn dafür ist er da – gelingt, die Mehrheit der Bevölkerung so zu privilegieren, korrumpieren und manipulieren, dass sie objektiv oder subjektiv meinend zur besser gestellten Hälfte des Volkes gehören, werden sie dem bestehenden System »demokratisch« ihre Stimme geben. Der »verbleibende Rest« – im Extremfall 49 Prozent der Bevölkerung, können »ganz demokratisch« unterdrückt und ausgebeutet werden. Genau das ist das »demokratische Muster« entwickelter, reicher Industriestaaten, die es sich (noch) leisten können, die Mehrheit der Bevölkerung zu privilegieren. Das ist die Ursache, warum grundlegende gesellschaftliche Veränderungen in Ländern mit überwiegend verarmter Bevölkerung auf demokratischem Wege prinzipiell möglich sind, in hoch entwickelten Ländern mit zu großen Teilen privilegiertem und manipuliertem Volk jedoch nicht.

Daraus leitet sich die Erkenntnis ab, dass »Demokratie an sich« nichts wert ist, wenn sie nicht mit einer sozialen Struktur der Bevölkerung verbunden ist, die eine annähernde soziale Gleichheit für alle gewährleistet. In der entwickelten Ausbeutergesellschaft ist Demokratie überwiegend eine Farce und ein Instrument, die Herrschaft zu erhalten.

Daraus folgt **nicht,** dass linke Kräfte nicht die (eingeschränkten) Möglichkeiten der Demokratie für ihre Zwecke nutzen sollten: Rede-, Presse-, Wahl »Freiheit«. Aber sie sollten nicht die Hoffnung oder gar die politische Strategie daran knüpfen, auf demokratischem Wege die sozialistische Gesellschaftsordnung errichten zu können. »Die politische Freiheit schützt das Volk nicht vor sozialer Unterwerfung, doch wir schätzen sie aus anderem Grunde: Unsere Tätigkeit benötigt, um wirkungsvoll sein zu können, das Tageslicht, damit sie sich frei und breit entfalten kann.«[43]

Die Demokratiedebatte hat zwei Aspekte: Die Berücksichtigung demokratischer Spielregeln **bei** der Machtergreifung und **während** der Machtausübung. Der den meisten Linken Schrecken verbreitende Gegenpol der Demokratie ist offenkundig die Theorie und Praxis der »Diktatur des Proletariats«. Dieser Schrecken bezieht sich weniger auf die Phase der Machtergreifung, denn alle Revolutionen waren mit diktatorischen, häufig gewaltsamen Auseinandersetzungen zwischen der untergehenden und aufstrebenden Klasse verbunden. Das Problem liegt vielmehr darin, dass nach der Machtergreifung im Prozess der Entwicklung und Festigung der Staatsmacht nicht mehr von der »Diktatur des Proletariats« losgelassen werden konnte.

Die Zögerlichen und Verfechter der reinen Demokratie berufen sich in diesem Zusammenhang häufig auf Rosa Luxemburg mit ihrer Kritik an der Russischen Oktoberrevolution. Sie vermitteln den Eindruck, in ihr die kommunistische Kronzeugin für rein demokratische Machtergreifung und Machtausübung gefunden zu haben.

Rosa Luxemburg über Demokratie und Diktatur des Proletariats

»Es ist die historische Aufgabe des Proletariats, wenn es zur Macht gelangt, an Stelle der bürgerlichen Demokratie sozialistische Demokratie zu schaffen, nicht jegliche Demokratie abzuschaffen. Sozialistische Demokratie beginnt aber nicht erst im gelobten Lande, wenn der Unterbau der sozialistischen Wirtschaft geschaffen ist, als fertiges Weihnachtsgeschenk für das brave Volk, das inzwischen treu die Handvoll sozialistischer Diktatoren unterstützt hat. Sozialistische Demokratie beginnt ... mit dem Moment der Machteroberung durch die sozialistische Partei ... Aber diese Diktatur muss das Werk der Klasse, und nicht einer kleinen führenden Minderheit im Namen der Klasse sein, d.h. sie muss auf Schritt und Tritt aus der aktiven Teilhabe der Massen hervorgehen, unter ihrer unmittelbaren Beeinflussung stehen, der Kontrolle der gesamten Öffentlichkeit unterstehen, aus der wachsenden politischen Schulung der Volksmassen hervorgehen.«[44]

Das ist offenkundig des Pudels Kern. Die Realsozialisten haben es versäumt, die Menschen von vornherein ausreichend demokratisch in die Gestaltung der sozialistischen Gesellschaft einzubeziehen. Sie haben ihnen stattdessen fertige Meinungen und Rezepte vorgesetzt, die immer weniger geglaubt und akzeptiert wurden. Sie meinten, die Wahrheit für sich gepachtet zu haben.

Die heutigen modernen Sozialisten, trennen die Formen der Demokratie vom sozialistischen Inhalt, der Beseitigung der Ausbeutung und der sozialen Unterschiede. Sie kämpfen für Demokratie an sich und für sich. Die Demokratieanbeter gehen soweit, Freiheit und Demokratie zum Wesen des Sozialismus zu verklären.

»Die sozialistische Lösung ... der Moderne ist, die individuelle Freiheit und Persönlichkeitsentfaltung der Individuen als zentrales Ziel des Sozialismus (!) und als allgemeinster Maßstab für gesellschaftliche Entscheidungsprozesse verstanden zu werden.«[45]

»Freiheit ist immer nur die Freiheit des anders Denkenden.«[46] Diese aus dem Zusammenhang gerissene Randbemerkung von Rosa Luxemburg wurde zum Fanal der Wendebewegung in der DDR und ist bis heute einer der am meisten gebrauchten Freiheitsbegriffe.

So, aus dem Zusammenhang gerissen, kann der Freiheitsbegriff aber nicht zum Markenzeichen des Sozialismus werden. Freiheit des Andersdenkenden zur Staatsdoktrin zu erheben, wurde nicht Freiheit, sondern Anarchie bedeuten.

»Immer sind jeder Freiheit Grenzen gesetzt. Viele meinen, Freiheit habe ihren idealen Zustand erreicht, wenn man alles sagen und alles tun dürfe, was man will. Aber genau das ist grundfalsch! Denn wenn dem wirklich so wäre, dann müsste man ja sofort alle einsitzenden Verbrecher aus dem Strafvollzug entlassen und sich bei ihnen entschuldigen, weil sie nämlich ›nichts weiter‹ getan haben, als das ›was sie tun wollten‹: Geld unterschlagen, rauben, Kinder und Frauen vergewaltigen und morden. Nach ihrer Freilassung dürften sie dann wieder die gleichen Freiheitsrechte wahrnehme: wieder Geld unterschlagen, rauben, Kinder und Frauen vergewaltigen oder gar morden.«[47] Eine sicher extreme, aber völlig logische Argumentation gegen das inhaltslose Freiheitsgesülze!

Persönliche Freiheit muss immer eingebettet sein in gesellschaftliche staatliche Normen. Nirgends und niemals, nicht einmal in der Urgemeinschaft, konnte jeder machen, was ihm beliebte. Das freiheitliche Individuum ist immer gleichzeitig ein gesellschaftliches Wesen, das sich gesellschaftlichen Regeln und Normen unterzuordnen hat, wobei ihm dabei genügend eigene Entscheidungsfreiräume verbleiben sollten.

Die heutige Gesellschaftsordnung und ihre »freiheitlichen« Apologeten, die den Freiheitsbegriff ständig im Munde führen, meinen auch etwas ganz anderes. Sie beschneiden die persönlichen Freiheiten durch ständig neue diskriminierende und repressive Gesetze auf das äußerste, regulieren das gesellschaftliche und private Leben bis in alle Einzelheiten und faseln von der freiheitlich-rechtlichen Gesellschaftsordnung. Es geht ihnen jedoch beileibe nicht um die Freiheit der Person, sondern um die Freiheit für das Kapital. Das Niederreißen aller Bremsen und Grenzen, die das freie Wirken des Kapitals rund um den Globus hemmen könnten, ist der Klasseninhalt ihres Freiheitsbegriffes. Diese praktizierte bürgerliche Demokratie ist der Garant für die Aufrechterhaltung und Festigung der kapitalistischen Gesellschaftsverhältnisse. Deshalb wird sie gepriesen und muss »exportiert« werden. Leider häufig mit Erfolg und verheerenden Ergebnissen für die Mehrheit der Menschen, wie die tragischen Entwicklungen in Osteuropa zeigen.

Sozialistische Freiheit dagegen ist keine Freiheit an sich und für sich. Sozialistische Freiheit muss soziale Grundlagen haben, um wirkliche Freiheit zu sein. Freiheit und Demokratie »an sich« und »für sich« blendet die gravierenden gesellschaftlichen Probleme – Armut, Arbeitslosigkeit, Zweiklassengesellschaft – aus. Es ist besorgniserregend, wie viele Menschen dem »Demokratiegedusel« erliegen und es erfreut als Ausdruck der wahren Demokratie ansehen, wenn sie ihr Kreuzchen bei einem »Volksbegehren« machen dürfen, ob der Flughafen Tempelhof bebaut werden darf oder welche Partei in den nächsten vier Jahren die meisten Ministersessel mit inkompetenten Parteigängern besetzen darf.

Staatsmacht und Parteien

Die Vertreter der bürgerlichen Staatsmacht sehen in der parlamentarischen Demokratie die Krone der demokratischen Entwicklung. Der Demokratieexport in die Welt mit allen Mitteln ist zur politischen Handlungsmaxime geworden. »In der Geschichte hat sich auf der ganzen Welt der Parlamentarismus als institutioneller Schutz für Freiheit und Fortschritt bewährt.«[48]

Demgegenüber stellt der »Demokratie-Professor« der Humboldt-Universität Berlin fest: »Der Erfolg eines demokratischen Transformationsprozesses hängt von Voraussetzungen in der Wirtschaft, dem

Rechtssystem, der Zivilgesellschaft, von Bildung, historischen Erblasten und Kultur … ab.«[49]

In einem Interview mit einem renommierten Politikprofessor des hochentwickelten Stadtstaates Singapur vertritt dieser den Standpunkt, dass es gerade nicht darum gehen kann, westlich-europäische Demokratiemuster in alle Welt zu exportieren.

Asiatische Politiker lehnen westliche Demokratie ab

»Der größte Fehler, den Sie aus dem Westen gemacht haben, war zu glauben, dass jede Gesellschaft über Nacht demokratisch werden kann. Egal, wo auf der Welt sie sich befindet. Egal, in welchem Entwicklungsstadium sie sich befindet … Warum müssen Sie immer so tun, als würden Sie automatisch Gutes bewirken, wenn Sie irgendwo auf der Welt Demokratie stiften? … Erste Regel: Es sollten immer die betroffenen Menschen darüber entscheiden, ob sie eine Demokratie haben wollen oder nicht. Aber auf keinen Fall andere Staaten. Zweite Regel: Man sollte immer in Betracht ziehen, dass eher Böses als Gutes erreicht wird, wenn man Demokratie in einem Land ***erzwingt.*** … Uns geht es um verantwortungsbewusste Regierungsführung. Alle Staaten müssen verantwortungsbewusst geführt werden, Entwicklungsländer aber ganz besonders. Ob man das autoritär oder demokratisch macht, ist erst mal nicht so wichtig. Die Form muss zu einer Gesellschaft und ihrem Entwicklungsstand passen. Heute hat Singapur eines der höchsten Pro-Kopf-Einkommen der Welt, nämlich rund 30.000 Dollar und ist keine Demokratie … So machen die singapurischen Bürokraten auch keinen Hehl daraus, dass Demokratie mit ihren häufigen Regierungswechseln und endlosen Diskussionen eher schädlich für ein effizientes Gemeinwesen sei. Ein Diplomat des Landes sagt klipp und klar: »Wozu sollen wir denn alle paar Jahre die Regierung wechseln, nur um den Schein von Demokratie zu wahren? Es kommt doch nur darauf an, dass notwendige Entscheidungen schnell fallen.«[50]

Resümee: »Mit der weichen Wohlstandsdiktatur Singapur oder dem kapitalistischen Parteiregime Chinas sind nicht nur in Asien neue Gegenentwürfe zur repräsentativen Demokratie entstanden. Der Wettlauf der Systeme ist alles andere als am Ende.«[51]

Martin Luther über die Obrigkeit

»Obrigkeit ändern und Obrigkeit bessern sind zwei Dinge, die so weit voneinander sind wie Himmel und Erde. Wenn dann Obrigkeit geändert ist, können sie doch nicht verbessern, denn das ist misslich und gefährlich. Der tolle Pöbel fragt nicht viel, wie es besser werde, sondern nur, dass es anders werde. Wenn es dann aber noch ärger wird, so will der Pöbel abermals etwas anderes haben. So kriegt er denn Hummeln für Fliegen, zuletzt Hornissen für Hummeln.«[52]

Die berechtigte Auffassung, die Demokratie westlicher Prägung nicht als Exportschlager in alle Welt tragen zu wollen, steht diametral der Auffassung der Herrschenden des Westens gegenüber. Der Westen braucht diese Form der Demokratie. Das ständige Wahlgehabe lenkt die Menschen von den eigentlichen Problemen ab, lähmt die Entscheidungsfähigkeit der Institutionen und vermittelt – und das ist das wichtigste – dem Bürger das Gefühl, demokratisch mit entscheiden zu können, obwohl er doch nur eine »Wahl« zwischen unterschiedlichen Machtklüngeln hat.

Offenkundig benötigt ein erneuerter Sozialismus andere Machtstrukturen. Dabei besteht natürlich auch die Frage, welche Rolle darin »die Partei« oder »die Parteien« spielen sollen und können.

»Die Partei, die Partei, die hat immer recht« – das war eines der geistlosesten Lieder, das im praktizierten Sozialismus gesungen wurde – werden musste. Was soll das heißen? Wer ist diese Partei, die da immer Recht hat? Sind das die Millionen Mitglieder, von denen alle rechthaben wollen und sollen? Oder ist das die elitäre Führung, die ohnehin immer Recht hatte?

»Es wird höchste Zeit, sich zu fragen, was nach den Volksparteien kommt? … Die Demokratie befindet sich in Deutschland in einem Transformationsprozess. Der Populismus ist rechts, links und auch in der Mitte gleichermaßen auf dem Vormarsch. Die Macht der Medien wird immer größer, der Lobbyismus immer einflussreicher … Die Parteien müssen sich grundlegend verändern, sonst stellt sich ihnen die Existenzfrage.«[53]

Parteien haben in der Geschichte eine mobilisierende, vielfach entscheidend gestaltende Rolle gespielt und die gesellschaftliche Entwicklung vorangetrieben. Sie haben sich inzwischen historisch überlebt und hemmen die gesellschaftliche Entwicklung, da sie zu reinen Machtapparaten verkommen sind. Sie sind überwiegend zu bürokratisierten, auf Macht und Einfluss konzentrierte Vereinigungen verkommen, die bestimmte Interessengruppen und Wählerpotentiale vertreten oder so manipulieren, dass letztere sich zumindest vertreten fühlen. Persönliche Ambitionen und auch persönliche Ausstrahlung, verkauft und gefördert über einflussreiche Medien, ersetzen immer mehr Inhalte und Volkspolitik.

Es ist offenkundig, dass ein erneuerter Sozialismus völlig neue Machtstrukturen benötigt. Weder Parlamentarismus noch Parteienherrschaft sind eine zukunftsfähige Lösung. Parteien können nicht für sich in Anspruch nehmen, allein die Interessen des Volkes zu vertreten. Bereits das Grundgesetz beschränkt das Wirken von Parteien auf die »Mitwirkung bei der Meinungsbildung«. Es ist erforderlich, sowohl dabei als erst Recht bei der Machtausübung in wesentlich breiterem Umfang gesellschaftliche Kräfte einzubeziehen. Ich werde die Lösungsansätze im Epilog darlegen.

Sozialistische Umgestaltung der undemokratischen Gewalten: Justiz und Medien

»Unabhängige« Justiz und »freie« Medien werden unablässig geradezu als Synonym der Demokratie gepriesen. Staaten, die auf diesen Gebieten nicht den Normen westlicher bürgerlicher Staaten entsprechen, werden rundum als »Unrechtsstaaten« und »Diktaturen« abqualifiziert. Aus eigener, bitterer Erfahrung thematisiert Ex-Bundespräsident Christian Wulff diese Problematik: »Wichtige Medien vertreten längst den Anspruch, Politik nicht nur zu begleiten und zu kommentieren, sondern selbst Politik zu gestalten und zu bestimmen … Für die Demokratie ist das keine gute Nachricht. Viele Medien tun zwar so, als berichteten sie über Politik, betreiben in Wirklichkeit aber ihr eigenes Geschäft … Wir müssen uns auch über die Unabhängigkeit der Justiz gegenüber der Presse Gedanken machen.«[54]

Es ist angebracht, Licht in die demokratische Legitimation dieser die Gesellschaft zunehmend gestaltenden und beherrschenden Machtinstrumente zu bringen. Sie werden weder vom Volk gewählt, noch sind sie rechenschaftspflichtig.

Justiz

Eine der gängigsten Verunglimpfungen des praktizierten Sozialismus, auch und gerade den in der DDR, ist der Begriff des »Unrechtsstaates«. Diese Bezeichnung wird immer wieder missbraucht, ohne je zu klären, was darunter eigentlich zu verstehen ist. Versuchen wir es deshalb mit der Negation. Wo es Unrechtsstaaten gibt, muss es auch Rechtsstaaten geben. Nach herkömmlicher Meinungsmache ist die BRD so ein

Hort der Tugend, ein wahrer Rechtsstaat. Was zeichnet einen Rechtsstaat aus?

Ein Rechtsstaat hat ein vom Volk bestätigtes grundsätzliches Rechtsdokument, in welchem der politische Wille des Volkes und Charakter des Staates niedergelegt ist, eine Verfassung. Die Handlungsweise der staatlichen Organe und der Bürger hat in Übereinstimmung mit dieser Verfassung zu erfolgen. Verstöße dagegen sind juristisch zu ahnden, dafür richtet der Rechtsstaat Kontrollmechanismen und -organe ein. Das Recht hat in jedem Staatswesen die Aufgabe, die jeweilige Gesellschaft zu stabilisieren. »Der Rechtsstaat wird … definiert als ein System der Bindung der Staatsgewalt an das Recht und ihrer Begrenzung durch das Recht zu dem Zweck, die Freiheit des Einzelnen zu gewährleisten und seine Entfaltung in der Gesellschaft zu ermöglichen. Staatsgewalt darf nur ausgeübt werden auf der Grundlage der Verfassung und nach Maßgabe des Gesetzes.«[55]

Nach diesen für jedermann nachvollziehbaren Kriterien ist die BRD ein Unrechtsstaat. Die BRD hat keine Verfassung, sie hat ein Grundgesetz, das nach der Vollendung der Einheit durch eine Verfassung abgelöst werden sollte. Das wurde 1990 unterbunden. Schlimmer noch: Auch das Provisorium »Grundgesetz« wurde nie vom Volke demokratisch legitimiert. Es wurde von politischen Technokraten – dem Parlamentarischen Rat unter Konrad Adenauer – auf Geheiß der Alliierten am 23. Mai 1949 verkündet. Auch damit nicht genug des Unrechts. Die praktische Politik und die dafür verantwortlichen Politiker verstoßen seit Verabschiedung des Grundgesetzes permanent gegen dessen grundlegende Bestimmungen.[56]

Die Bundesrepublik hat sich durch Missbrauch des Eigentums zur persönlichen Bereicherung Weniger, der Beteiligung an Angriffskriegen, dem Machtmissbrauch der Parteien, der Abhängigkeit der Abgeordneten und weiteren Verfehlungen zu einem Staatswesen entwickelt, wie es durch das Grundgesetz nicht gedeckt ist. Die zur Kontrolle der Einhaltung des Grundgesetzes geschaffenen Institutionen, insbesondere Verfassungsgerichte und Verfassungsschutz, nehmen ihre Aufgaben nicht wahr und decken diese Fehlentwicklungen.

Um das Fehlen einer vom Volk legitimierten Verfassung und die Nichteinhaltung des Grundgesetzes zu übertünchen, wird eine völlig andere Interpretation des Begriffes »Rechtsstaat« öffentlich zelebriert. Rechtsstaat erfordert nach diesem Verständnis offenkundig, dass der Staat durch Gerichtsinstanzen dominiert wird. Der Begriff des »Justizstaates« macht die Runde. Besser wäre von einer »Justizdiktatur« zu sprechen. Die Tatsache, dass anonyme, in keiner Weise irgendwie demokratisch legitimierte Richter über alle Belange des gesellschaftlichen Lebens entscheiden, wird als größte zivilisatorische Errungenschaft gepriesen. Eine besonders undemokratische Rolle spielen dabei die Verwaltungs- und Verfassungsgerichte. Sie maßen sich an oder werden durch verantwortungslose Politiker dazu angerufen, wirtschaftliche und politische Entscheidungen gewählter Organe zu beurteilen und zu korrigieren, ohne dafür die geringste fachliche Qualifikation und demokratische Legitimation zu haben oder Verantwortung übernehmen zu müssen. Die Unabhängigkeit der Justiz an sich ist für sie oberstes und teures Gut.

In Sachen »Justizstaat« ist die BRD in der Tat »Welt-Spitze«. Im Durchschnitt der EU betragen die Gerichtsausgaben 38,50 Euro je Einwohner, in der BRD 53,15 Euro. Mit 25,3 Richtern je 100000 Einwohner hat die BRD den höchsten Richterstand in Europa. (Frankreich 10,4 – Dänemark 6,9)[57]

Die Damen und Herren in deutschen Gerichten sind trotzdem total überlastet.[58] »Das deutsche System kommt aber vor allem deshalb relativ langsam zu abschließenden Urteilen, weil in ihm wirklich jede Fliege ernst genommen wird.«[59 60]

»Richtungweisende« höchstrichterliche Urteile

»Eine musikalische Familie aus Spandau darf bis auf weiteres auch am Sonntag auf ihren Instrumenten üben. Das ***Bundesverfassungsgericht*** hat jetzt ein Urteil des zuständigen Amtsgerichts Tiergarten gekippt, wonach wegen Klavierspiels der damals 16 Jahre alten Tochter ein Bußgeld von 50 Euro zu zahlen war. Das Amtsgericht muss den Fall nun neu bewerten.«

»Das Schimpfwort »Dummschwätzer« muss nicht unbedingt eine Beleidigung sein. Das hat das ***Bundesverfassungsgericht*** entschieden. Je nach Zusammenhang der Äußerung könne es sich auch um eine freie Meinungsäußerung handeln, begründeten die Karlsruher Richter.«

»Uniformierte Polizisten dürfen lange Haare tragen. Ein ministerieller Erlass, der kurze Haare vorschreibe, sei mit dem Persönlichkeitsrecht der Beamten nicht vereinbar, urteilte das ***Bundesverwaltungsgericht.***«

»Transsexuelle dürfen nach einer Geschlechtsumwandlung verheiratet bleiben. Das ***Bundesverfassungsgericht*** erklärte eine anderslautende Bestimmung im Transsexuellengesetz für verfassungswidrig.«

Unter der Überschrift »**Die Fratze des Justizstaates**« setzt sich die Potsdamer Juristin Sibylle Tönnies prinzipiell mit den Anmaßungen der Justiz, insbesondere mit der Rolle der »Roten Roben in Karlsruhe« auseinander.

Der bundesdeutsche Justizstaat ist undemokratisch

»Die im Grundgesetz eröffnete Möglichkeit, dass Jedermann mithilfe einer erfolgreichen Verfassungsbeschwerde ein Gesetz außer Kraft setzen kann, ist keineswegs ein Bestandteil rechtsstaatlicher Verfassungen. Tatsächlich ist diese deutsche Regelung einmalig und bringt nicht den Demokratiegewinn, den man sich von ihr erhoffte. Sie ist im Gegenteil unter demokratischen Verhältnissen problematisch: Einzelne erheben sich über die Gesamtheit; die Justiz erhebt sich über die gesetzgebende Gewalt. In der staatsrechtlichen Debatte wird die Kritik an der deutschen Regelung unter dem Stichwort »Justizstaat« vorgetragen. Die Kompetenz der Justiz, Gesetze außer Kraft zu setzen, wird als »negative« Gesetzgebung in Frage gestellt. Sie stört die Balance der staatlichen Gewalten: die vom Volk gewählte Legislative wird zugunsten der Justiz entmachtet. Deren Richter sind nicht demokratisch gewählt.«[61]

Auch international überdeckt Rechtsgläubigkeit die politische Verantwortung. Die tragisch-komische Version des bürgerlichen Glaubens an die Allgewalt juristischer Prozesse ging durch die Presse. Als Antwort auf die Feststellung des Unicef Jahresreportes *Zur Situation der Kinder in der Welt 2012* wurde ein juristischer Akt vollzogen. Der Report stellte fest: »Die Hälfte aller Kinder und Jugendlichen – rund eine Milliarde – wächst heute in Städten auf. Jedes dritte dieser Kinder wird in einem Slum groß, oft unterernährt, unter furchtbaren hygienischen Bedingungen, meist ohne Zugang zu Schulen und Gesundheitsversorgung. Dort gibt es meist keinen ausreichenden Zugang zu sauberem Trinkwasser, sanitären Einrichtungen, Elektrizität.«[62]
Die Antwort der UNO: Um ihre Lage zu verbessern, sollen Kinder ihre Rechte künftig bei den Vereinten Nationen einklagen können, indem Kindern ein Beschwerderecht eingeräumt wird. »Dieses Protokoll ist ein großer Schritt vorwärts beim internationalen Schutz der Rechte der Kinder«, sagte die ehemalige Familienministerin Kristina Schröder(CDU) nach der Unterzeichnung in Genf.[63]

Grandios! Ich sehe sie in Scharen aus den Slums von Nairobi, Johannesburg, Mumbai, Kalkutta, Lima, Bogota, San Francisco, Marseilles und anderswo nach New York strömen, glücklich zurück kehrend mit Rechtstiteln unter dem Arm. Ich sehe sie massenhaft hochdotierte Anwälte anheuern, die aufopferungsvoll um die Rechte dieser armen Kreaturen kämpfen. Glückwunsch Jungs und Mädchen!

Ein sozialistischer Rechtsstaat muss von anderen Prämissen ausgehen. Ein sozialistisches Rechtswesen muss die Diktatur der Justiz durchbrechen und das Primat der demokratisch legitimierten Politik wiederherstellen. Juristen haben keine politischen Entscheidungen zu treffen, weder im Großen noch im Kleinen. Ob in einem wirklich sozialistischen Staatswesen, in welchem die Repräsentanten demokratisch gewählt, kontrolliert und rechenschaftspflichtig sind, das Wirken von Verfassungs- und Verwaltungsgerichten überhaupt angebracht ist, darf zumindest bezweifelt werden. Ihre Existenz und »Rechtsprechung« in allen politisch und staatlich relevanten Fragen stellt a priori einen Misstrauensbeweis gegen die politischen Instanzen dar.

Medien

Heutige Medien sind das Ergebnis einer erbarmungslosen Konkurrenz um den höchsten Profit. Es lohnt sich, Auszüge aus einer Rede zu lesen, die der ehemalige britische Premierminister Tony Blair zum Abschluss seiner Amtszeit vor Journalisten in Oxford gehalten hat:

Tony Blair entlarvt Medien

»Zeitungen liefern keine aktuellen Nachrichten mehr – die sind bereits (elektronisch) auf dem Markt. Sie brauchen statt dessen Enthüllungsgeschichten, sie müssen Themen setzen, Kommentare abgeben ... Das Ergebnis sind Medien, die zunehmend von der Sehnsucht nach Aufmerksamkeit getrieben werden ... Aufmerksamkeit schafft Wettbewerbsvorteile. ... Doch die Sehnsucht nach Aufmerksamkeit lässt die Standards ausfasern, sie treibt das Niveau nach unten. Die Vielzahl der Medien – nicht ihr Einfluss im einzelnen – sorgt dafür, dass die Sensationslust über Hand nimmt ... Die Folgen sind offenkundig: Erstens: Skandal und Streit verdrängen gewöhnliche Reportagen ... Zweitens: Es reicht nicht, wenn jemand einfach nur einen Fehler macht. Das Ganze muss nach Käuflichkeit riechen, nach Verschwörung. Drittens: die Angst, etwas zu verpassen, bedeutet, dass die Medien heute mehr denn je im Rudel laufen … Viertens, statt einfach Nachrichten zu berichten, besteht die neue Technik darin, die Kommentierung einer Nachricht so wichtig oder sogar noch wichtiger zu nehmen als die ursprüngliche Nachricht … Das führt zwangsläufig zum fünften Punkt: die Verschmelzung von Nachricht und Kommentierung. Die Wahrheit ist, dass ein großer Teil der Medien heute diese Unterscheidung nicht einfach verwischt, sondern die Verwischung zum Konzept erhebt … All das führt am Ende dazu, dass man Ausgewogenheit in den Medien heute nur noch selten findet. Dinge, Menschen, Themen, Geschichten, alles ist schwarz und weiß … Wird es schlimmer? Wieder würde ich sagen: ja. In meinen zehn Jahren habe ich beobachten können, dass diese Phänomene immer stärker werden … Doch in Wirklichkeit fehlt Zuschauern und Lesern der objektive Maßstab, um zu ergründen, was eigentlich erzählt wird. In jedem anderen Bereich der Gesellschaft, in dem Macht ausgeübt wird, gibt es Mechanismen der Verantwortlichkeit. Politiker etwa üben Verantwortung nicht nur über die Wahlurne aus, sondern müssen sich Tag für Tag in den Medien verantworten. Freie Presse ist deshalb so wichtig. Reicht ihre Verant-wortlichkeit aus? Ich kann hier keinen Königsweg finden.«[64]

Warum eigentlich so ängstlich Mister Blair? Ihre Amtszeit ist beendet, die Medien können Ihnen nicht mehr schaden und die Antwort haben sie doch selbst gegeben. Wenn die Konkurrenz und die Vielfalt der Medien die Ursache der Verwerfungen sind, muss die Konkurrenz und Vielfalt beseitigt werden – aber das würde ja wieder das Systemdenken sprengen und dazu reicht offensichtlich der Mut des ehemaligen Vorsitzenden der Labourpartei Blair doch nicht.
Sehr viel klarer sind die Gedanken Fidel Castros, die er zur Rolle der Medien äußert.

Fidel Castro: Medien lügen nicht nur, sondern schaffen »konditionierte Reflexe«

»Als die Massenmedien aufkamen, haben sie sich des Geistes bemächtigt, und sie steuern nicht nur Lügen, sondern auch konditionierte Reflexe. Eine Lüge ist nicht das gleiche wie ein konditionierter

Reflex. Die Lüge beeinträchtigt das Wissen, der konditionierte Reflex beeinträchtigt die Fähigkeit, zu denken. Und es ist nicht das gleiche, ob man desinformiert ist oder ob man die Fähigkeit, zu denken, verloren hat, weil die Reflexe deinen Verstand dominieren. »Der Sozialismus ist schlecht, der Sozialismus ist schlecht, er nimmt das Sorgerecht, er nimmt dir das Haus, er nimmt dir die Frau.« Und alle unwissenden, alle Analphabeten, alle Armen und Ausgebeuteten wiederholen: »Der Sozialismus ist schlecht, der Sozialismus ist schlecht.« So bringt man den Papageien das Sprechen, den Bären das Tanzen und den Löwen eine respektvolle Verbeugung bei.

Sie lehren die Massen nicht Lesen und Schreiben, sie geben eine Milliarde jährlich für Werbung aus, um einen Großteil der Menschen zum Besten zu halten, menschliche Wesen in Personen zu verwandeln, die, so scheint es, nicht mehr denken können … Diese Leute, die so gern von »Gehirnwäsche« sprechen, bearbeiten und reinigen die Gehirne so, dass sie den Menschen seines wunderbaren Schatzes berauben: der Fähigkeit zu denken.

Werden sie in Ländern, die zwanzig oder dreißig Prozent völlige Analphabeten und fünfzig Prozent funktionelle Analphabeten haben, von »Meinungsfreiheit« sprechen? Mit welchen Kriterien, auf welcher Grundlage urteilen sie und wo? Sogar viele gebildete und intellektuelle Leute wollen einen Artikel veröffentlichen, aber es gibt keinen Weg, dass er erscheint, er wird ignoriert, diskreditiert. Die großen Medien sind zu Instrumenten der Manipulation geworden.

Wir besitzen und nutzen die Medien, um die Kenntnisse unserer Bürger weiter zu entwickeln. Diese Instrumente besitzen eine Rolle innerhalb der Revolution, sie haben Bewusstsein geschaffen, Konzepte, Werte, und das, obwohl wir sie nicht optimal genutzt haben. Wir wissen aber, wozu sie in der Lage sind und was die Gesellschaft im Hinblick auf Wissen, Kultur, Lebensqualität und Frieden mit dem sozialen Gebrauch dieser Medien erreichen kann.«[65]

Zweifelsfrei hat es noch kein sozialistisches Medienwesen gegeben, das diesen Ansprüchen voll gerecht wird. Die Alternative zu der von Blair berechtigt angeprangerten Profit orientierten Konkurrenzvielfalt war im praktizierten Sozialismus der sozialistische Einheitsbrei: ADN meldet und das Zentralorgan teilt mit. Alle anderen Medien hatten abzuschreiben und nachzuplappern. Medienkultur in einer sozialistischen Gesellschaft erfordert sicher eine gewisse Medienvielfalt – allerdings weit unter dem Konkurrenzniveau – mit freier Meinungsäußerung. Grenzen sind dort zu setzen, wo Gewalt, niedere Instinkte, Völkerhass und Rassenwahn befriedigt werden oder ein Angriff auf die verfassungsmäßige Ordnung verbreitet werden soll. Um eine einseitige, nur von der Macht abhängige Berichterstattung zu verhindern, ist gerade in diesem Bereich ein hohes Maß an Volkskontrolle erforderlich. Medienbeiräte unter Einschluss breiter Kreise der Bevölkerung sowie eine umfangreiche Möglichkeit, durch Leser und Hörer die Meinung, unabhängig vom Geldbeutel zu artikulieren, sollten eine sozialistische Medienkultur prägen.

Nationales und Internationales – Frieden

Das Kapital hat sich unwiderruflich internationalisiert. Es kann nur dadurch überhaupt noch existieren. Ohne globalisierte Ausbeutung von Mensch und Natur, globale Geldverwertung und weltweite Absatzmärkte wäre es ökonomisch zum Untergang verurteilt. Alle wesentlichen Konflikte und insbesondere kriegerischen Auseinandersetzungen auf dieser Welt lassen sich darauf zurückführen, dass das Kapital bei Strafe seines Unterganges gezwungen ist, global neue Verwertungsbedingungen zu erschließen. Es ist dem Kapital nicht nur gelungen, sich weltweit zu etablieren, sondern auch, die Welt in die Kleinstaaterei zurück zu versetzen, die Völker zu entzweien, ethnisch und religiös verbrämt gegeneinander aufzuhetzen und wirksame international koordinierte Aktionen der Entrechteten dadurch zu unterbinden. Ja, mehr noch: Nationalismus und Faschismus werden toleriert, wenn es dem Kapital notwendig erscheint, um seine Herrschaftsansprüche durchzusetzen. Die Ereignisse in der Ukraine sind das aktuellste Beispiel. Die Weltordnung ist zunehmend im Zerfall. In vielen Ländern dieser Erde, besonders in den ärmsten oder »in die Freiheit« zurückversetzten Ländern Afrikas und des Nahen Ostens, lösen sich staatliche Strukturen – häufig herbeigebombt durch die »internationale Staatengemeinschaft« – zunehmend auf. Unkontrollierte und unkontrollierbare politische Kräfte übernehmen Macht und Territorien.

Sozialistischer Internationalismus hat andere Aspekte. Zum einen sollte Sozialismus eines Landes nicht auf Kosten anderer Länder gehen. Ausbeutung fremder Länder ist dem Sozialismus wesensfremd. Damit verschließen sich ihm natürlich Effektivitätsreserven, die dem Kapitalismus der führenden Länder zur Blüte verhelfen: Neokoloniale Ausbeutung von Mensch und Natur in den Entwicklungsländern. Im Gegenteil: Wesentlicher Bestandteil sozialistischer Gesellschaften war und ist die Solidarität mit zurück gebliebenen Entwicklungsländern. Für die DDR war gerade das eine mit prägende, vielleicht ihre wirtschaftlichen Möglichkeiten übersteigende Handlungsmaxime. Sozialistische Positionen einer solidarischen Hilfe schließen a priori kriegerische Handlungen um Ressourcen und Absatzmärkte aus. Friedenspflicht ist ein integraler Bestandteil sozialistischer Gesellschaften.

Umso alarmierender ist eine Welt, in welcher offensichtlich imperiale Kriegsführung nach wie vor und in verstärktem Maße Bestandteil der Politik ist und bleibt. In der Zeit nach dem Zweiten Weltkrieg haben allein die USA annähernd 50 kriegerische Aktionen angezettelt. Korea, Kuba (Schweinebucht), Vietnam, Laos, Kambodscha, Grenada, Panama, Kuwait, Jugoslawien, Somalia, Sudan, Afghanistan, Irak und Libyen sind Synonyme dafür.

Es mehren sich die warnenden Stimmen – nicht nur aus dem linken Lager –, die eindringlich auf die drohende Gefahr eines dritten, großen Weltneuordnungskrieges hinweisen und das unter den Bedingungen, dass heute neun Staaten mehr als 19000 Kernsprengköpfe in ihren Arsenalen horten.

Warum die Kriegsgefahr so unmittelbar ist!

Dr. Paul Craig Roberts – ehemaliger Vizefinanzminister der Reagan-Regierung[66]

»Keiner von Amerikas Kriegen hatte etwas zu tun mit der Bewahrung der Freiheit Amerikas. Im Gegenteil, die Kriege wischten unsere bürgerlichen Freiheiten beiseite und machten uns unfrei ... Mit Sicherheit stellten die von Bush und Obama im 21. Jahrhundert verwüsteten Länder – Irak, Afghanistan, Libyen, Somalia, Syrien, Pakistan und Jemen für die Vereinigten Staaten von Amerika keine militärische Bedrohung dar ... Die Wahrheit ist schwer zu ertragen, aber die Tatsachen sind eindeutig. Amerikas Kriege wurden gekämpft, um Washingtons Macht zu vergrößern, die Profite der Banker und Rüstungskonzerne und die Vermögen der Gesellschaften der Vereinigten Staaten von Amerika. Der Marinegeneral Smedley Butler sagte: ›Ich diente in allen Rängen vom Unterleutnant bis zum Generalmajor. In dieser Zeit war ich die meiste Zeit ein hochklassiger

Muskelmann für Big Business, für Wall Street und für die Banker. Kurz gesagt, ich war ein Gangster für den Kapitalismus.‹ … Nachdem die Wirtschaft der Vereinigten Staaten von Amerika als einzige Wirtschaft nach dem Zweiten Weltkrieg intakt war, wurde der US-Dollar zum Geld der Welt. Diese Rolle des Dollar gab Washington finanzielle Vorherrschaft über die Welt, die Hauptquelle von Washingtons Macht. Wenn andere Länder sich erheben, ist Washingtons Vorherrschaft gefährdet … Die Oberhand über andere zu haben, ist die einzige Außenpolitik, die Washington kennt … ›Unser erstes Ziel ist es, das Aufkommen eines neuen Rivalen zu verhindern, sei es auf dem Territorium der ehemaligen Sowjetunion, noch anderswo (China) der eine Bedrohung bildet, wie sie früher die Sowjetunion darstellte.‹… ›Wir brauchen keine stinkige Diplomatie. Wir haben die Macht.‹(Paul Wolfowitz) Das ist die Einstellung, die Krieg garantiert, und dieser ist es, in den die Vereinigten Staaten von Amerika die Welt führen. Der Premierminister des Vereinigten Königreichs, die deutsche Bundeskanzlerin und der Präsident Frankreichs sind Washingtons Wegbereiter … Putin hofft, dass die Interessen der europäischen Länder die Oberhand gewinnen werden über die Unterwürfigkeit gegenüber Washington. Darauf setzt Putin zur Zeit. Aus diesem Grund lässt sich Putin durch Washingtons Provokationen in der Ukraine nicht aus der Ruhe bringen. Wenn Europa Russland hängen lässt, werden sich Putin und China auf den Krieg vorbereiten, den Washingtons Streben nach Vorherrschaft unabwendbar macht.«

Die deutsche Antwort auf diese dringenden Warnrufe gibt der Präsident dieses Landes. Er scheint in der Kriegsrhetorik und bedingungslosen US-amerikanischen Unterstützung das Thema seiner Amtszeit gefunden zu haben. Mit der Hamburger Rede vor der Akademie der Bundeswehr kurz nach Amtsantritt ging es los. Inzwischen folgten weitere Steigerungen.

Kriegsrhetorik des deutschen Bundespräsidenten Joachim Gauck

Bezeichnenderweise zum »Tag der deutschen Einheit« 2013 tönte der Präsident: »Nimmt Deutschland seine Verantwortung ausreichend wahr etwa gegenüber den Nachbarn im Osten, im Nahen Osten oder am südlichen Mittelmeer? … Und wenn wir einen ständigen Sitz im

Weltsicherheitsrat der Vereinten Nationen streben: Welche Rolle sind wir dann bereit, bei Krisen in ferneren Weltregionen zu spielen? Unser Land ist keine Insel. Wir sollten uns nicht der Illusion hingeben, wir könnten verschont bleiben von den politischen und ökonomischen, den ökologischen und militärischen Konflikten, wenn wir uns an deren Lösung nicht beteiligen?«

Dann folgte der absolute Höhepunkt: Die Rede zur Eröffnung der 50. Münchner Sicherheitskonferenz: »Deutschland ist überdurchschnittlich globalisiert und profitiert deshalb überdurchschnittlich von einer offenen Weltordnung – einer Weltordnung, die Deutschland erlaubt, Interessen mit grundlegenden Werten zu verbinden. Aus all dem leitet sich Deutschlands wichtigstes außenpolitisches Interesse im 21. Jahrhundert ab: dieses Ordnungsgefüge, dieses System zu erhalten und zukunftsfähig zu machen ... Und wenn wir überzeugende Gründe gefunden haben, uns zusammen mit unseren Verbündeten auch militärisch zu engagieren, sind wir dann bereit, die Risiken fair mit ihnen zu teilen?«

Die Lage zeigt überdeutlich: Frieden gibt es nicht im kapitalistischen System. Frieden gibt es nur bei Überwindung dieser weltzerstörenden Profitdominanz.

Das bedeutet, auch die Frage zu beantworten, ob sich Sozialismus in einem Lande bei Weiterbestehen einer kapitalistischen Umwelt errichten lässt. Die Frage zu verneinen, hieße, auf die »große Weltrevolution« zu warten. Die Frage zu bejahen, würde bedeuten, historische Erfahrungen des praktizierten Sozialismus zu negieren.

Meines Erachtens ist es unter den Bedingungen einer globalisierten Welt durchaus möglich, den Sozialismus zwar nicht in einem einzigen Land – wenn es sich nicht um das große China handelt –, aber durchaus in Ländergruppierungen zu errichten. Bedingung ist, dass diese Ländergruppierungen sich weitgehend vom kapitalistischen Markt abkoppeln und eine eigene – eben sozialistische – Gesellschaftspolitik betreiben. Das erfordert insbesondere die außenwirtschaftlichen Verflechtungen mit dem Kapital auf das Notwendige zu reduzieren und vor allem, kein kapitalistisches Auslandskapital in das sozialistische Wirtschaftsgebiet eindringen zu lassen. Je größer die Staatengruppierungen sind, die sich der Verwertung des internationalen Finanzkapitals verschließen, umso eher wird der kapitalistische Sumpf trockengelegt.

Sozialistischer Internationalismus würde in der heutigen Zeit insbesondere die weitgehende Vereinigung der durch das internationalisierte Kapital Ausgebeuteten, Entrechteten und Ausgestoßenen erfordern. Gerade von diesem Ziel sind wir jedoch weit entfernt.

Das Resümee: Die sozialistische Zukunft

Um einer sozialistischen Gesellschaft als einziger wirksamer Alternative zum real existierenden Kapitalismus eine Zukunft zu geben, muss sie neu definiert werden. Sie muss ihre eigenständigen Vorzüge für die Mehrheit der Menschen klar zum Ausdruck bringen und sich nicht als bessere Konkurrenz zum Kapitalismus darstellen. Sie ist nicht die Vorstufe zum Paradies einer kommunistischen Gesellschaft, in welcher Jeder nach seinen Bedürfnissen lebt. Sie ist auch keine ideale Gesellschaft ohne Widersprüche und Probleme. Vielmehr ist sie eine selbständige, realistische und notwendige Alternative zu einem Kapitalismus, der dabei ist, die Welt zu zerstören. Eine sozialistische Gesellschaft ist vorrangig geprägt durch ein Wirtschaftssystem, das die materielle Gleichstellung der Menschen nach der Leistung beinhaltet. Soziales Markenzeichen ist Arbeit für alle mit der der Lebensunterhalt selbstbestimmt bestritten werden kann. Sie ist durch Verteilungsgerechtigkeit geprägt. Sie sollte nicht vordergründig ökonomisch an höchster Effektivität und Produktivität im Vergleich zum Kapitalismus gemessen werden. Sozialistische Gesellschaften können auf hoher und auf niederer Stufenleiter gestaltet werden. Sie schließen Demokratie und Freiheit ein. Diese können aber nur auf Grundlage sozialer Sicherheit gedeihen. Demokratie und Freiheit sind keine Werte an sich und für sich, sondern werden entsprechend der sozialistischen Gesamtentwicklung gestaltet. Sozialismus ist immer zugleich Internationalismus und Friedenspflicht. Sozialismus auf Kosten anderer Völker kann es nicht geben.

Albert Einstein über den Sozialismus

Unbegrenzte Konkurrenz führt zu einer riesigen Verschwendung von Arbeit und zu dieser Lähmung des sozialen Bewusstseins von Individuen ... Diese Lähmung der Einzelnen halte ich für das größte Übel des Kapitalismus. Unser ganzes Bildungssystem leidet darunter.

Dem Studenten wird ein übertriebenes Konkurrenzstreben eingetrichtert und er wird dazu ausgebildet, raffgierigen Erfolg als Vorbereitung für seine zukünftige Karriere anzusehen.

Ich bin davon überzeugt, dass es nur einen Weg gibt, dieses Übel loszuwerden, nämlich den, ein sozialistisches Wirtschaftssystem zu etablieren, begleitet von einem Bildungssystem, das sich an sozialen Zielsetzungen orientiert. In solch einer Wirtschaft gehören die Produktionsmittel der Gesellschaft selbst und ihr Gebrauch wird geplant. Eine Planwirtschaft, die die Produktion auf den Bedarf der Gemeinschaft einstellt, würde die durchzuführende Arbeit unter all denjenigen verteilen, die in der Lage sind zu arbeiten und sie würde jedem Mann, jeder Frau und jedem Kind einen Lebensunterhalt garantieren. Die Bildung hätte zum Ziel, dass die Individuen zusätzlich zur Förderung ihrer angeborenen Fähigkeiten einen Verantwortungssinn für die Mitmenschen entwickeln, anstelle der Verherrlichung von Macht und Erfolg in unserer gegenwärtigen Gesellschaft.

Dennoch ist es notwendig festzuhalten, dass eine Planwirtschaft noch kein Sozialismus ist. Eine Planwirtschaft als solche kann mit der totalen Versklavung des Individuums einhergehen. Sozialismus erfordert die Lösung einiger äußerst schwerwiegender soziopolitischer Probleme: Wie ist es angesichts weitreichender Zentralisierung politischer und ökonomischer Kräfte möglich, eine Bürokratie daran zu hindern, allmächtig und maßlos zu werden? Wie können die Rechte des Einzelnen geschützt und dadurch ein Gehgengewicht zur Bürokratie gesichert werden?

In unserer Zeit des Wandels ist Klarheit über die Ziele und Probleme des Sozialismus von größter Bedeutung.«[67]

Ich halte eine offene und zielstrebige Debatte über eine sozialistische Zukunft heute und jetzt für überlebenswichtig für die Menschheit. Dabei sollten wir uns davon lösen, Sozialismus als einen fertigen Zustand zu definieren, der in 10, 20 oder erst in 50 oder gar 100 Jahren erreicht ist, nach der Devise: Heureka, jetzt ist er da, der Sozialismus, beschlossen von einer klugen Parteiführung oder Regierung. Eine sozialistische Gesellschaft sollte in einem lebendigen Prozess für jetzt lebende Menschen entstehen. Er wird auf unterschiedlichen Stufen ablaufen und in unterschiedlichen Territorien auch eine unterschiedliche Gestaltungsform annehmen. Wichtig ist, dass dieser Prozess von Anfang an bestimmten grundsätzlichen Anforderungen entspricht, die ich aus meiner Sicht dargelegt habe. Auch diese Anforderungen werden in unterschiedlicher Qualität und Quantität entsprechend den gegebenen Entwicklungsbedingungen umgesetzt werden. Die unwiderrufliche Trennlinie zwischen sozialistischer und kapitalistischer Gesellschaft verläuft in der Ausgestaltung der Eigentumsverhältnisse. Überwiegend der Allgemeinheit dienendes gesellschaftliches Eigentum ist Sozialismus; überwiegend der Bereicherung einer kleinen Schicht dienendes Privateigentum ist Kapitalismus. Darauf bauen alle anderen Gestaltungsmaximen auf.

Anmerkungen:

1 ISW-Report Nr. 88, Seite 24
1 ND vom 26./27.05.2007
2 Dieter Klein »Das Morgen tanzt im Heute« VSA-Verlag Hamburg
3 Ingo Wagner »Für einen Sozialismus im 21. Jahrhundert«- Marxistisches Forum Heft 54, S. 19 Das Zitat hat einen zweiten Teil: »..., ohne dieser (Ökonomie) in letzter Instanz den entscheidenden Vorrang abzusprechen.« – Diesem Teil der Aussage widerspreche ich, wie im nachfolgenden bewiesen wird.
4 Hans Heinz Holz »Niederlage und Zukunft des Sozialismus« Edition Marxistische Blätter, Neue Impulse Verlag 1992, S. 102
5 Raffael Correa – Präsident Ecuadors – in »was ist Sozialismus?« KONTROVERS 1/2008
6 Günter Söder Broschüre der GBM Nr. 135
7 Chris Hani in »Was ist Sozialismus?« von Michael Brie, Christoph Spehr – KONTROVERS 01/2008, S. 23
8 Bei einem »Marktvolumen« von 1,5 Milliarden Euro sind nach einer Studie der Krankenkassen von 24 getesteten individuellen privat zu zahlenden Gesundheitsleistungen (von Akupunktur, Augendruckmessung bis Ultraschall) nur 2 »leicht positiv«, dagegen 14 negativ bzw. mit erheblichen Schäden behaftet. – TS 26.01.2012
9 Apple, Marktführer auf diesem Gebiet, zog in einem einzigen Quartal (IV./2011) den benebelten, häufig jugendlichen Konsumenten 46,3 Milliarden Dollar aus der Tasche – Tagesspiegel vom 26.01.2012 Im gleichen Zeitraum verhungerten eine halbe Millionen Kinder.

10 Stephen Emmott a.a.O. S. 190/91

11 Harry Nick »Kapitalismus ohne Ende?« Schriftenreihe der GBM Nr. 126

12 Lucas Zeise »Wo die Wachstumskritiker landen«, MARXISTISCHE BLÄTTER 4/11, S. 44

13 TAGESSPIEGEL vom 25.03.2014

14 ISW-SPEZIAL Nr. 88 »Welt-Einkommens-Verteilung«, März 2012, S. 2

15 Aus dem Living Planet Report 2008 der Umweltstiftung WWF, zitiert bei Karl Hartmann S. 68

16 Nach Stephen Emmott »Zehn Milliarden« Suhrkamp

17 Stephen Emmont »Zehn Milliarden« Suhrkamp, S. 144

18 Karl Hartmann/ Herbert Meißner »Produktivkräfte und Produktionsverhältnisse in der Gegenwart« GNN-Verlag Schkeuditz, S. 114

19 »Auto mit Siri – TAGESSPIEGEL vom 03.03.2014

20 George Modelski und William Thompson (Amerikanische Historiker) – zitiert von Karl Hartmann in Produktivkräfte und Produktionsverhältnisse GNN-Verlag Schkeuditz 2010 S. 24

21 Präambel zum Thema »Umgestaltung der Eigentumsverhältnisse« in »Wege zum Sozialismus im 21. Jahrhundert« VSA-Verlag. S. 95

22 Ralf Krämer ebenda S. 119, 122

23 ebenda S. 124

24 Egbert Scheunemann »Ota `Siks Modell einer Humanen Wirtschaftsdemokratie« in »Wege zum Sozialismus im 21. Jahrhundert« a.a.O. S. 175/176

25 »Geboren am 9. November« von Werner Eberlein, S. 274

26 Manfred Lütz, Leipzig, unveröffentlicht

27 Erich Buchholz »Anspruch und Wirklichkeit – Wie der Bundesbürger den Rechtsstaat erlebt« edition ost, 2010, S. 221

28 Erfurter Programm der Partei *Die Linke* Abschnitt Eigentumsfrage und Wirtschaftsdemokratie

29 Aus KAZ Nr. 313, s. 39 zitiert in Arbeitende Klasse in Deutschland Pahl-Rugenstein-Verlag 2011, S. 195

30 Zitate aus Klaus Steinitz/ Dieter Walter »Plan – Markt – Demokratie« VSA-Verlag Hamburg, Seiten 20, 27, 29)

31 Zitiert von Oskar Lafontaine »Der archimedische Punkt« im Rotfuchs – Extra Dezember 2010

32 W. I. Lenin »Über den Demokratismus und den sozialistischen Charakter der Sowjetmacht« In Werke, Ergänzungsband Oktober 1917–März 1923, S. 77/78

33 Interview mit Viktor Timtschenko – Buchautor – in COMPACT Nr.2/2014 S. 38

34 Oskar Lafontaine a.a.O.

35 Robert Kurz »Weltwirtschaftskrise, soziale Bewegung und Sozialismus« in MARXISTISCHES FORUM Heft 63, S. 8

36 Helmut Schmidt »Mitbestimmung und Raubtierkapitalismus« in KONTROVERS 02/2006 S. 12

37 Vgl. Heinz Diederich »EU am Ende« – verlag am Park in der edition ost, Berlin 2011, S. 13.

38 Peter Elz, Königs Wusterhausen – siehe auch ROTFUCHS Mai 2014, S. 16

39 Conrad Schuhler, isw-Report Nr. 79 S. 39

40 »Wendejahre in Osteuropa« ISW-SPEZIAL Nr. 23, S. 29

41 Miriam Schröder Der Ruf nach Revolution – Einst der Sozialismus, dann der Kapitalismus: Edgar Most – ND vom 08.11.2009

42 Der Begriff **Demokratie** wurde im antiken Griechenland geprägt. Er setzt sich zusammen aus den Wortteilen Demos – mit der Bedeutung Volk, die Bürger (Demoten) einer Stadt oder eines Staates – und **Kratos** – mit der Bedeutung Macht, Stärke, Staat ... Demokratie bedeutet Volksherrschaft und zu ihren ersten und größten Tugenden gehört die Einbeziehung der Bürger bei allen wichtigen Entscheidungen. Was jedoch ist »Das Volk«?

43 Tadeusz Rechniewski, Mitbegründer der ersten sozialistischen Partei Polens, zitiert im ND vom 21./22.07.20

44 Rosa Luxemburg »Zur Russischen Revolution« www.marxists.org/deutsch/archiv/luxemburg/1918/russrev/teil4.htm

45 Dieter Klein in »Wege zum Sozialismus im 21. Jahrhundert« VSA-Verlag 2011, S. 198

46 Rosa Luxemburg a.a.O. S. 9

47 Manfred Lütz – unveröffentlicht.

48 Der ehemalige Vorsitzende der Arbeitsgruppe Recht im Deutschen Bundestag, der FDP-Abgeordnete Marco Buschmann im TAGESSPIEGEL 13.02.2011.

49 Wolfgang Merkel »Im Griff der Autokraten« TAGESSPIEGEL vom 11.11.2013

50 Kishore Mahbubani Schluss mit den Belehrungen – DER SPIEGEL 21/2008

51 Wolfgang Merkel a.a.O.

52 Zitiert von Friedrich Schorlemmer in »Die Gier und das Glück« Herder-Verlag 2014, S. 126

53 Christoph Seils Unser politisches System muss dringend reformiert werden – TAGESSPIEGEL 08.02.2011

54 Christian Wulff »Ganz oben – ganz unten« Verlag C.H. Beck 2014, S. 11/12

55 Klaus Emmerich »In guter Verfassung?« edition ost 2010 S. 47

56 Würde man etwa die Zahl der Morde und Toten bei illegalen Grenzübertritten und in Abschiebeknästen, des Kindesmissbrauchs, des Dopings, der Wirtschaftsverbrechen, die Vorratsdatenspeicherung, Gesinnungsüberprüfungen, die Verfassungsschutzberichte etc. mit in die Beurteilung einbeziehen, also Kriterien nehmen, die bei der Beurteilung der DDR benutzt werden, käme man zu der Auffassung, dass die BRD kein Rechtsstaat, mithin ein »Unrechtsstaat« sein müsse. Klaus Emmerich »In guter Verfassung« – edition ost 2010, S. 75

57 DER SPIEGEL 39/2006

58 aus diversen Presseveröffentlichungen

59 Professor Wagner, Universität Bonn im SPIEGEL 39/2006 S. 54

60 Die Probleme der Justiz beginnen schon »ganz früh«. Nämlich dann schon, wenn sich junge Menschen mit durchschnittlichen Abi-Noten aus Verlegenheit für das Jura-Studium entscheiden. (Frankfurter Rechtslehrer Erich Schöndorf) Am Ende stehen nicht selten ängstliche, zu frühem Resignieren neigende Richter und Staatsanwälte. Und sind die Richter erst einmal im Amt, residieren sie in einem System, das Leistung nicht belohnt und Faulheit fördert … Kein Mensch darf einem Richter sagen, was er wann zu erledigen hat. Und wenn der Richter lieber im Garten sitzt, als zu arbeiten, kann er das ungestraft tun. (Hannoverscher Zivilrechtler Christian Wolf) … Mit Verweis auf den Artikel 97, Absatz 1 Grundgesetz. Der garantiert die richterliche Unabhängigkeit, und danach sollen sogar feste Arbeitszeiten verfassungswidrig sein – Der Spiegel 39/2006 S.56

61 Sibylle Tönnies im TAGESSPIEGEL vom 11.12.2008

62 Immer mehr Kinder leben in Slums UN will Rechte stärken – Internet

63 ebenda

64 Tony Blair »Bitter im Abgang – Warum die Medien zu einer Gefahr für unsere Gesellschaften werden« – TAGESSPIEGEL 24.06.2007

65 Fidel Castro »Mein Leben« – Rotbuch Verlag 2008, S. 598/99

66 http://antikrieg.com/aktuell/2014_05_26_warumkrieg.htm

67 Albert Einstein: »Warum Sozialismus?«, veröffentlicht in der ersten Ausgabe von MONTHLY REVIEW 5/1949, zitiert in: »Links der Dahme« 1/2006

VII. Gibt es Gesetzmäßigkeiten für den Übergang zum Sozialismus?

Sind Produktivkräfte und Arbeiterklasse das revolutionäre Element?

Die bisherige Theorie und Praxis bei der Gestaltung des Überganges vom Kapitalismus zum Sozialismus basiert auf den grundlegenden Aussagen des Marxismus über das Spannungsverhältnis zwischen Produktivkräften (Technischer Fortschritt) und Produktionsverhältnissen (Eigentumsverhältnissen). Die entscheidenden Aussagen, niedergelegt im »Kommunistischen Manifest« (1848), dem »Kapital« und als Resümee von Karl Marx selbst niedergeschrieben im Vorwort zur »Kritik der Politischen Ökonomie« (1859) lauten: Die gesellschaftliche Entwicklung wird vorangetrieben durch die Entwicklung der Produktivkräfte (PK). Wenn diese eine Stufe der Entwicklung erreicht haben, in welcher die Produktionsverhältnisse (PV) ihre Weiterentwicklung hemmen, werden die Produktionsverhältnisse revolutionär verändert. Lenin hat darauf aufbauend die These entwickelt, dass die Arbeitsproduktivität in letzter Instanz das Wichtigste für den Sieg der neuen Gesellschaftsordnung ist. Der Kapitalismus sei geprägt von einer Konzentration der Produktion in großer Industrie. Darin produziert das Kapital gleichzeitig das Proletariat, seinen eigenen Totengräber. Der Untergang des Kapitalismus und der Sieg des Proletariats seien gleich unvermeidlich. Eine alte Gesellschaftsformation ginge erst unter, wenn in ihr die materiellen Existenzbedingungen für eine neue höhere Gesellschaftsformation ausgebrütet wurden. Diese Entwicklung sei gesetzmäßig.

Die historische Entwicklung hat diesen Optimismus und diese Einschätzung in mehrerlei Hinsicht bisher nicht bestätigt. Es zeigt sich, dass Gesellschaftsprozesse, die von Menschen gestaltet werden, sich zwar historisch trefflich beschreiben und analysieren lassen, jedoch Voraussagen einer gesetzmäßigen Entwicklung offensichtlich wissenschaftlich nicht begründbar sind.

Unter kapitalistischen Produktionsverhältnisse wurden und werden gigantische Entwicklungen der Produktivkräfte erreicht. Diese konzentrierten sich im Wesentlichen – »dank« falscher Stimulierung durch allein auf die Arbeitskraft bezogene Abgaben – vorrangig auf die Produktivität der Arbeit. Die Ressourceneffektivität kam demgegenüber zu kurz.

»Seit 1960 ist die Arbeitsproduktivität in der BRD um den Faktor 3,5, die Materialproduktivität um den Faktor 2, die Energieproduktivität um den Faktor 1,5 angestiegen.«[1]

Auch die Marx'sche Voraussage über die Arbeiterklasse als Totengräber des Kapitalismus trifft offenkundig so nicht zu. Der englische Historiker Eric J. Hobsbawm stellt fest: »So verblüfft wir am Ende des Jahrtausends sein müssen über die Schärfe der Vision eines – damals noch weit in der Zukunft liegenden – wahrhaft globalisierten Kapitalismus, wie sie uns im Manifest entgegentritt, so verblüfft müssen wir andererseits das Ausbleiben einer weiteren seiner Prognosen konstatieren. Es liegt mittlerweile auf der Hand, dass die Bourgeoisie im Proletariat nicht »vor allem ihren eigenen Totengräber« produziert hat.«[2] Nach einer aktuellen Studie kann man in der BRD rein statistisch von 40 Millionen »irgendwie« Beschäftigter noch 5 Millionen Werktätige den Totengräbern der »Arbeiterklasse« zurechnen.

Studienergebnisse über die Arbeiterklasse der BRD

Eine aktuelle Studie der Marx-Engels-Stiftung hat interessante und aussagefähige Ergebnisse über die Entwicklung der Arbeiterklasse in Deutschland publiziert.[3] Seit der Lebenszeit von Karl Marx vollzog sich ein dramatischer Wandel in der Wirtschaftsstruktur. Der Anteil der Beschäftigten in der Produktiven Sphäre (Landwirtschaft und Industrie) sank von 80 Prozent im Jahre 1850 auf 27 Prozent im Jahre 2008. Der Dienstleistungssektor stieg dementsprechend von 20 auf 73 Prozent. Dadurch sind gewaltige Veränderungen in der Zusammensetzung der Arbeiterklasse verbunden. Aus »Großer Maschinerie« und geballter Arbeiterklasse wurden Mittelbetriebe, Selbständige, Angestellte und Beamte. Wir können von den rund 17 Millionen Erwerbstätigen und rund 14 Millionen Lohnabhängigen in den drei Sektoren, die entweder direkt der materiellen Produktion zugehören oder damit produktiv verbunden sind (Landwirtschaft, Industrie, produktive Dienstleistungen) rund 6,6 Millionen zum Feld einer Arbeiterklasse im orthodoxen und modernen Sinn zurechnen, davon sind rund 1,4 Millionen technische Angestellte und 5,2 Millionen Arbeiter.[4]

---

5 Millionen Arbeiterklasse, das sind zu wenig Totengräber. Und was für welche? Die Macht des Kapitals hat es verstanden, im Kampf um das soziale Überleben die Arbeitenden in einen ständigen Konkurrenzkampf untereinander zu zwingen: Als Einzelperson um den Arbeitsplatz untereinander und gegen Arbeitslose; als Betriebsbelegschaft ums ökonomische Überleben in Standortkonkurrenz zwischen verschiedenen Ländern. Mit jeder Krise wird die Konkurrenzsituation verschärft. Ob Panzerbau oder Hungerlöhne, »Hauptsache Arbeit« wird zur Lebensmaxime, unter der breite Teile der Erwerbsfähigen bereit sein müssen, jedwede Bedingung zu akzeptieren. Die Differenzierungsprozesse innerhalb der Arbeiterklasse nehmen zu. Teile der Arbeiterschaft werden als »Arbeiteraristokratie« bestochen und herausgehoben. Das hatte schon Lenin konstatiert.[5] Das trifft insbesondere auf die Gewerkschaftsführer zu, die heute mit ansehnlichen Managergehältern ausgestattet, vorrangig um den Erhalt beitragspflichtiger Mitglieder und deren Partikularinteressen kämpfen.

Die massenhafte Arbeitslosigkeit tut ein Übriges. Der Kapitalistenklasse ist es gelungen, dass sich diejenigen, die Arbeit haben, bereits als privilegiert gegenüber der zunehmenden Masse der Nichtarbeitenden empfinden. Sie kämpfen um ihren Arbeitsplatz und bessere Arbeits- und Lohnbedingungen. Sie sind aber nicht revolutionär im Sinne der Bereitschaft zum Sturz des kapitalistischen Systems.

Nicht zufällig verschieben sich die Zentren der revolutionären Bewegung. Sie konzentrieren sich zunehmend auf Entwicklungsländer, die zweifelsfrei nicht den höchsten Stand der Produktivkräfte erreicht haben. Das zwingt zu der Überlegung, ob die Marx'sche Aussage, dass Gesellschaftsordnungen nie untergehen, bevor in ihnen die Entwicklung der Produktivkräfte ausgeschöpft ist und in Widerspruch zu den Produktionsverhältnissen gerät, so zutrifft.

Die kapitalistischen Produktionsverhältnisse sind nicht generell zum die Gesellschaft gefährdenden Hemmschuh für die weitere Entwicklung der Produktivkräfte geworden. Zwar wird ungeheures Wirtschaftspotential durch Konkurrenz und Kriege vernichtet, orientiert sich der wissenschaftlich-technische Fortschritt nur am Profit. Aber nicht nur trotz, sondern auch wegen dieser Bedingungen hat der wissenschaftlich-technische Fortschritt in der Zeit nach Marx eine beeindruckende, die Welt revolutionierende Entwicklung genommen. Diese hält bis heute an und konnte von den sozialistischen Ländern nicht ansatzweise erreicht, geschweige denn überboten werden. Natürlich ist nicht zu übersehen und systemimmanent, dass der wissenschaftlich-technische Fortschritt vom

Kapital nicht auf die Schwerpunkte gelenkt wird, die für das Leben und Überleben der menschlichen Gesellschaft existenziell notwendig sind, sondern auf die häufig für den Menschen völlig nutzlosen, aber Profit erheischenden. Mehr noch: Die kapitalistischen Produktionsverhältnisse bedrohen die Existenz großer Teile der Menschheit. Diese Fehlentwicklung und der gegenwärtig erreichte hohe Stand der Produktivkräfte insgesamt schreien zwar geradezu nach Vergesellschaftung, aber die Bedingungen dafür wurden durch die entwickelte und globalisierte Massenproduktion eben gerade nicht geschaffen. Statt zu Totengräbern des Kapitals ist die Arbeiterklasse weitgehend zu Krankenpfleger an dessen Bett geworden. Statt überwiegend großer Industrie findet sich die Arbeiterklasse in vielen vereinzelten privaten, häufig noch nicht einmal mittelständischen Betrieben und Einrichtungen wieder.

Auch die in DDR-Zeiten gepflegte sozialistische Arbeiterklasse hat sich in der »Wendezeit« nicht gerade als standfest und kampfbereit gezeigt. Auch wenn zugestanden werden muss, dass die entscheidenden politischen Fehler von der Führung ausgegangen sind, ist auch zu konstatieren, dass von den »roten Zentren der Arbeiterklasse« kaum Widerstand ausging, als das westdeutsche Kapital seine gierigen Hände nach dem Volksvermögen ausstreckte. Die Kalikumpel aus dem katholischen Eichsfeld kämpften bis vor die Tore der Treuhand in Berlin, die Kumpel aus dem »roten Mansfeld« ließen es weitgehend über sich ergehen. Massenhafter Widerstand der Arbeiterklasse hätte sicherlich zu einer anderen Entwicklung geführt. Aber auch hier genügten westdeutsche Silberlinge, um die Mehrheit der Arbeiterklasse zu korrumpieren.

Der entscheidende Fehlschluss in der gesamten Argumentationslinie zur revolutionären Rolle der Produktivkräfte und des Proletariats liegt m. E. in zweierlei: Zum Ersten: Es ist zweifelsfrei richtig, dass rückwärts betrachtet die Produktionsverhältnisse immer dann gesprengt wurden, wenn sie die weitere Entwicklung der Produktivkräfte hemmten – von der Sklaverei zum Feudalismus, vom Feudalismus zum Kapitalismus. Immer ging es aber darum, gesellschaftliche Schranken niederzureißen, um die Ausbeutung weiter zu verschärfen. Wie verhält es sich aber bei einer Gesellschaft, die die Ausbeutung beseitigen will, wo der höchste Ertrag nicht das bestimmende Merkmal der Gesellschaftsordnung sein soll? Deshalb zum Zweiten: Die Entwicklung der Produktivkräfte als vorrangigen Motor für den gesellschaftlichen Fortschritt auch zum Sozialismus anzuerkennen hieße, Grundmerkmale des Kapitalismus – maximale Produktion auf höchstem technischen Niveau – auch zum Hauptkriterium einer alternativen sozialistischen Wirtschaftsordnung zu erheben.

Ich habe vorhin eine andere Auffassung zum Sozialismus begründet. Wenn man diese akzeptiert, kann auch die Maxime, dass erst im Schoß der alten Gesellschaftsordnung die höchsten Produktivkräfte entwickelt werden müssen, um den nächsten Schritt zu sozialistischen Produktionsverhältnissen gehen zu können, nicht aufrecht erhalten werden. Mit dieser Auffassung würden sich Sozialisten erneut auf den verhängnisvollen und gescheiterten ökonomischen Wettbewerb mit dem Kapitalismus einlassen – und erneut scheitern. Wie bereits begründet, gilt es, sozialistische Verhältnisse im Hier und Heute zu gestalten, auch wenn dafür die materiell-technische Basis noch nicht genügend entwickelt ist. Das ist weniger eine theoretische Frage, als vielmehr eine Verantwortung gegenüber den Menschen der heute lebenden Generation. Die Vertagung des Sozialismus auf den Sankt Nimmerleinstag ähnelt den Religionstheorien nicht nur hinsichtlich des Dogmatismus ihrer Auffassungen, sondern auch des Vertröstens der Lebenden auf das Paradies im Jenseits. Ein für Materialisten und Sozialisten nicht zumutbares Herangehen.

Wenn wir einen anderen, nicht durch den höchsten Stand der Produktivkräfte gekennzeichneten Sozialismus akzeptieren, ergeben sich für das weltweite Wirken für dieses Konzept wesentlich größere Möglichkeiten. Sozialismus kann nicht nur in den fortgeschrittenen Ländern auf die Tagesordnung gesetzt werden, sondern weltweit. Es ergeben sich völlig breitere Lösungsmöglichkeiten und Wege.

Gefährliche Träume: Reformismus und Transformation

Gegenwärtig machen sich im linken europäischen und besonders im deutschen Spektrum neue, weniger revolutionäre Vorstellungen breit. Schon immer gibt es die Vorstellung, dem Kapitalismus durch Reformen solche Zugeständnisse abzuringen, dass das Leben für alle Menschen erträglicher wird. Es muss doch möglich sein, den Kapitalismus zu zähmen und zu zivilisieren, ist ihre Maxime. Die Meinungsbildung reicht von Gräfin Dönhoff über Heiner Geisler bis Gregor Gysi und die hinter ihm stehenden Theoretiker.

Reformiert den Kapitalismus!?

»Es muss doch möglich sein, die marktwirtschaftlichen Strukturen so zu ergänzen, dass die Menschen veranlasst werden, sich menschlich zu verhalten und nicht wie Raubtiere nach Beute zu gieren.« – ***Marion***

Gräfin Dönhoff »Zivilisiert den Kapitalismus – Grenzen der Freiheit« – Deutsche Verlagsanstalt Stuttgart 1997, S. 220
»Wir müssen uns wieder auf die Grundlagen unseres Zusammenlebens besinnen. Zur Botschaft Jesu gehören die Unantastbarkeit der Menschenwürde und die soziale Verantwortung ... Die ethischen Grundlagen des Evangeliums sind auch in dieser neuen Welt unverzichtbar.« – ***Heiner Geißler*** »Das nichtgehaltene Versprechen – Politik im Namen Gottes« – Kiepenhauer & Witsch, Köln 1998, S. 146
»Es ist zu hoffen, dass es unseren Gesellschaften gelingt, im Rahmen sozialer Lernprozesse sich so zu verändern, dass die emanzipatorischen Errungenschaften der bürgerlichen Ära bewahrt und ihre desaströsen Momente überwunden werden.« ***Gregor Gysi,*** Rede an der Universität Marburg »Ein moderner Sozialismus«

Die Verfechter von Reformen berufen sich auf zwei grundlegende Argumente: Erstens, es wäre doch in Zeiten der sozialen Marktwirtschaft unter Ludwig Erhard gelungen, den Kapitalismus zu zähmen, also: Erhard reloaded, meint sogar Sahra Wagenknecht. Und zweitens: Was sollen all die schönen Vorstellungen von der revolutionären Überwindung der kapitalistischen Gesellschaft, wenn diese Möglichkeit auf den Sankt Nimmerleinstag zu verschieben ist und gewaltsame Revolutionen ohnehin in einer modernen demokratischen Gesellschaft nicht durchführbar sind, meinen sie.

Antwort: Ein »Return« gibt es nicht. Keine Gesellschaft entwickelt sich rückwärts. Die Bedingungen für das Kapital haben sich seit Ludwig Erhard und besonders nach 1990 derart zugunsten des Kapitals entwickelt, dass Vorstellungen, zur Sozialen Marktwirtschaft der Nachkriegsjahre zurück zu kehren, glatte Illusion sind.

Reformen gegen revolutionäre Veränderungen zu stellen, geht am Wesen der Sache vorbei. Es geht nicht darum beide gegeneinander auszuspielen – »Reformsozialisten« gegen »Fundamentalisten« –, sondern die Einheit zwischen beidem zu wahren: Reformen zur Verbesserung der Lage der Mehrheit der Menschen natürlich, aber immer im Wissen, dass die Entfaltung von Reformen solange nicht nur eingegrenzt, sondern verhindert und in ihr Gegenteil verkehrt wird, solange die Herrschaft des Kapitals fortbesteht. Deshalb muss diese beendet werden, wenn Reformen wieder einen sozialen Sinn ergeben sollen. Dieses Ziel sollte bei allem Reformeifer nie aus den Augen verloren werden. Im alten Rom schloss der Senator Cato, erklärter Feind Karthagos, jede Rede mit dem Zusatz: »Im Übrigen bin ich der Meinung, dass Karthago zerstört werden müsse.« Analog sollten wir bei jedem mehr oder weniger gutgemeinten Vorschlag hinzufügen: »Im übrigen sind wir der Meinung, dass der Kapitalismus überwunden werden muss.«

In letzter Zeit hat sich in der deutschen linken Politik eine besonders gefährliche Spielart der Reformpolitik breitgemacht, die ***Transformationspolitik.*** Ihre Hauptverfechter senden unterschiedliche und häufig unverständliche Signale aus. Sie wollen weder Reformen, schon gar nicht Revolution, sondern Transformation der Gesellschaft. Es wird die Illusion verbreitet, die gesellschaftliche Quadratur des Kreises gefunden zu haben. Wir brauchen weder Reformen noch Revolution, sondern Transformation. Der Haupttransformator, Dieter Klein, titelt sein neuestes Buch über seine Transformationsvorstellungen bezeichnenderweise »Das Morgen tanzt im Heute.« Und bescheiden, wie wir sind, lassen wir das Morgen gleich in ganz Europa tanzen.

Tanzstunde bei Dieter Klein[6]

»Eine Transformation im Rahmen des Kapitalismus wird zunehmend bereits Tendenzen einschließen, die über den Kapitalismus hinaus weisen. Das ist der Grundgedanke des Konzepts der doppelten ***Transformation für Europa.***

Die Konzeption einer doppelten Transformation zielt darauf ab, in einem neuen Anlauf innergesellschaftlichen Wandels in Europa alle progressiven Reformpotentiale der bürgerlich-kapitalistischen Gesellschaften voll auszuschöpfen und auf die dann nicht lösbaren Menschheitsfragen mit einer zweiten großen Transformation zu antworten.

Ein … für eine emanzipatorische Transformation nutzbarer Umstand besteht darin, ***dass der Staat nicht ein pures Machtinstrument der Herrschenden ist.***

Aber im Interesse der Bevölkerung, jedoch auch im langfristigen ***Interesse des weitblickenden Teils der Machteliten*** liegt der Ausbau von Gesellschaftsbereichen, die in der Regel nicht oder nicht ausreichend profitabel sind.

Eine sozial-ökologische Transformation kann in gewissem Maße Unterstützung in den Apparaten wie beispielsweise im Bundesumweltamt, im Wissenschaftlichen Beirat der Bundesregierung ›Globale Umweltveränderungen‹ und in der Ethikkommission finden.

Die Linke braucht beides: den bodenständigen Umgang mit den

Verhältnissen so wie sie sind – und das ***Träumen*** davon, wie die Verhältnisse werden könnten ... Doppelte Transformation bedeutet Arbeit am ständigen Aufdecken des heute progressiv Real-Möglichen und seiner Gestaltung. Und sie schließt das Träumen darüber hinaus ein.
Ein solches Konzept orientiert linke Strategien in Europa ***für die nächsten Jahrzehnte*** zugleich auf eine sozialökologische Transformation ***im bürgerlich-kapitalistischen Rahmen. Das ist das realistische Moment radikaler Realpolitik.*** Es stützt sich auf analytisch feststellbare Ansätze einer solchen Veränderung in den gegenwärtigen Verhältnissen.
Eine Quintessenz für linke Strategien aus allen diesen Überlegungen ist, dass sich die Linke auf eine wahrscheinlich lange Dauer eines künftigen emanzipatorischen Transformationsprozess einzustellen hat.«
Offensichtlich allen Ernstes meint Dieter Klein, dass man innerhalb des bestehenden Systems u.a. folgende ***Einstiegsprojekte für den Tanz in den Morgen,*** die sind nach seiner Auffassung »der Beginn wesentlicher Änderungsprozesse«, durchführen kann:
»Eher als die einst erstrebte Enteignung aller wichtigen Privatunternehmen könnte es beispielsweise gelingen, etwa in nächsten tiefen Finanzkrisen eine demokratische Kontrolle über die größten Finanzakteure ... durchzusetzen.

- Ablösung der Zweiklassenmedizin im Gesundheitswesen;
- Entgeltfreiheit für Bildung, Gesundheitsleistungen und Pflege;
- Besondere Förderung sozial Schwächerer;
- Schrittweiser Übergang zur 30-Stundenwoche;
- Durchsetzung einer qualifizierten Mitbestimmung von Wirtschafts-, Sozial- und Umwelträten auf allen Ebenen und der Vetorechte von Beschäftigten bei Grundsatzentscheidungen gewinnträchtiger Unternehmen, die Arbeit und Standorte betreffen;
- Schrittweiser Übergang zum Verbot von Rüstungsexporten;
- Erhebliche Erhöhung der Entwicklungshilfe.«

Der abschließende Satz in Dieter Kleins Tanzunterricht lautet:[7] »Zu einem wichtigen Moment doppelter Transformation sollte die Herausbildung einer Kommunikationsweise werden, über deren

Geist Erich Fromm schrieb: ›Die Unterhaltung hört auf, ein Austausch von Waren (Informationen, Wissen, Status) zu sein, und wird zu einem Dialog, bei dem es keine Rolle mehr spielt, wer recht hat. ***Die Duellanten beginnen, miteinander zu tanzen, und sie trennen sich nicht im Gefühl des Triumphs oder im Gefühl der Niederlage, was beides gleich fruchtlos ist, sondern voll Freude.***‹«

Das »Wünsch-dir-was«-Programm wird von anderen Transformatoren ergänzt und erweitert.

Dieter Kleins Träume werden globalisiert

»Als konzeptionelle Grundlage für eine Veränderung halten wir die von Dieter Klein entwickelte Vorstellung einer doppelten Transformation in Europa für geeignet.

Die Lösung der drängendsten globalen Probleme, die Beseitigung des Hungers auf der Erde, der Umwelt- und Klimakrise, der zunehmenden Nord-Süd-Polarisierung sowie der Eindämmung und schließlich Verhinderung von Kriegen und militärischen Konflikten, erfordern neue Wege, Methoden und Instrumente internationaler Regulierung, die nicht auf eine Regulierung durch den Markt oder auf Grundlage eines Planes reduziert werden können. Sie setzt voraus, dass im Ergebnis ***gleichberechtigter internationaler Verhandlungen*** Vereinbarungen mit konkreten, verbindlichen Verpflichtungen der Staaten getroffen werden, die durch internationale, kompetente und akzeptierte Gremien kontrolliert werden.«[8]

»Gleichberechtigte« Staaten sollen verbindliche Verpflichtungen ausarbeiten, »kompetente« Gremien sollen kontrollieren – dann sind Hunger, Umweltkatastrophen und Kriege vermeidbar!? Geht es noch naiver? Sehen die Verfasser nicht, wie ohnmächtig die Staaten von den Finanzmächten abhängig sind, wie die Staatschefs vieler Länder nur korrupt der persönlichen Bereicherung nachgehen? Nehmen sie nicht zur Kenntnis, dass immer mehr »Staaten« in Afrika, Asien, Naher und mittlerer Osten, ehemaligen GUS-Ländern nur noch einen Namen als Staat tragen, aber längst zerfallen sind und real von Oligarchen, Clans, Stämmen, ethnischen und religiösen Gruppierungen »regiert« und untereinander – meist kriegerisch – aufgeteilt werden? Haben die »Wirtschaftswissenschaftler« wirklich keine Ahnung davon, wer die »kompetenten internationalen Gremien« beherrscht?

Bezeichnenderweise in einem Material für die Bundestagsfraktion der Partei *Die Linke* weisen drei Potsdamer Transformatoren dann auch den Weg, wie die edlen Ziele umzusetzen sind: »Der Wert solcher Aktivitäten liegt insofern nicht in ihrem Erfolg an sich. Nicht nur ist in Such- und Experimentierprozessen ein Scheitern, der Abbruch eines Weges unvermeidlich, mehr noch liegt ein erheblicher Nutzen in der Praxis, im Prozess selbst.«[9] Die Bewegung ist alles, das Ziel ist nichts – die klassische Formel aller Revisionisten!

Ich habe mich viele Jahre mit abwegigen Gesellschaftstheorien auseinandergesetzt. Was aber die Transformationstheoretiker von sich geben, schlägt dem berühmten Fass den Boden aus. Bringen wir die häufig »wissenschaftlich« verbrämten Vorstellungen auf den Punkt, lautet deren Aussage: »Bürger, macht euch keine Sorgen. Grundlegende Veränderungen sind sowieso nicht möglich. Sie sind auch gar nicht notwendig. Seht ihr nicht, wie die neue, bessere Welt schon im Heute tanzt? Tanzt einfach voller Freude mit. Allein Eure Teilnahme ist wichtig, nicht wohin der Tanz führt. Das, liebe Bürgerinnen und Bürger, ist radikale Realpolitik.«

Diese gefährlichen Wunschträume am Kamin ernsthaft zu diskutieren, ist quasi nicht möglich. Haben denn die Verfasser derartiger Theorien nicht das geringste Verständnis für historische Abläufe und Erfahrungen? Haben sie wirklich nicht begriffen, dass gesellschaftliche Veränderungen eine grundlegende Änderung der Macht- und Eigentumsverhältnisse voraussetzen? Entgeht ihnen vollständig, wohin der Tanz des Kapitals im Heute führt? Das Kapital tanzt der Welt – Mensch und Natur – auf der Nase herum, bestimmt Melodie und Rhythmus! Ist ihnen wirklich nicht bewusst, in welchem Maße ihre irrwitzigen Vorstellungen der Herrschaft des Kapitals dienen?

Im gutwilligsten Fall sind solche Auffassungen politisch naiv. Im böswilligen Fall sind sie in Träume verpackte Ablenkungsmanöver, die das System erhalten sollen. Objektiv tun sie Letzteres ohnehin. Und es erhebt sich in der Tat die Frage, ob die Verfechter derartiger Auffassungen wirklich nur politisch naiv sind oder nicht ganz andere Ziele verfolgen.

Das politische Problem besteht nicht darin, dass »Gesellschaftswissenschaftler« derartige Auffassungen vertreten. Meinungsfreiheit! Die Bevölkerung erreichen sie mit ihrer »verwissenschaftlichen« Polemik und Ausdrucksweise ohnehin nicht. Politisch gefährlich werden die Auffassungen der Transformatoren dadurch, dass diese starken Einfluss auf die theoretische Ausrichtung und praktische Politik der Partei *Die Linke* haben. Die Transformationstheorie hat Eingang ins Parteiprogramm gefunden. »*Die Linke* kämpft in einem großen transformatorischen Prozess gesellschaftlicher Umgestaltung für den demokratischen Sozialismus des 21. Jahrhunderts« – heißt es im Erfurter Parteiprogramm vom Oktober 2011. Was »kämpfen« im Sinne der Transformatoren bedeutet, kann man weiter oben lesen. Mit dem Bekenntnis zum »Kampf« im Sinne der Transformatoren beraubt sich die Partei der Möglichkeiten zur Mobilisierung der Menschen für die Umgestaltung der Gesellschaft. Tanzen statt kämpfen ist die Parole. Warten auf das Morgen im Heute statt umgestalten. Der Partei die LINKE dient das offenkundig als willkommenes theoretisches Fundament zum praktischen Mittanzen im heutigen System.

Was ist linke Politik?

Mit derartig demotivierenden Theorien kommen wir nicht weiter. Mit linker Politik haben derartige Hirngespinste nichts gemeinsam. Es bleibt jedoch die Frage – was ist heute eigentlich linke Politik? Die Scheidelinie zwischen linker und pseudolinker Politik ist für mich nicht, wie vielfach beschworen, das Bekenntnis zum Marxismus-Leninismus. Für mich ist links eine Position, die nicht nur Erscheinungen im System korrigieren und verbessern, sondern das kapitalistische System an sich und es in ein sozialistisches überführen will. Dabei sind alle Kräfte und Strömungen willkommen, die sich dieser Entwicklung anschließen.

Über linke Politik

»Linke Politik, die diesen Namen tatsächlich verdient, muss unmissverständlich sagen, dass sie sich als Klassenpolitik versteht, dass sie die Verteilungsfrage, aber auch die Eigentums- und Machtfrage stellt und den Widerstand gegen die Kapitaloffensive in den Mittelpunkt ihrer Politik stellt ... Zum anderen geht es um ein überzeugendes politisches Klassenprojekt von unten. Sinn eines solchen Projektes ist es, die verschiedenen sehr heterogenen und zersplitterten Segmente der arbeitenden Klasse(die Lohnarbeiter in den verschiedenen Bereichen der Produktion und Distribution, die Kernbelegschaften der Großbetriebe, die Leiharbeiter, Niedriglöhner und alle Prekarisierten, den arbeitslosen Teil der Klasse) im praktisch-politischen Kampf zusammenzuführen … Vorrangig im außerparlamentarischen Kampf wird darüber entschieden, inwieweit diese Interessen gegen die Macht des Kapitals durchgesetzt werden können.«[10]

Es gehört zum Versagen der linken Kräfte in Europa, dass es gegenwärtig kein theoretisches und erst recht kein praktisches Kraftzentrum gibt, das derartigen Anforderungen entspricht. »Offensichtlich haben sich die Bedingungen für das Entstehen und Realisieren revolutionärer Situationen dahingehend geändert, dass dies nicht zuerst in den hoch entwickelten, sondern zunächst in den schwach entwickelten Ländern eintritt … Die jetzt politisch führenden Kräfte dieser Länder sind nicht auf ein breites fixiertes einheitliches Modell und nicht auf eine vorgegebene Ausgestaltung der sozialistischen Gesellschaft festgelegt.«[11]

Gerade die unzureichende Entwicklung der Produktivkräfte, eine dadurch vorherrschende große Armut und Unzufriedenheit, die noch nicht ausreichend gefestigte Staatsmacht und Korrumpiertheit großer Teile der gesellschaftlichen Kräfte in Entwicklungsländern gestatten es, breite Kreise der Bevölkerung zu echtem Widerstand zu mobilisieren. Im linken Spektrum macht sich deshalb Hoffnung breit. Namentlich die Entwicklungen in China, Vietnam, Cuba, Venezuela und anderen Staaten Lateinamerikas werden als Hoffnungsträger einer besseren Welt gesehen. Dabei findet sich jedoch immer wieder, dass die Entwicklungen in diesen Ländern euphorisch in einen Topf geworfen werden. Es wird übersehen, dass es sich um völlig unterschiedliche Ansätze »auf dem Weg zum Sozialismus« handelt.

Die Hauptrichtungen sind einer näheren Betrachtung wert. Das erfolgt von mir nicht mit dem Anliegen, sich in »innere Angelegenheiten« einzumischen. Wie und ob China oder Venezuela zum Sozialismus gelangen, müssen die Völker dieser Länder selbst entscheiden. Meine Betrachtung erfolgt unter dem Gesichtspunkt, ob und inwieweit diese Entwicklungen Beispiel und Grundlage für sozialistische Veränderungen auch in anderen Teilen der Welt sein können.

Anmerkungen:

1 Karl Hartmann/Herbert Meißner »Produktivkräfte und Produktionsverhältnisse in der Gegenwart« GNN-Verlag, S. 114
2 Eric Hobsbawm: »150 Jahre Kommunistisches Manifest« (1998), gelesen von Rolf Becker CD, Argument-Verlag 2005
3 E. Lieberam/J. Miehe (Hrsg.) Arbeitende Klasse in Deutschland Pahl-Rugenstein Verlag Bonn 2011
4 Jörg Miehe a.a.O. S. 93
5 Aus gigantischem Extraprofit kann man die Arbeiterführer und die Oberschicht der Arbeiteraristokratie bestechen. W.I. Lenin Der Imperialismus als höchstes Stadium des Kapitalismus Werke Band 22, S. 198
6 Auszüge aus: Dieter Klein »Das Morgen tanzt im Heute« VSA-Verlag 2013, S. 14
7 Dieter Klein a.a.O. S. 202
8 Steinitz/Walter a.a.O. S. 32 und 39
9 Michael Thomas, Rolf Reißig, Frank Thomas Koch »Das Projekt des sozialökologischen Umbaus – Fallbeispiel für den Einstieg« August 2011
10 Ekkehard Lieberam: Strukturwandel und Klassenbildung der Lohnarbeiter in Deutschland – in Arbeiterklasse in Deutschland. Pahl-Rugenstein-Verlag Bonn 2011, Seite 79/80
11 Herbert Meißner a.a.O. S. 224

VIII. Der chinesische Weg – ein Beispiel für die Welt?

Befreien wir unsere Gedanken, nutzen wir unseren Verstand, suchen wir die Wahrheit in den Fakten
Deng Xiaoping

Die Wahrheit in den Tatsachen suchen – Deng Xiaoping

Die Welt blickt auf China. Das Kapital dieser Welt, um dort seine Maximalprofite einzufahren, die es woanders nicht mehr realisieren kann. Die fortschrittliche Menschheit in der Hoffnung, dass erneut die Erlösung aus dem Osten kommt. Viele dem linken Spektrum zugehörige Menschen sind beeindruckt von den ökonomischen Erfolgen der Volksrepublik China in dessen Gefolge es großen Teilen der Bevölkerung möglich war, sich aus der Armut zu befreien. Sie nehmen mit Zustimmung zur Kenntnis, dass das immer stärker werdende China international der Alleinherrschaft der USA zunehmend erfolgreich Paroli bietet.

Welche Erwartungen jedoch kann China als internationales Beispiel hinsichtlich einer erfolgreichen Entwicklung zum Sozialismus erfüllen?

Als ich vor Jahren China – genauer: Peking, Shanghai und Umgebung – besuchen konnte, gaben uns unsere chinesischen Betreuer – gut ausgebildete junge Menschen – drei Hinweise mit auf den Weg:

Wenn Ihr China verstehen wollt, so sagten sie, solltet Ihr immer dreierlei beachten:

Erstens: »Zwischen dem, was offiziell in Beschlüssen, Verlautbarungen und Gesetzen niedergelegt ist, und dem, was sich im praktischen Leben abspielt, besteht ein großer Unterschied. Glaubt also weniger an das Gedruckte als an das Erlebte.«

Zweitens: »Wir junge Menschen in China haben keine Ideologie, wir glauben weder an Mao noch an Deng noch an Gott. Die jungen Menschen in China glauben zuerst an die Macht des Mammons, sie wollen eine Wohnung und ein Auto. Die Beschlüsse zur Ein-Kind-Ehe sind gar nicht mehr notwendig. Kinder sind nicht der Lebenswunsch der Chinesen. Wenn wir Chinesen doch an etwas glauben, sind es die Lehren des Konfuzius. Wir haben diese zwar nicht studiert, aber quasi mit der Muttermilch aufgesogen. Konfuzius lehrt, überall im Leben gibt es eine bestimmende Leitfigur. In der Familie der Vater oder große Bruder, im Staat früher der Kaiser, später Mao, jetzt die Kommunistische Partei.

Natürlich ist eine solche Philosophie hervorragend geeignet, Herrschaftssysteme zu manifestieren, was in der chinesischen Geschichte bis heute genutzt wurde. Sie konnte jedoch nie wirksam bekämpft oder gar ausgerottet werden. Der Mehrzahl der Chinesen, insbesondere den traditionsgebundenen Bauern demokratische Verhaltensweisen westlichen Musters beibringen zu wollen, würde ihnen jeglichen Lebenshalt entziehen. In China gelten keine geschriebenen Gesetze, sondern Traditionen, und diese sind seit alters her durch Zentralgewalt und häufig Diktatur geprägt. Bei der Beurteilung chinesischer Vorgänge sollte man diese philosophischen Grundlagen nie außer Acht lassen. Beeinflussungen nach europäischem Muster müssen zu schweren Konflikten führen. Eure westlichen Vorstellungen von Demokratie werden in China nie Fuß fassen.«

Moderne chinesische »Glaubenslehren«

»Dabei ist China heute frei von jeglicher Ideologie. Kein Kommunismus, kein Sozialismus, kein Kapitalismus – es regiert der Pragmatismus. Das ist die Regierungsform, die China in den vergangenen Jahrhunderten geprägt hat – erst ausgeführt und vertreten durch die Kaiser, nun durch die Kader der Partei.«[1]

»Die Leute hier halten nicht viel von Theorien, sie wollen reich werden.«[2]

»Die Prioritätenliste der Chinesen sieht im Moment anders aus. Der Konsum steht ganz oben: Erst ein Auto, dann eine größere Wohnung oder umgekehrt, dann die Ausbildung des einzigen Kindes, denn es soll es ja schließlich besser haben als die Eltern.«[3]

»Das heutige vorherrschende gesellschaftliche Bewusstsein ist voller Materialismus und Konsumismus (xiaofeizhuyi). Öffentliche Meinung, Reklame und Familienerziehung – es gibt nichts, was dir nicht mitteilt, dass der Erfolg und das Glück des Menschen in dem Besitz und dem Konsum von Sachen, in der Verfügung über Häuser, Autos, Kleidung, Uhren und Schuhen, im Umgang mit Stars, im Golfspielen, in ungezwungenen nächtlichen Gelagen … bestehe.«[4]

»In nahezu jeder Ecke gibt es ein McDonald's-Restaurant, Kentucky Fried Chicken oder ein Starbucks Cafè – Letzteres sogar in der verbotenen Stadt Beijings … Die westliche Vergnügungswelt kommt kostenfrei ins chinesische Wohnzimmer. Alles Westliche, vor allem alles Amerikanische ist schick. Es ist, für die die es sich leisten können, »cool« ... Schon knapp nach einer Stunde, wenn der Zug die Vorstädte Beijings hinter sich gelassen hat, beginnt das China jenseits der glitzernden Einkaufstempel. Erdfarbene Lehmhütten, die sich zu Dörfern gruppieren, kaum Autos, viele kleine Motorräder, sehr viele Fahrräder. Menschen mit sonnengebräunten Gesichtern rackern auf riesigen Ackerflächen. Graue, schmutzige Städte ohne jegliche Farbtupfer huschen vorbei ... Einerseits ein offiziell kommunistischer Staat, andererseits ein Land, das fast dem Manchester-Kapitalismus frönt.«[5]

»Die einseitige Orientierung auf die Erhöhung des BIP, losgelöst von dem eigentlichen Ziel der KP Chinas, von der Erhöhung des Lebensstandards des Volkes, war im Wesen eine Politik, die die Wirtschaft um der Wirtschaft willen voran trieb.«[6]

Zum Dritten: »Wenn Ihr die zweifellos großen Fortschritte besonders in Peking und Shanghai betrachtet, dann geht davon aus, der Chinesischen Führung geht es nicht so sehr um das Wohl des Volkes, sondern um Macht, Prestige, Protz und Glimmer.«

Dieses Ringen um Selbstbewusstsein und Selbstbestätigung hat historische Wurzeln. Das große China war über Jahrhunderte Spielball, Ausbeutungs- und Unterdrückungsobjekt imperialer Mächte. *Nie wieder Abhängigkeit, nie wieder Demütigung durch fremde Mächte – diese Überzeugung eint heute alle Chinesen* – meint der ehemalige Botschafter der BRD in der VR China.[7]

Mit diesen Ratschlägen machten wir uns auf den Weg. Sehen wir uns trotzdem zunächst das theoretische Rüstzeug des modernen China an.

Die Theorie vom Sozialismus chinesischer Prägung

Nach der Gründung der Volksrepublik China im Jahre 1949 waren die ersten Jahrzehnte ihres Bestehens geprägt von Irrungen und Wirrungen in der Theorie des »Großen Sprunges« (1958–61) und der »Kulturrevolution« (1966–76), verbunden mit gewaltigen Macht- und Ideologiekämpfen.

Der »**große Sprung**« war eine einseitige Orientierung auf die Schwerindustrie des Landes, insbesondere die Stahlproduktion. Mao wollte die Stahlproduktion innerhalb von 15 Jahren von 5 auf 35–40 Millionen Tonnen steigern. »Die Stahlkampagne hatte verhängnisvolle Auswirkungen auf die gesamte Volkswirtschaft, materielle Ressourcen und finanzielle Mittel waren in riesigem Ausmaß vergeudet worden. Die Erhöhung der Akkumulationsrate um fast 10 Prozent gegenüber dem 1. Fünfjahrplan … hatte die notwendigste Versorgung der Bevölkerung mit den Nahrungsmitteln und Gütern des täglichen Bedarfs infrage gestellt.«[8]

Durch die »**Kulturrevolution**« Mao Zedongs – der Zerschlagung und Ausrottung politischer und kultureller Eliten – »hatte das Land den schwersten Rückschlag und die größten materiellen und finanziellen Verluste seit der Gründung der VR China erlitten. Dieses Mal waren Millionen Menschen nicht durch eine Hungersnot, sondern durch die Exzesse der Mao-Trupps zu Tode gebracht worden. Über hundert Millionen Menschen, ein Neuntel der Bevölkerung, waren Objekt der kulturrevolutionären Exzesse gewesen.«[9]

Diese selbst geschaffenen Probleme hinderten China daran, in den ersten Jahrzehnten des Bestehens der Volksrepublik eine wirtschaftliche und soziale Entwicklung einzuschlagen, wie sie in den Ländern Osteuropas erfolgte und zu spürbaren Verbesserungen der Lebensbedingungen geführt hat. Im Jahre 1978 begann eine gewisse Stabilisierung der Macht- und Ideologieverhältnisse.

Deng Xiaoping – vorher in Ungnade gefallen – meldete sich im Machtzentrum zurück. Deng Xiaoping nannte drei Kriterien, an denen fortan die gesamte Arbeit von Partei und Staat gemessen werden sollte:

- Erneute Herausbildung einer vielfältigen Eigentumsstruktur bei Wahrung der dominierenden Rolle des staatlichen Eigentums,
- der Übergang zu einer »sozialistischen Marktwirtschaft« (staatlich dominierte Marktwirtschaft) und
- die Nutzung ausländischen Kapitals.

»Die damit eingeschlagene Strategie der »Belebung der Wirtschaft im Innern und der Öffnung des Landes nach außen« soll nach Meinung Deng Xiaopings »mindestens 50 bis 70 Jahre nicht verändert werden.«[10]

In den Folgejahren wurde durch ihn der chinesische Weg weiter präzisiert. Besondere Bedeutung erlangte dabei Dengs »Reichtumsphilosophie«. Deng formulierte: »In der Wirtschaftspolitik bin ich der Meinung, dass einem Teil der Regionen, einem Teil der Unternehmen und einem Teil der Arbeiter und Bauern erlaubt sein sollte, **dass ein durch Fleiß, Anstrengungen und große Leistungen erworbenes Einkommen** als Erstes unter allen Einkommen etwas größer ist und sich das Leben der Betroffenen verbessert. Wenn sich das Leben eines Teils der Menschen zuerst verbessert, dann wird das unbedingt eine sehr große Vorbildwirkung haben. Es wird die Umgebung beeinflussen, andere Regionen mitreißen und andere Menschen veranlassen, von ihnen zu lernen.«[11]

Helmut Peters bemängelt, dass dieses Prinzip im Westen verfälscht wieder gegeben wird als »Sich als Erste bereichern«. Das mag zutreffen, ist aber nicht das Entscheidende. Verderblich ist, dass große Teile der politischen und wirtschaftlichen Eliten Chinas dieses Prinzip so deuten, dass Einzelne **ohne Arbeit** zu extremem Reichtum kommen können.

Dengs Reichtumsphilosophie ging von folgender Idee aus: »Wir sollten nicht meinen, dass, sobald von Planwirtschaft die Rede ist, der Sozialismus gemeint und sobald von Marktwirtschaft gesprochen wird, der Kapitalismus gemeint sei. Das ist nicht so. Beide sind Mittel. Der Markt kann auch dem Sozialismus dienen.«[12] Beides – Marktwirtschaft und Reichtumstheorie – waren nun ein gefundenes Fressen für Chinas Führungsschichten. Wie beim Zauberlehrling, wurden die Geister die er rief, nun nicht mehr beherrscht.

»Dürftig verhüllt durch die politische Orientierung der KPCh, dass ein Teil der Regionen und der Menschen zuerst wohlhabend werden dürfe, begannen sich Gewinn- und Profitstreben und der Mammonismus auszubreiten. Die sozialistische Gerechtigkeit blieb dabei auf der Strecke. Ungeordnete Marktverhältnisse und Korruption begünstigten … den gesellschaftlichen Aufstieg einer neureichen Schicht. Die gesellschaftliche Verteilung geriet in eine soziale Schieflage. Die sozialen Unterschiede gingen in eine soziale Polarisierung über.«[13]

Im Mittelpunkt der Sozialismus-Theorie der KPCh steht nicht das Prinzip der Gleichheit entsprechend dem Stand der Produktivkräfte, sondern im Zentrum steht die Entwicklung der Produktivkräfte an sich und für sich. »Die grundlegende Aufgabe des sozialistischen Aufbaus in unserem Land besteht darin, die Produktivkräfte weiter zu befreien und zu entwickeln, die sozialistische Modernisierung schrittweise zu verwirklichen und dafür die Elemente der Produktionsverhältnisse und des Überbaues zu reformieren, die der Entwicklung der Produktivkräfte nicht entsprechen.«[14] Damit folgt die Theorie der KPCh der klassischen Marx'schen Aussage, dass erst die Produktivkräfte den höchsten Entwicklungsstand erreichen müssen, ehe der Weg zum Sozialismus beschritten werden kann.

Zur Durchsetzung dieses Zieles lässt die KPCh die unterschiedlichsten Eigentumsformen zu – ausdrücklich auch einen größeren Sektor des Privateigentums -, wobei theoretisch das Staatseigentum dominieren und in den Schlüsselzweigen der Volkswirtschaft nicht angetastet werden soll. Die umfassende Entwicklung der Warenwirtschaft ist nach Beschluss des ZK der KPCh von 1984 »eine Etappe, die bei der Entwicklung der sozialistischen Warenwirtschaft nicht übersprungen werden kann. Das war eine neue theoretische Erkenntnis.«[15]

Die theoretischen Konzepte der KPCh schlagen Kapriolen. Die größte ist die, dass unter den Bedingungen eines breiten Sektors des Privateigentums und damit der persönlichen Bereicherung das Ausbeutungsverhältnis im »sozialistischen« China verschleiert werden muss. Das gelingt mit Hilfe des theoretischen Kunstgriffes, dass aus Klassen nunmehr Schichten gemacht werden.

Die zehn großen sozialen Schichten[16]

Zu den zehn großen sozialen Schichten gehören:

(1) Schicht der Leitenden in Staat und Gesellschaft (verfügt über organisatorische Ressourcen);
(2) Schicht des Managerpersonals (verfügt über kulturelle bzw. organisatorische Ressourcen);
(3) Schicht der Privatunternehmer (verfügt über ökonomische Ressourcen);
(4) Schicht des fachtechnischen Personals (verfügt über Kulturelle Ressourcen);
(5) Schicht des sachbearbeitenden Personals (verfügt über geringfügige ökonomische Ressourcen);
(6) Schicht der Einzelerwerbstätigen (verfügt über geringfügige ökonomische Ressourcen);
(7) Schicht der Arbeiter und Angestellten in Handel und Dienstleistung

(verfügt über eine sehr geringe Zahl aller drei Arten von Ressourcen);
(8) Schicht der Produktionsarbeiter (verfügt über eine sehr geringe Zahl der drei Arten von Ressourcen);
(9) Schicht der in der Landwirtschaft Arbeitenden (verfügt über eine sehr geringe Zahl der drei Arten von Ressourcen);
(10) Schicht der Personen ohne Beruf, der Arbeitslosen und Halbarbeitslosen in der Stadt (verfügt grundsätzlich über keine der drei Arten von Ressourcen).
In der neuen Hierarchie, die sich seit der zweiten Hälfte der 90er Jahre formierte, wurden die Arbeiter marginalisiert. Unter den zehn Hauptgruppen waren sie erst auf Platz acht zu finden. Die Bauern nahmen in dieser sozialen Hierarchie gar erst Platz neun ein.[17]

Ist das die Klassenanalyse einer »Kommunistischen« Partei? Arbeiter, Angestellte, Bauern, Arbeitslose »verfügen nur über sehr geringe Ressourcen« – offensichtlich sind sie damit ziemlich »wertlose« Mitglieder der Gesellschaft!? Diese »wertlosen« Mitglieder machen aber mindestens drei Viertel der chinesischen Gesellschaft aus!

Klassen und soziale Schichten im gegenwärtigen China

Soziale Gruppe	Zahl in Mio.	Anteil an der Zahl der Erwerbstätigen
Arbeiterklasse	275,0	33,20 %
Bauern	330,0	43,40 %
Intelligenz*	30,0	3,90 %
Leitendes Management	8,0	1,10 %
Allgemeine Kader (Angestellte im Partei- u. Regierungsapparat)	50,0	6,60 %
Führungskader	0,5	0,07 %
Privatkapitalistische Unternehmer	6,0	0,80 %
Freiberufstätige	?	?

Quelle: Helmut Peters ISW-REPORT 61, Seite 29

Da insbesondere die ersten vier Schichten, einschließlich der Kapitalisten, den **wesentlichen** Beitrag zum Aufbau des Sozialismus leisten, ist mit diesem Kunstgriff die Ausbeutung in China theoretisch »beseitigt«. Chinesische Gesellschaftswissenschaftler begründen nunmehr: Mehrwert, der legal in Privatunternehmen geschaffen wird, ist kein Produkt der Ausbeutung. Die Leitungstätigkeit privater Unternehmer in der sozialistischen Gesellschaft ist auch produktive Arbeit, die Werte schafft. Vermögen ist kein Kriterium, ob der Betreffende fortschrittlich oder reaktionär ist, entscheidend ist sein ideologisches und politisches Verhalten. »Ob jemand fortschrittlich ist oder nicht, kann nicht einfach danach beurteilt werden, ob und wie viel Vermögen er besitzt. Es komme auf seine ideologisch- politische Haltung und sein Auftreten in der Realität, speziell auf seinen Beitrag zum Aufbau des Sozialismus chinesischer Prägung an«,[18] meint die KP Chinas. Objektive Ausbeutung wird damit in subjektives Verhalten umgedeutet. Die Konsequenz aus der neuen chinesischen »Klassenanalyse« ist, dass auch Kapitalisten Mitglieder der Kommunistischen Partei sein dürfen.

Ausbeutung ist aber real immer noch keine Frage spitzfindiger Definitionen und Zuordnungen, sondern das entscheidende, gesellschaftliches Verhältnis. Der Ausbeuter verfügt über Privateigentum an Produktionsmitteln, der Ausgebeutete nur über seine Arbeitskraft. Durch die Ausbeutung entsteht und vermehrt sich der Profit des Kapitalisten, ob Mitglied der KPCh oder nicht. Die Tatsache, dass im heutigen China zwei Drittel aller Industriearbeiter in Privatunternehmen tätig sind und die Privatunternehmen inzwischen 70 Prozent der Wirtschaftsleistung des Landes bestreiten, beweist, dass sich die Volksrepublik China in seiner ökonomischen Basis zum kapitalistischen Land deformiert hat. Dengs These von der Dominanz des gesellschaftlichen Eigentums ist überholt, die von der sozialen Ausgewogenheit ohnehin. Wie sagte mein kluger Reiseführer? Zwischen Theorie und Praxis besteht in China immer ein großer Unterschied.

Helmut Peters stellt berechtigt fest: »Dieses Herangehen an die Klassen, sozialen Schichten und Gruppen der chinesischen Gesellschaft sind Ausdruck eines politischen Pragmatismus, aber keine Anwendung der marxistischen Theorie und Methodologie auf die spezifischen Bedingungen Chinas … Die von der KPCh angestrebte soziale Basis für ihre Politik weist darauf hin, dass im Mittelpunkt ihrer gegenwärtigen Strategie nicht der Aufbau einer sozialistischen Gesellschaft, sondern die schnellstmögliche Entwicklung Chinas zu einer ökonomisch fundierten Weltmacht steht.«[19]

Die Kaderbasis der KP Chinas

Deng Xiaoping betonte 1992: »Der Schlüssel dafür, ob die Dinge in China gut gelöst werden können, liegt im Subjektiven, um es auf den Punkt zu bringen, entscheidend ist, dass wir in der Kommunistischen Partei alles gut machen … Das A und O der Probleme Chinas besteht darin, dass die KP Chinas ein gutes Politbüro, insbesondere einen guten Ständigen Ausschuss des Politbüros haben muss. Nur wenn dort keine Probleme entstehen, wird China fest wie der Berg Thai stehen.«[20] Das Subjektive vor dem Objektiven? Wie sehen diese chinesischen »Sozialistischen Kader« aus? Woher nehmen sie ihre Bildung und Ausbildung, um »sozialistische Konzerne« und den Staat leiten zu können?

Chinas Bildungssystem

Chinas Schulsystem ist »ein sehr hierarchisches System, das blinden Gehorsam honoriert, Obrigkeitsdenken fördert und Prüfungen einen hohen Stellenwert einräumt. Es erzieht seine Schüler dazu, große Mengen von Texten auswendig zu lernen, ohne dass sie diese reflektieren müssen. Chinesische Schüler haben deshalb ein ausgezeichnetes Gedächtnis und können blitzschnell denken. Die Folge: Sie sind phänomenal in Naturwissenschaften und Mathematik, aber sie sind nicht fähig zu diskutieren. Widerworte werden nicht geduldet. Kreativität kann in diesem Klima der Angepasstheit und des Duckmäusertums nicht gedeihen … Diese fehlende Kreativität wird zunehmend als Wettbewerbsnachteil empfunden, und zwar im gesamten konfuzianischen Teil Asiens.«[21]

»Kein Land hat mehr Studenten im Ausland als China. In den USA stellen die Chinesen schon seit längerem die größte Schar unter den Auslandsstudenten. Das Gleiche gilt für Großbritannien … Knapp 600000 Chinesen haben in den vergangenen 20 Jahren in Übersee studiert, der weitaus größte Teil in den USA … Von den 600000 Chinesen, die im Ausland studiert haben, sind rund 160000 zurückgekehrt … Chinesen gehen für eine bestimmte Zeit in die USA, studieren und arbeiten anschließend dort. Dann gehen sie nach China zurück, kommen aber zwischendurch immer wieder in die USA, um ihr Wissen aufzufrischen … Viele Firmengründungen wurden von diesen Rückkehrern initiiert und dienten damit auch als Vorbilder für Wissenschaftler zu Hause, von denen immer mehr den Sprung ins kalte Wasser des Unternehmertums wagen … Drei Buchstaben üben auf junge karriereorientierte Chinesen eine faszinierende Anziehungskraft aus: M-B-A, was für Master of Business Administration steht … Nach wie vor besonders begehrt sind die Ableger der US-Schulen wie Kellog oder Olin, die besonders teuer sind, weil sie einen enormen Aufwand betreiben … Rund 10000 Chinesen, die gerade ihr Studium abgeschlossen haben oder schon im Management tätig sind, drücken nochmals die Schulbank, um für ihren MBA zu büffeln.«[22]

Die Kaderbasis der KP Chinas

»Wer was werden will, schaut, dass er/sie Parteimitglied wird … Insofern stellen Angestellte längst die Mehrheit der Parteimitglieder … Es sind Angehörige der neuen Mittelschicht, die sich von ihrer Mitgliedschaft Vorteile erhoffen. So sind von den neuen Parteigenossen der vergangenen 15 Jahre die meisten jünger als 35 Jahre … Weniger als 9 Prozent der 80 Millionen KPCh-Mitglieder sind als Arbeiter klassifiziert, über 70 Prozent dagegen als Beamte, Fachkräfte, Hochschulabsolventen und Armeeangehörige. Seit zehn Jahren können offiziell auch selbständige Unternehmer Mitglied der KPCh werden … In den Strukturen des chinesischen »Kader-kapitalismus« sind Partei- und Regierungsfunktionäre oft mit persönlichem Gewinninteresse direkt oder über Beteiligungen als Unternehmer tätig, oder sie haben die politische Kontrolle über Unternehmerentscheidungen … Zweifellos gehören Mitglieder der diversen Führungsebenen der KPCh und der Regierungsorgane bis hinunter in die Städte, Kreise und Dörfer zu den Hauptprofiteuren von Chinas Wachstum … Mehr als 90 Prozent der reichsten 20.000 Chinesen sollen enge Kontakte zu hohen Regierungs- und oder Parteiebenen haben.«[23] 33,9 Prozent aller kapitalistischen Unternehmer des Landes sind Mitglieder der KP Chinas – Stand 2003, bis heute sicher weiter angestiegen.

»Die Kommunistische Partei Chinas KPCh hat aktuell etwa 80 Millionen Mitglieder. Bei einer Bevölkerung von knapp 1,4 Milliarden Chinesen bedeutet das: Einer von jeweils 18 Chinesen ist Parteimitglied … Unter den Parteimitgliedern ist ideologisch wahrscheinlich alles vertreten: von beinharten Neoliberalen über sozialdemokratische Strömungen bis hin zu erklärten Kommunisten und Maoisten …«

Das Führungsmodell neuer chinesischer Firmen sieht so aus: »Der Chef und Gründer ist Einheimischer, der technische Kopf ist zwar auch Chinese, kommt aber aus dem Silicon Valley, und der Finanzvorstand stammt aus Hongkong oder Taiwan, wo er bei einer Bank sein bilanzielles Handwerk gelernt hat.«[24] »In den letzten Jahren sind vermehrt kapitalistische Unternehmer in den Volkskongressen und Leitungsorganen der Politischen Konsultativkonferenzen auf lokaler und zentraler Ebene zu finden … Das Streben, Macht zu besitzen und zugleich zu denen zu gehören, die als Erste wohlhabend werden, kennzeichnet heute die Mentalität breiter Kreise der Kader. Da gerät das sozialistische Ideal schon in Gefahr, zum Lippenbekenntnis zu werden.«[25]

Bereits für Ende der 90er Jahre bilanziert Helmut Peters: »Während sich der Anteil der Intelligenz unter den Mitgliedern und vor allem unter den Führungskadern der Partei erhöhte, ging der Anteil der Arbeiter und Bauern ständig zurück. Zum Zeitpunkt des XV. Parteitages (12.–18. Dezember 1997) waren Arbeiter und Bauern im Verhältnis zu ihrem Anteil an der Bevölkerung in der Partei und den Machtorganen schon völlig unterrepräsentiert … Die Führung der KP Chinas hat sich seit den 90er Jahren des vergangenen Jahrhunderts zunehmend aus Intellektuellen zusammengesetzt. Das gleicht der Führung des Landes durch eine Elite.«[26]

Die Konsequenz der theoretischen Konstruktion und Kaderkonzeption mündet im Parteiprogramm: »Unser Land befindet sich in der Anfangsetappe des Sozialismus und es wird sich lange Zeit in dieser Etappe befinden. Das ist ein historischer Abschnitt, der beim sozialistischen Aufbau und der Modernisierung in dem wirtschaftlich und kulturell rückständigen China nicht übersprungen werden kann. **Dafür ist ein Zeitraum von über hundert Jahren erforderlich.**«[27] Kann man Menschen dadurch mobilisieren, dass man das Ziel stellt, in 100 Jahren sozialistisch leben zu dürfen?

Mir persönlich sind die letzten Schuppen über den Sozialismus chinesischer Prägung von den Augen gefallen, als ich 2009 an einer theoretischen Konferenz mit Gesellschaftswissenschaftlern des ZK der KPCh teilnehmen konnte. Offen gesagt, mir taten die Genossen leid, wie sie sich bemühten, das, was sich in China abspielt, als sozialistische Entwicklung zu verkaufen.

Das Entwicklungsmodell Chinas zum Sozialismus, wenn es denn überhaupt noch ernst zu nehmen ist, hat aus der Niederlage des realen

Sozialismus in Europa offensichtlich die paradoxe Lehre gezogen: Mehr Kapitalismus führt am schnellsten in den Sozialismus. Das unrealistische Ziel, die führenden kapitalistischen Länder ökonomisch zu erreichen oder gar zu überflügeln, ist nicht nur aufrechterhalten, sondern weiter dogmatisiert worden. Ein wirksam neuer sozialistischer Ansatz im Sinne von Gleichheit und Ökologie ist nicht erkennbar. Die verhängnisvolle Kluft zwischen Partei, ihrer Führung und Volk spitzt sich zu. Der Karrierismus breitet sich aus. Das Jahrhundertziel Sozialismus schließt die lebende Generation von diesem Paradies aus. Es verkommt zum Lippenbekenntnis einer sich praktisch vom Sozialismus verabschiedenden Partei.[28]

Offenkundig hatte mein junger Freund recht: Der chinesischen Führung geht es vorrangig um das Prestige. Hat er auch Recht, dass zwischen Theorie und Praxis ein großer Widerspruch besteht?

Die Wirtschaftspraxis: Vormarsch des Privateigentums

Zweifelsfrei hat die VR China seit Beginn der Reformbewegung ein beeindruckendes Wirtschaftswachstum aufzuweisen. Gleichzeitig ist es gelungen, die Bevölkerungsexplosion zu stoppen. Seit 1995 hat sich die Einwohnerzahl Chinas auf einem Niveau von 1,2 bis 1,3 Milliarden Menschen stabilisiert. Mit Zuwachsraten von bisher durchschnittlich 10 Prozent je Jahr lässt das bevölkerungsreichste Land der Erde alle anderen Länder weit hinter sich. Es hat sich dank seiner Größe zu einer die wirtschaftliche Entwicklung der Welt beeinflussenden Macht entwickelt. Die Kapitalisten in der Welt und die bürgerliche Presse schielen einerseits neidisch auf dieses gewaltige Wachstumspotential, preisen es andererseits als Erfolg der »Öffnung« und der marktwirtschaftlichen Reformen. und haben letztlich Angst vor der »Gefahr aus dem Osten.« Gegenwärtig bricht Panik aus. Die Zuwachsraten der Wirtschaft sind auf 7,5 Prozent gesunken. Das Kapital der Welt fürchtet um seine Profite, die Regierung Chinas um sein Prestige. Jedoch Vorsicht ist am Platze, und zwar in mehrerlei Hinsicht.

Zum Ersten: Dass sich die VR China den führenden Industrieländern – auch den USA – in der absoluten Höhe des BIP annähert, liegt vorrangig an ihrer Größe. Im Pro-Kopf-BIP ist China nach wie vor ein Zwerg. Selbst wenn die Kaufkraftparität mit einbezogen wird, beträgt das BIP je Kopf in China gerade einmal 15 Prozent dessen der USA und annähernd 20 Prozent dessen in Deutschland und Japan. 10 Prozent

Pro-Kopf-Zuwachs in China entsprechen 1,5 bis 2 Prozent in den führenden Industrieländern. Das schaffen letztere immer noch. Deshalb ist der Abstand zu den führenden Industrieländern in der Höhe des BIP je Kopf der Bevölkerung immer weiter gewachsen.

Bruttonationaleinkommen je Kopf der Bevölkerung in PPS-$

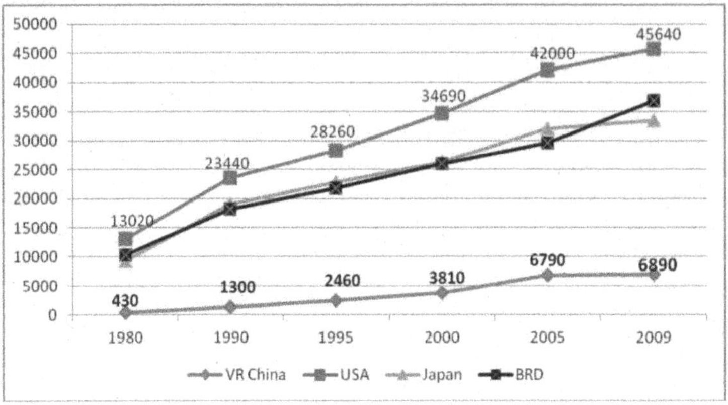

Datenquelle: Fischers Weltalmanach 2012

Zum Zweiten: Es ist keineswegs unüblich, dass Länder mit einem geringen Ausgangsniveau hohe prozentuale Steigerungsraten aufweisen. Alle sozialistischen Länder haben nach dem Zweiten Weltkrieg Entwicklungsraten aufzuweisen, die chinesischen Verhältnissen nahe kommen. Die durchschnittliche Steigerungsrate des BIP in der DDR betrug von 1950 bis 1960 knapp 8 Prozent je Jahr, in der Industrie knapp 10 Prozent. In der UdSSR und anderen osteuropäischen Ländern vollzog sich der wirtschaftliche Aufbau in ähnlichem, teilweise noch schnelleren, Tempo. Dieser wurde ohne Auslandskapital, auf Basis der sozialistischen Planwirtschaft und unter sozialistischen Arbeitsbedingungen vollzogen. Insofern ist es nicht zutreffend, für das hohe Wachstumstempo in der VR China allein die »Marktöffnung« und die kapitalistische Wirtschaftsführung verantwortlich zu machen. Mit sozialistischen Methoden und Ergebnissen ist das auch erreichbar. China hatte jedoch durch die Jahrzehnte andauernden Irrungen und Wirrungen des Großen Sprunges (1958–61) und der Kulturrevolution (1966–76) und anderer politischer Fehler fast 25 Jahre wirtschaftlichen Aufschwung verschlafen und den Anschluss an die Entwicklung verloren. Der wird jetzt mit zweifelhaften Wirtschaftsmethoden nachgeholt. Deshalb ist es notwendig, stärker zu hinterfragen, welche Methoden zum Chinesischen Wirtschaftsboom geführt haben und zu welchen Ergebnissen China dadurch gekommen ist.

»Das hohe Wachstumstempo hat sich ausschließlich auf der Grundlage einer extensiv erweiterten Produktion und Reproduktion vollzogen. Das heißt, mit einem hohen Einsatz von Energie und Rohstoffen, billigen Arbeitskräften, bei tendenziell sinkender ökonomischer Effizienz und einer ernsten Umweltverschmutzung.«[29]

Die entscheidende Basis für das hohe Entwicklungstempo der Wirtschaft war eine weltweit einmalig hohe Investitionsquote. Die chinesische Investitionsquote ist mit 44 Prozent (2008) die höchste der Welt und 2,3mal so hoch wie die deutsche (19 Prozent).[30] Das bedeutet: Die mit der Investitionsquote korrespondierende Konsumtionsquote ist die niedrigste in der Welt. Sie sank in den vergangenen zwanzig Jahren kontinuierlich von 51 Prozent (1988) auf 36 Prozent (2008) Sie ist unter den großen Volkswirtschaften mit Abstand die niedrigste, nur halb so hoch wie die US-amerikanische (71 Prozent) und etwa zwei Drittel der deutschen (56 Prozent).[31]

Verwendung des BIP (%-Anteil)

	1990	2001	2005	2009
Privater Konsum	49.1	47.2	38.9	35.1
Staatskonsum	12.1	13.4	14.2	12.9
Investitionen	34.7	38.5	44.1	47.6
Exportüberschuss	2.7	2.3	4.6	4.4

Datenquelle: Fred Schmidt Seite 9

Tendenziell wächst die Akkumulationsquote ständig, die Konsumtionsquote sinkt weiter. Unterkonsumtion schafft die Möglichkeit zur Überakkumulation und diese ist die Grundlage für Chinas Wirtschaftswachstum. Es war ein Wachstum zur Stärkung der Wirtschaftsmacht China und dessen Gewicht in der Welt. Die den Sozialismus prägende »Einheit von Wirtschafts- und Sozialpolitik« wurde in China nicht umgesetzt. Im neuen Fünfjahrplan (2011–15) und nach aktuellen Parteibeschlüssen soll der Fokus verstärkt auf Chinas Binnenmarkt gerichtet werden. Theorie oder Praxis?

Die Grundlage und Folge des Kapitalimportes, des Re-Importes von im Westen ausgebildeten Chinesen, die Freigabe der die Karriere fördernden KPCh für Kapitalisten und eine großzügige Förderung der selbständigen Firmengründung haben zu einer grundlegenden Verschiebung der Eigentumsverhältnisse geführt. Gemäß Beschluss der KPCh vom September 1999 sollte die staatliche Wirtschaft folgende Bereiche besetzen: Landesverteidigung, entscheidende Banken, »Natürliche Monopole« (wie Post- und Fernmeldewesen, Elektroenergie u.a.), öffentliche Dienstleistungen (Wasser, Umweltschutz u.a.), Tragende Industriezweige (Hightech, Erdöl, Stahl, Petrochemie). Dieser Beschluss wurde später präzisiert und in der Praxis ohnehin unterlaufen.

Gemäß Beschluss vom 25. Februar 2005 »ist es fortan dem Privatkapital gestattet, sich auch in Monopolbranchen und -bereichen wie Finanzmärkten, Stromerzeugung, ziviler Luftfahrt, Erdöl, Abwasser und Abfall, kommunaler Transport, städtischer Versorgung mit Gas, Fernwärme und sogar in der Verteidigungsindustrie ansiedeln.«[32] Damit ist die sozialistische Eigentumsstruktur des Staates vollständig ausgehöhlt und dem Privatkapital ausgeliefert worden. Auf die gesamte Volkswirtschaft bezogen liegt der Anteil des staatlichen Sektors am BIP heute bei nur noch schätzungsweise 25 Prozent.[33]

»Selbst im verbliebenen staatlichen Sektor ist Gewinnmaximierung das ausschlaggebende und alleinige Leitungsziel. Damit ist eine sozialistische Wirtschaftspolitik unmöglich geworden. Privates Profitinteresse und nicht soziale Notwendigkeiten bestimmen die wirtschaftspolitische Entwicklung Chinas. Chinesische Ökonomen bezeichnen folglich die Privatwirtschaft als »die führende Kraft bei der zweiten Industrialisierung.«[34]

Diese alarmierende Verschiebung der Eigentumsverhältnisse reicht aber der aktuellen Parteiführung noch nicht aus. Offensichtlich wurde schon wieder ein strategischer Richtungswechsel in der Wirtschaftspolitik durchgeführt. Im Jahre 2006 hatte die KPCh unter Führung von Hu Jintao und Wen Jiabao in Kenntnis der gravierenden sozialen Probleme einen Beschluss über »Wichtige Fragen des Aufbaues der harmonischen sozialistischen Gesellschaft« gefasst. Ziel war es, ökologisch, regional und sozial die schlimmsten Widersprüche schrittweise zu harmonisieren. Das war den kapital- und marktorientierten Kräften in der Führung offensichtlich suspekt. Mit der neuen Führung unter Xi Jinping haben sich offensichtlich diese Kräfte durchgesetzt.

Die Lösung: »Der Markt bekommt die entscheidende Rolle, alle Eigentumsarten werden rechtlich gleichgestellt: Staatsbetriebe, Genossenschaften, Privatfirmen, Joint Ventures. Für Privatfirmen öffnen sich Bereiche, in denen Staatsbetriebe bisher ein Monopol hatten.«[35]

Eigentumsstruktur der Wirtschaft in der Industrie-Anteile in Prozent

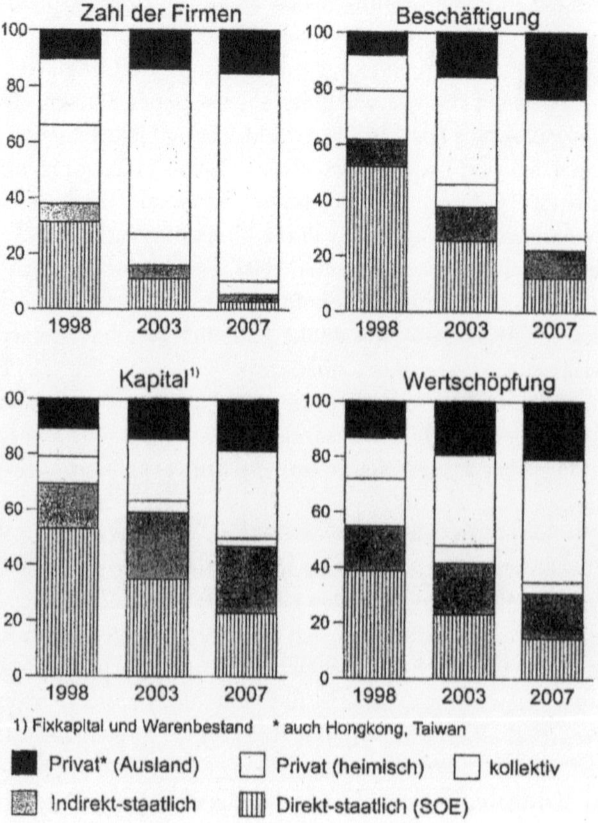

Quelle: Fred Schmidt a.a.O. Seite 58

»Hieß es bisher, der Markt spiele eine wichtige Rolle, so ist jetzt von einer entscheidenden Rolle des Marktes die Rede.«[36]

In der chinesischen Zeitung Renmin Wang vom 26.2.2005 kann man lesen: Bis »heute denken viele Menschen so: Wenn wir eine unbegrenzte Entwicklung der Nichtgemeinwirtschaft zulassen, dann werden die politischen Grundlagen des Sozialismus mit dem Gemeineigentum als hauptsächliche Wirtschaftsform ernsthaft erschüttert werden. Es gibt sogar Leute, die denken, dass die Entwicklung der Wirtschaft des Nichtgemeineigentums die Intrige eines Teils der Eliten ist, dem Land zu schaden und die Macht an sich zu reißen.«[37]

Insbesondere zwei miteinander verbundene Probleme bedürfen der näheren Betrachtung: Auslandskapital und soziale Entwicklung.

Auslandskapital dringt zunehmend in die chinesische Wirtschaft

China hat dem Eindringen des Auslandskapitals einerseits Tür und Tor geöffnet und andererseits sich durch seine Exportoffensive derart mit dem ausländischen Kapital verquickt, dass es wie ein siamesischer Zwilling sich überhaupt nicht mehr lösen kann.

Das Eindringen des Auslandskapitals wird vorrangig damit begründet, dass nur auf diesem Weg China die neuesten technischen Errungenschaften »importieren« und nutzen kann. Das ist jedoch eine oberflächliche Betrachtungsweise.

Bestand an ausländischen Direktinvestitionen in der VR China in Mrd. US-$

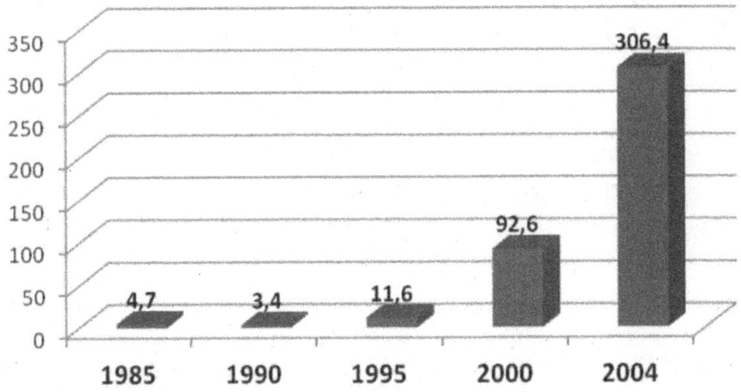

Datenquelle: Helmut Peters a.a.O. S. 23

Auf der bereits erwähnten Konferenz mit chinesischen Gesellschaftswissenschaftlern hatte ich diesen über die Erfahrungen der DDR mit dem Import von westlicher Technik berichtet. Die DDR hat im Rahmen ihrer Öffnung nach Westen vorrangig in den letzten beiden Jahrzehnten ihres Bestehens annähernd 700 modernste technische Projekte aus westlichen Ländern importiert. Sie ließ jedoch nicht zu, dass damit verbunden auch nur eine DM, ein Dollar oder Yen ausländisches Kapital in die DDR floss, oder Kapitalisten ihre Betriebe in der DDR errichten und die Werktätigen der DDR für ihre Profite ausbeuten konnten. Die Importe von Technik, Ausrüstungen und schlüsselfertigen Betrieben wurden ordentlich bezahlt, häufig aus den eigenen Produkten – Kompensationsobjekte war die ökonomische Bezeichnung. Darüber hinaus gab es keinen Einfluss westlicher Konzerne und des internationalen Finanzkapitals auf die sozialistische Wirtschaftsführung in der DDR. Die Betriebe waren jederzeit in vollem Umfang DDR-Eigentum.

China hätte diese Möglichkeit bei der hohen eigenen Sparquote[38] in noch höherem Maße nutzen können. Das Banksystem Chinas wird jedoch von »Schattenbanken« dominiert. Das eigene chinesische Bankwesen gleicht immer mehr einem undurchdringlichen Dchungel aus illegalen Geschäften von Schattenbanken, Korruption und Kriminalität.

Das Schattenbanksystem dominiert

Die riesige Finanzierungslücke des Privatsektors wird durch ein Finanzierungssystem geschlossen, das mehr oder weniger illegal ist. Nach einer in *China Daily* zitierten Untersuchung von Chinas Zentralbank leihen sich 89 Prozent der Einwohner Wenzhous und 57 Prozent der Unternehmen in Wenzhou Geld außerhalb des Bankensystems und zahlen dabei Zinsen von bis zu 10 Prozent für 30 Tage oder 214 Prozent fürs ganze Jahr … Das System ist völlig informell. Die Buchführung ist minimal, cash is king … Transaktionen können blitzschnell abgewickelt werden. Geschäfte werden sozusagen über Nacht gegründet oder liquidiert. Viele Firmen zahlen keine Steuern, sondern leisten nominale Zahlungen an die lokalen Behörden. Das gilt besonders für Auslandskunden.

Aber dieses Schattenbanksystem ist fragil und steht unter erheblichen Druck … Innerhalb der letzten Monate sind in Wenzhou 40 Privatunternehmen kollabiert, die Eigentümer spurlos verschwunden und ihre Fabriken geschlossen. Grund: Die Unternehmer können ihre Kredite nicht mehr zahlen, sie sind bei den Schattenbanken verschuldet. Die sollen allein in Wenzhou 13,6 Mrd. EUR an Krediten vergeben haben.[39]

Auch das aktuelle 3. Plenum enthält keine Aussage, wie das System der Schattenbanken bekämpft werden soll.

Die Kapitalimporte nach China haben demgegenüber verheerende Folgen. Die ausländischen Konzerne zahlen ganze 10 Prozent Steuern, manchmal auch diese durch geschickte Umgehung der Gesetze nicht. Nach Angaben der OECD tragen ausländische Konzerne ganze 3 Prozent zur Wertschöpfung Chinas bei. Der übergroße Anteil des Profites landet bei den Internationalen Konzernen in deren Mutterland.

Transnationale Konzerne sind Träger des Exportes und streichen horrende Profite ein

Die chinesischen Exporte stiegen in den vergangenen zwei Jahrzehnten kometenhaft an. Seit 2001 bis 2010 versechsfachten sich die Ausfuhren aus China: 266 Mrd. Dollar zu 1.600 Mrd. Dollar. Ein so enormes Exportwachstum hätte es ohne die Auslandsdirektinvestitionen der Transnationalen Konzerne (TNK) nicht gegeben. 1989 trugen die in China angesiedelten TNK-Niederlassungen noch weniger als 9 Prozent zum Export von Waren bei. 2002 erreichte ihr Anteil 50 Prozent.

Nach Angaben der OECD macht der Wertschöpfungsprozess bei Exporten ausländischer Konzerne in China gerade mal 3 Prozent aus, gegenüber 84 Prozent bei inländischen Firmen. Die Montagebetriebe ausländischer TNK tragen also nur wenig zum BIP Chinas bei. (Angaben von 2002)

Die Profite der TNK sind horrend. Nach Angaben der chinesischen Statistikbehörde waren sie 2004 achtmal so hoch wie die von chinesischen Firmen. [40]

Die chinesische Exportoffensive ist die andere Seite der Medaille. Bei dem größten US-Discounter Wal Mart stammen über 60 Prozent der in den USA angebotenen Artikel aus China.[41] China hat durch seine Billig-Exportoffensive gegenwärtig Devisenreserven von annähernd 3 Billionen US-$ angehäuft. Die weltweiten politischen Wirkungen sind gravierend. Durch Chinas Politik der Billigexporte wurde der Arbeiterklasse in der Welt quasi der Boden unter den Füssen weggezogen. Ganze Industriezweige wurden platt gemacht. Lohnforderungen und Streiks in anderen Ländern liefen weitgehend ins Leere, da sie dem chinesischen Druck des Ausweichens zur Billigkonkurrenz ausgesetzt waren.

Die hohen Devisenreserven Chinas, vorrangig angelegt in US-Dollar und US-amerikanischen Staatsanleihen haben einen existenziellen, unlösbaren Zusammenhang zwischen China und den USA hergestellt. China finanziert in nicht unerheblichem Maße den amerikanischen, kreditfinanzierten Wohlstand und den US-amerikanischen Haushalt, damit auch dessen imperiale aggressive Kriegspolitik.

»Chimerika« – die unlösbare Verbindung zwischen China und den USA

»Statistisch schuldet jeder US-Amerikaner China mehr als 5000 Dollar. Ohne die Finanzkraft der Notenbank in Peking könnte Washington sein Mega-Haushaltsdefizit und das fast 800 Milliarden schwere Programm zur Ankurbelung der Wirtschaft niemals finanzieren. Ohne China müssten die USA weit höhere Zinsen für ihre Anleihen berappen. Umgekehrt hätte eine Zahlungsunfähigkeit des US-Schuldners für Chinas Exporte und den Wert der Devisenreserven verhängnisvolle Rückwirkungen. Müßig, zu spekulieren, wer bei einem massiven Dollarverkauf der Chinesen schlimmer dran wäre … »Chimerika« nannte der US-Wirtschaftshistoriker Niall Ferguson jene Symbiose zwischen China und den USA, wonach China den US-amerikanischen Markt braucht, um seine Waren abzusetzen und die Vereinigten Staaten auf die Volksrepublik angewiesen sind, damit diese ihre Pump-Wirtschaft finanziert.«[42]

Die Volksrepublik China ist dank seiner Devisenreserven auch einer der Hauptakteure einer modernen Form neokolonialer Ausbeutung, **Landgrabbing** genannt. Aufgrund des Verlustes einheimischer chinesischer Ackerflächen durch Raubbau, Verwüstung, Verstädterung und Landnutzung für industrielle und Infrastrukturprojekte, sowie unzureichende Produktivität der einheimischen kleinbäuerlichen Landwirtschaft, sieht sich China immer größeren Schwierigkeiten bei der Versorgung des Milliardenvolkes gegenüber. Ein Ausweg wird im »Aufkauf« ausländischen Landeigentums beschritten. Vorrangig in verarmten Ländern mit korrupten Regierungen und lokalen Organisationen, unklaren Eigentumstiteln werden Ländereien in großem Stil erworben. Seit 2001 ist dieser Expansionismus mit Geld offizielle chinesische Außenpolitik. China reiht sich mit dieser Methode ein in eine Reihe von Ländern, wie Japan, Südkorea, die Golfstaaten und multinationale Großkonzerne, die

Land als internationale Ware für sich entdeckt haben. Chinas bevorzugte Aufkaufländer sind Laos, die Philippinen und afrikanische Staaten, in denen bisher über 2,1 Millionen Hektar Ackerland erworben wurden. Die Weltbank schätzt ein, dass gegenwärtig über zehn bis dreißig Prozent des weltweit global verfügbaren Ackerlandes Verhandlungen laufen.[43] Die Auswirkungen auf die »Geberländer« sind verheerend: Die eigene für die Ernährungssicherheit notwendige kleinbäuerliche Struktur wird zerstört, eigene traditionelle Nutzungsrechte missachtet, einheimische Arbeitsplätze verdrängt, Landkonflikte verstärkt.

Das Gefälle zwischen arm und reich ist Weltspitze

Beides – innerchinesische Überakkumulation und hohe Exportüberschüsse – gehen zulasten des chinesischen Verbrauchers. Gestützt auf die inzwischen dominierende Privatwirtschaft hat sich China zu einem Land mit der größten sozialen Ungleichheit in der Welt entwickelt. Der Anteil der Löhne am erzeugten BIP ist ständig gesunken. Diese Entwicklung liegt weit unter der einer sozialen Marktwirtschaft der BRD in den 60er bis 70er Jahren. In dieser Zeit sind in der BRD die Masseneinkommen (Nettolöhne plus Sozialleistungen) wesentlich schneller gestiegen als die Bruttoproduktion.

Löhne hinken hinterher, indexierte Kennzahlen für China 1990=100

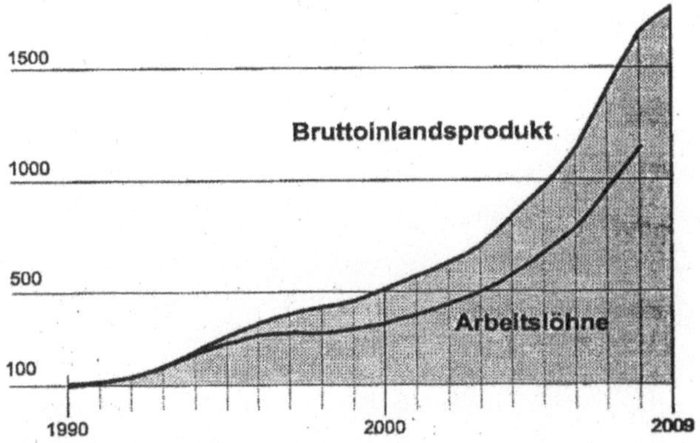

Quelle: Fred Schmidt Seite 16

»China, das seit 1980 seinen Anteil am Weltsozialprodukt von 2% auf 9,5% steigerte, fuhr aber im gleichen Zeitraum seinen Gini-Ungleichheitswert von 25 auf 42 hoch … Damit ist China von einer geradezu explodierenden inneren Ungleichverteilung gekennzeichnet.«[44]

Die sozialen Konsequenzen sind eines sozialistischen Staates unwürdig. Das öffentliche Rentensystem ist unzureichend. Krankenversicherungen, die die hohen Kosten medizinischer Leistungen auf westlichem Niveau bezahlen, gibt es kaum. Für die Ausbildung ihrer Kinder müssen Eltern Schulgeld bezahlen. Kredite für den Kauf langlebiger Gebrauchsgüter sind kaum zu bekommen. Das Wohnungswesen wurde privatisiert. Für den Kauf einer Wohnung ist eine hohe Anzahlung erforderlich. Die wenigsten Chinesen können bei Alter, Krankheit und Arbeitslosigkeit auf ein verlässliches soziales Sicherungssystem zurückgreifen. Eine weitere strukturelle Besonderheit des chinesischen Wirtschafts- und Sozialsystems, das eine hohe Sparquote befeuert, liegt in der zum großen Teil privaten Finanzierung des Bildungssystems. Vor allem die Studiengebühren an den Universitäten sind extrem hoch. »Von 1,3 Milliarden Menschen Im Jahre 2008 hatten in China 219 Millionen Menschen eine Rentenversicherung und 317 Millionen eine medizinische Grundversicherung. Weitere 124 Millionen hatten eine Arbeitslosenversicherung.«[45]

In der Ungleichheit der Einkommens- und Vermögensverteilung ist China inzwischen in die Weltspitze vorgedrungen. Die Unterschiede zwischen Stadt und Land nehmen nicht ab, sondern zu. In den Jahren von 2005 bis 2009 wuchs das BIP um 65 Prozent, die Löhne der Städter um 61 Prozent, die der Landbevölkerung um lediglich 46 Prozent. Gegenwärtig (2009) beträgt das durchschnittlich jährlich verfügbare Pro-Kopf-Einkommen der Stadtbevölkerung (umgerechnet) 1.889 Euro, das der Landbevölkerung 567 Euro.[46] Mit diesem durchschnittlichen Einkommen von annähernd 2 Dollar/Tag wird deutlich, dass China in den ländlichen Gebieten mit knapp 55 Prozent der Bevölkerung immer noch ein Entwicklungsland ist.[47]

Das Problem Chinas ist heute in erster Linie ein Problem der Landwirtschaft,

»des Dorfes und der Bauern, (die Hälfte der chinesischen Bevölkerung – 650.000 Menschen – lebt auf dem Lande) die in jeder Hinsicht hinter der allgemeinen Entwicklung bedenklich zurückgeblieben sind. Analphabetentum und Armut im heutigen China sind in erster Linie ein dörfliches Problem. Die Mehrheit der Bauern kann es sich auch aus ökonomischen Gründen nicht leisten, einen Arzt oder gar ein Krankenhaus aufzusuchen. Bauernfamilien, deren Nahrungs- und Kleidungsprobleme gelöst sind, können durch Krankheit wieder in die Armut zurückfallen. Die soziale Unsicherheit im rückständigen Dorf schuf einen fruchtbaren Boden für das Wiederaufleben feudaler Ideologien und Sitten, traditioneller Religiosität und Aberglauben.«[48]

»Von der erst 2004 eingeführten Krankenversicherung auf dem Land profitieren vor allem wohlhabende Bauern. Arme Bauern sterben weiterhin lieber zu Hause, als durch eine Behandlung im Krankenhaus ihre Angehörigen ins Elend zu stürzen. Sie können die teuren Behandlungskosten nicht vorfinanzieren.«[49]

Ein besonderes Problem sind nach wie vor die 130 bis 200 Millionen chinesischen **Wanderarbeiter** (sichere Zahlenangaben darüber gibt es nicht). Sie versuchen, dem ländlichen Elend zu entfliehen, indem sie in den Wirtschaftsmetropolen Chinas ihre Arbeitskraft verkaufen. Dabei handelt es sich um keine Randerscheinung der Gesellschaft. Sie sind wesentlicher Träger des chinesischen Wirtschaftswunders. Ihr Anteil an den Beschäftigten in den Städten und Gemeinden beträgt 40 bis 60 Prozent. In der verarbeitenden Industrie stellen die Wanderarbeiter fast 60, im Bausektor 75 und in der Gastronomie 80 Prozent aller Beschäftigten. Ganze Branchen, u.a. die Textil- und Schuhindustrie, aber auch die riesigen Fabrikkomplexe, die den Weltmarkt mit Elektronikprodukten aller Art überschwemmen, basieren auf der Ausbeutung der billigen Arbeitskraft der weitgehend rechtlosen Wanderarbeiter.

Die Ausbeutung der Wanderarbeiter

»Das Perlflussdelta in der Nähe von Hongkong ist das Herz von Chinas Exportmaschine. Xintang gilt als Welthauptstadt der Jeansindustrie. 400.000 bis 500.000 Wanderarbeiter produzieren dort jährlich mehr als 200 Millionen Jeans, ein Sechstel der Weltproduktion. Der Durchschnittslohn in der Textilindustrie liegt bei 225 Euro monatlich bei mindestens zehn Stunden täglich an 7 Tagen in der Woche.«[50]

»Die Wanderarbeiter werden in den städtischen Zentren als Menschen zweiter Klasse behandelt, ohne Wohnrecht und ohne Zugang zu den städtischen Dienstleistungen. Wenn sie mit ihren Kindern in die Metropolen gekommen sind, können ihre Kinder keine städtische Schule besuchen. Wanderarbeiter werden ständig von der Polizei bedroht und müssen auch bei geringen Verstößen hohe Gebühren und Schutzgelder zahlen. Eine Wanderarbeiterin aus Sichuan berichtet: ›Als ich hierher kam, war ich erschrocken zu sehen, dass Wanderarbeiter täglich zusammengeschlagen und halbtot liegengelassen werden. Jetzt habe ich mich daran gewöhnt.‹«[51]

Die Folge dieser sozialen Ausgrenzung ist, dass die Volksrepublik China bei dem von der UNO offiziell statistisch erfassten Human-Development-Index (HDI-Index), in dem neben BIP (nach Kaufkraftparitäten) u.a. auch Lebenserwartung, Gesundheitsfürsorge und Bildungsniveau eingehen, an 101. Stelle in der Welt rangiert, hinter Algerien, Sri Lanka und der Dominikanischen Republik.

Auf der anderen Seite hat sich in China »in kurzer Zeit eine **Rentiers- und Millionärskaste** herausgebildet, die weiter sprunghaft anwächst … Der Unterschied zwischen den zehn Prozent der einkommensstärksten Gruppe der Bevölkerung und den zehn Prozent der einkommensschwächsten Gruppe hat sich erheblich verschärft. Verfügten die einkommensstärksten Chinesen 1988 über 7,3 Mal so viel Einkommen, wie die einkommensschwächsten haben sie heute bereits 23 Mal so viel. Einer anderen Studie zufolge liegen die Einkommen der reichsten zehn Prozent sogar 65 Mal über denen der unteren zehn Prozent. Die Verteilung wird immer ungerechter.«[52] Und diese Kaste frönt dem Luxus. China konsumiert 25 Prozent der Luxusgüter der Welt und ist damit nach Japan der zweitgrößte Verbraucher von Luxusgütern.

Chinas Multis

Anzahl	Vermögen mehr als . . .
140	10 Mrd. Yuan
1.900	1 Mrd. Yuan
55.000	100 Mio Yuan
875.000	10 Mio. Yuan

1 Yuan = 0.11 Euro

Quelle: Fred Schmidt Seite 18, nach Hurun-Report 2010

Die Chinesischen Kapitalisten werden sich als Klasse formieren

»2015 wird China die viertgrößte Konzentration von reichen Haushalten in der Welt haben. Mehr Reichtum gibt es dann nur noch in den USA, Japan und Großbritannien.«[53] »Die Träger des Reichtums organisieren sich zunehmend. Es entsteht eine hochprivilegierte Kapitalisten- und Rentiersklasse und es dürfte nur noch eine Frage der Zeit sein, dass sich diese Kaste als Klasse formiert und organisiert, sei es in Clubs, Unternehmerverbänden oder gar als Flügel der KPCh … Diese Klasse wird darauf drängen, dass weitere Teile der Staatswirtschaft privatisiert oder teilprivatisiert werden, um so neue Verwertungsmöglichkeiten für ihr Geldkapital zu erlangen. (Das wurde mit den neu gefassten Beschlüssen eingeleitet) … Das Privatkapital wird darauf drängen, dass das chinesische Finanz-Casino mit den gleichen ›Spieltischen‹ ausgestattet wird, wie in den Casinos des Metropolenkapitals üblich«[54] … »Freiheit für Investoren« fordert … die *Süddeutsche Zeitung* (15.3.2010) und macht so deutlich, worum es dem Westen bei den ganzen Demokratie- und Liberalisierungsforderungen in Wirklichkeit geht.

Andererseits sagt eine soziale Studie aus dem Jahre 2002: »Die aufgekommenen beträchtlichen Unterschiede in den materiellen Interessen erwiesen sich als grundlegende Ursache für die Ausweitung der sozialen Konflikte in der chinesischen Gesellschaft seit der Jahrhundertwende.«

Die Berufskrankheit einer Weltmacht ist sein Größenwahn[55]

China ist aufgrund seiner Größe dabei, sich zu einer Weltmacht zu entwickeln, die dem Weltherrschaftsstreben der USA und seinen Kriegsabenteuern politisch entgegentritt. Das ist der wichtigste und positive Aspekt in der Entwicklung Chinas. Eine wirksame Abkopplung vom US-Imperialismus kann und wird China in absehbarer Zeit nicht vornehmen können. Es würde seinen ökonomisch wichtigsten Schuldner verlieren. Darauf kann sich kein Gläubiger einlassen.

Weltpolitisch ist dieser Zustand durchaus von Vorteil. Die USA und die Volksrepublik China sind wirtschaftlich derart miteinander verflochten, dass ein ernsthafter politischer, gar militärischer Konflikt beiden nur schaden würde. »Beijing sucht dabei die Gefahren, die für seine Sicherheit und seine Interessen von den USA ausgehen, minimal zu halten. Offenbar aus diesen Erwägungen heraus ist China in der Zusammenarbeit mit Washington ›eine gegenseitige Abhängigkeit strukturellen Charakters‹ mit den USA eingegangen. (Rund 20 Prozent der industriellen Produktion Chinas hängen von der wirtschaftlichen Zusammenarbeit mit den USA ab.)«[56]

Eine wirksame gesellschaftspolitische Alternative bietet China jedoch nicht. Es leistet – außer bei der Eindämmung der Bevölkerungsexplosion mit den zweifelhaften Methoden der Ein-Kind-Ehe – keinen wirksamen Beitrag zur Lösung der die Menschheit drängenden Probleme. Im Gegenteil, es verschärft diese: Ressourcenverschwendung, Umweltzerstörung, Finanzexplosion, Polarisierung zwischen arm und reich. Es hat sich in einem Maße dem Kapitalismus ausgeliefert, dass eine Entwicklung zu sozialistischen Verhältnissen mehr als fraglich ist.

Keine organisierte Arbeiterklasse und Bauernschaft

»Die Hoffnung, dass eine organisierte Arbeiterklasse in Verbindung mit der Bauernschaft in China eine grundlegende Wende zur Durchsetzung sozialistischer Prinzipen herbeiführt, ist jedoch gering. Ein wesentlicher Grund für die bisherige relative politische Stabilität Chinas ist die hochgradige Differenzierung der arbeitenden Bevölkerung und der neu entstandenen industriellen Arbeiterklasse. Die chinesischen Gewerkschaften, zusammengefasst im All-Chinesischen Gewerkschaftsbund ACGB, entsprechen in ihrem Aufbau der Struktur des chinesischen Staatsapparates. Ende 2008 hatten die chinesischen Gewerkschaften über 226 Millionen Mitglieder. Sie haben über 400.000 hauptamtlich Beschäftigte und eigene Wirtschaftsunternehmen. Die Spitzen des ACGB sind gleichzeitig in der Führungsspitze der KPC Sie hatten mögliche Konflikte »kleinzuarbeiten«. Die Betriebsgewerkschaften sind in der Regel eng verflochten mit dem Management. Sie sind personell und finanziell abhängig vom Unternehmen. Es ist die Regel, dass die Vorsitzenden der Betriebsgewerkschaft mit den Unternehmen gemeinsame Sache machen. Eine konfrontative Vertretung der Arbeitnehmerinteressen durch die Betriebsgewerkschaften ist im derzeitigen System nicht üblich.«[57]

Meinungen über einen Kapitalismus chinesischer Prägung

»Die Volksrepublik China ist ein kommunistisches Land. So steht es in der Verfassung. Doch in Wirklichkeit ist das offiziell kommunistische China ein kapitalistisches Land, und diese Gesellschaftsform scheint die einzig adäquate für dieses Volk zu sein, das seit Jahrhunderten eines von Händlern ist.«[58]

»In der Produktions-, Konsumtions- und Lebensweise der chinesischen Gesellschaft sind noch keine Elemente und Beziehungen entstanden, die eine dem Kapitalismus überlegene Gesellschaft verkörpern.

Es ist bislang kein Fortschreiten in Richtung eines alternativen und attraktiven Konsum- und Gesellschaftsmodells, es ist kein Gegenpol zu westlicher Produktionsweise und westlichem Lifestyle. China setzt wie der Westen auf Konsumismus, auf ressourcenvergeudenden ›American way of life‹«.[59]

»Für eine Welt der größeren Verteilungsgerechtigkeit wird ein neues Entwicklungsmodell benötigt, das weniger verschwenderisch ist als das von den USA gestiftete Modell des Massenkonsums. Bedauerlicherweise gibt es wenig Anzeichen dafür, dass die herrschenden Eliten in China – von denen im Westen ganz zu schweigen – sich der Notwendigkeit bewusst sind, ein solches alternatives Modell zu entwerfen. China kann sich nicht emanzipieren, ohne dass es zum Beispiel ökologische Lösungen, neue Konsummuster, neue Produktions-technologien erarbeitet. Andernfalls ersticken sie selbst, bevor sie die ganze Welt ersticken.«[60]

»In keinem anderen Land der Erde sind die Ungleichheiten zwischen den Menschen derart rasant gewachsen wie in China. Es ist im Grunde genommen ein unerhörtes Menschenexperiment, das die KP da veranstaltet. Es wirkt, als wolle sie herausfinden, wie viel Ungleichheit der Mensch verträgt und wann eine geschändete Umwelt gegen ihre Vergewaltiger zurück schlägt.«[61]

»Es macht keinen Sinn, die rapide Entwicklung des nationalen Kapitalismus und den massiven Einfluss ausländischen Kapitals weiterhin als »Sozialismus chinesischer Prägung« schönzufärben. Formulierungen dieser Art sind kein Beitrag zur Aufklärung, handelt es sich doch eher um eine Art Bourgeois-Sozialismus.«[62]

»Auch die Volksrepublik China hat bisher jedoch selbst in Ansätzen keine neue Produktions- und Lebensweise, keine neue Konsumtionsweise entwickelt, die dem Kapitalismus überlegen ist. Sie folgt in all diesen Bereichen im Grunde dem westlich-kapitalistischen

Vorbild. Vielleicht ist diese Erwartung angesichts noch nicht überwundener Armut und Rückständigkeit zu hoch angesetzt. Möglicherweise ist die Beibehaltung dieses Trends auf Dauer für die sozialistische Perspektive tödlicher als alles andere.«[63]

»Es leben immer noch ebenso viele Menschen in bittere Armut wie in moderatem Wohlstand, der Rest dazwischen. Immer mehr Menschen wird klar, dass sie selbst bei stabiler politischer und unverändert dynamischer wirtschaftlicher Entwicklung zu Lebzeiten nicht an diesem Wohlstand werden teilhaben können. Möglicherweise nicht einmal ihre Kinder ... Die neue politische Führung muss die Schere zwischen Arm und Reich, Stadt und Land, den wohlhabenden Ostregionen und dem armen Westen schließen – und gleichzeitig mehr Markt zulassen. Die Privatisierung von Staatsunternehmen und die Liberalisierung des Finanzsektors sind Schlüsselbereiche, die zum Test für den Erfolg der Wirtschaftsreformen werden. Sie muss ökologischen Gesichtspunkten Vorrang einräumen ... dann muss sie zu einer weitgehenden Bildungsreform bereit sein, die der individuellen Kreativität mehr Raum gibt ... Vor allem aber muss die Regierung die Korruption bekämpfen – und dies gegen Kader, die Teil des Problems sind, aber gleichzeitig für die notwendigen Reformprozesse gebraucht werden.«[64]

Gleichwohl ist nicht auszuschließen, sondern eher wahrscheinlich, dass andere Entwicklungsländer mehr oder weniger dem chinesischen Pfad folgen werden. Marktwirtschaft, verbunden mit hoher persönlicher Bereicherung, geleitet und organisiert durch ein mächtiges Führungszentrum und Vormarsch zu einer ernstzunehmenden Wirtschaftsmacht, ist für die Führungskader der Dritten Welt ein sehr verlockendes Ziel. Die Menschheit als Ganzes sitzt damit in der Falle. »Wollten die restlichen neun Zehntel der Weltbevölkerung so leben wie die Bewohner der G7-Staaten, wären mindestens drei weitere Planeten Erde vonnöten. Bis Ende des Jahrhunderts sind die Roh- und Energiestoffe im Wesentlichen geplündert. Die Verteilungskämpfe um die letzten Öl- und Erdgasquellen, um die vorhandenen Rohstofflager werden in den nächsten Jahrzehnten an Schärfe zunehmen.«[65]

Der Konflikt zwischen China und USA, den größten Wirtschaftsmächten der Welt um die (vor)letzten Ressourcen in dieser Welt ist unweigerlich vorprogrammiert. Welche Gestalt er annehmen wird, ist nicht vorhersehbar. Die militärische Einkreisung Chinas durch den US-Imperialismus ist in vollem Gange. Nicht zufällig werden Fern-Ost und der Pazifikraum von den USA inzwischen die erste außenpolitische Priorität zugebilligt. China versucht, mit asiatischen Koalitionen und Kooperationen der politisch-militärischen Umklammerung der USA und Japans entgegenzuwirken.

China ist das große Verdienst zuzuschreiben, durch seine Größe, seinen Bevölkerungsreichtum, seine wirtschaftliche Dynamik und sein politisches Gewicht dem Weltherrschaftsstreben der USA, einschließlich seiner militärischen Aggressionen, wirksam begegnen zu können. Mit der gegenwärtig unlösbaren Verflechtung zwischen US-amerikanischen Schulden und chinesischen Guthaben sind beide Großmächte derart miteinander verbunden, dass kaum einer auf Kosten des anderen wirkungsvolle weltpolitische Schritte unternehmen kann. Das könnte auch ein Unterpfand dafür sein, um militärische Konflikte zwischen beiden Supermächten auszuschalten. Das ist eine nicht hoch genug einzuschätzende weltpolitische Lage, die in der Tat den Weltfrieden erhalten könnte.

Eine gesellschaftliche Alternative im Sinne eines neuen, sogar sozialistischen Gesellschaftsmodells ist der chinesische Weg jedoch nur in Worten, nicht in der Realität. Auf einer Konferenz am Institut für Philosophie der Akademie der Wissenschaften der Russischen Föderation wurde »auch die Meinung vertreten, dass es sich in China nicht um einen Sozialismus, sondern um einen Kapitalismus mit chinesischen Eigenarten handelt.«[66] Dieser Auffassung würde ich nicht widersprechen.

Ich halte das Festhalten an der Auffassung, das große China befinde sich trotz aller Widersprüche auf dem Weg zum Sozialismus, für eine gefährliche Illusion. Offenkundig glauben nicht wenige im linken Spektrum, dass irgendwann eine kluge, weitsichtige und selbstlose »kommunistische Parteiführung« auf persönliche Macht, Reichtum und Prestige verzichten wird, um tatsächlich alle Bürger sozialistisch – in 100 Jahren? – daran zu beteiligen. Das wird ein chinesisches Märchen bleiben. Eine derartige Entwicklung hat es noch nirgends auf der Welt gegeben und wird es auch und erst recht im großen China nicht geben. Menschen, auch und erst recht Politiker – sind nicht so. Macht und Besitztum werden niemals freiwillig preisgegeben. Die Hoffnung, die »Erlösung« komme erneut aus dem – diesmal etwas ferneren Osten – wird sich als grandiose Fehleinschätzung erweisen. Das weitere Festhalten an dieser Illusion lähmt die Kräfte, die international an einer wirklichen Entwicklung zu sozialistischen Verhältnissen interessiert sind. Wir sollten den Mut und die Pflicht haben, den Irrglauben auch als solchen darzustellen.

Kommt die »Erlösung« vielleicht aus dem Westen?

Anmerkungen:

1 Wolfgang Hirn »Herausforderung China« Fischer-Verlag Frankfurt/Main, S. 249
2 a.a.O. S. 66
3 Wolfgang Hirn »Herausforderung China« Fischer Verlag Frankfurt/Main 2005, S. 244
4 Helmut Peters zitiert nach Nanfang Zhoumo vom 11.10.2007 in »Auf der Suche nach der Furt« , S. 512
5 Wolfgang Hirn a.a.O. S. 231/32
6 Helmut Peters »Auf der Suche nach der Furt«, S. 496
7 Michael Schaefer »der Chinesische Traum« – TAGESSPIEGEL vom 24.03.2014
8 Helmut Peters »Auf der Suche nach der Furt« S. 229
9 Helmut Peters a.a.O. S. 359
10 Helmut Peters a.a.O. S. 396
11 Zitiert bei Helmut Peters »Auf der Suche nach dere Furt« a.a.O. S. 372
12 Deng Xiaoping »Ausgewählte Schriften« Band III, Bejing 1993, S. 149, zitiert in Helmut Peters a.a.O. S. 27
13 Helmut Peters a.a.O. S. 16
14 Parteiprogramm der KPC a.a.O. S. 268
15 Rolf Berthold a.a.O. S. 192
16 Helmut Peters isw-Report Nr. 61, S. 28
17 Helmut Peters »Auf der Suche nach der Furt« S. 482
18 Helmut Peters »Auf der Suche nach der Furt« Seite
19 Helmut Peters isw-Report Nr. 61, S. 28
20 Rolf Berthold a.a.O. S. 205 und 211
21 Wolfgang Hirn »Herausforderung China« S. Fischer Verlag Frankfurt/Main 2005, S. 37/38
22 Wolfgang Hirn, a.a.O. Seiten 33, 42, 43, 44, 47, 48
23 Wolfgang Müller »Arbeitskämpfe in China« isw-spezial Nr. 25, S. 15 und Wolfgang Hirn a.a.O. S. 242
24 Wolfgang Hirn a.a.O. S. 61
25 Helmut Peters a.a.O. S. 31 und 32
26 Helmut Peters »Auf der Suche nach der Furt« S. 455 und 520
27 Programm der Kommunistischen Partei Chinas – dokumentiert von Rolf Berthold »Chinas Weg« Verlag Wiljo Heinen, S. 267

28 Helmut Peters isw-report 61, S. 5
29 Helmut Peters a.a.O. S. 8
30 Fred Schmid »China – Krise als Chance?« isw-Report 83/84 S. 12
31 ebenda, S. 13
32 Helmut Peters a.a.O. S. 20
33 Helmut Peters a.a.O. S. 21
34 Helmut Peters a.a.O. S. 22
35 Der Chinesische Botschafter Shi Mingde im Interview mit dem Tagesspiegel vom 26.12.2013
36 ND vom 16./17.11.2013
37 Helmut Peters Fußnote S. 22
38 ISW-Spezial Nr. 25, S 19
39 Quelle: Fred Schmidt »China – Krise als Chance?« ISW-REPORT 83/84 S. 11
40 Die gesamtwirtschaftliche Sparquote – Haushalte, Unternehmen, Staat – lag 2008 bei 50,9 Prozent. Sie ist damit mehr als doppelt so hoch wie der weltweite Durchschnitt mit 25 Prozent ... Dabei ist es nicht verwunderlich, dass auf die höchsten zwei Einkommensdezile – also die oberen 20 Prozent – die Hälfte der Ersparnisse entfallen. – Fred Schmidt a.a.O. S. 13
41 Fred Schmidt a.a.O. S. 39
42 Fred Schmidt a.a.O. S. 65
43 »Land Grabbing – was ist das?« – http://land-grabbing
44 Franz Garnreiter »Welteinkommensverteilung« in ISW-REPORT Nr. 88
45 Fred Schmidt a.a.O. S. 14/15
46 Nach Angaben des Amtes für Statistik der VR China lebten im Jahre 2009 bei einer Gesamtbevölkerung von 1.334,8 Millionen Menschen, davon 621,9 Millionen Menschen in Städten und Gemeinden, 712,9 Millionen Menschen in Dörfern. – Rolf Berthold Aktuelle Beilage zu »Chinas Weg«
47 Fred Schmidt a.a.O. S. 17
48 Helmut Peters a.a.O. S. 30
49 Wolfgang Müller a.a.O. S. 20 Aus der Provinz Shanxi in Nordwestchina wird berichtet, dass versicherte Bauern im Juni 2007 bei einer Behandlung in einem Kreiskrankenhaus durchschnittlich 120 Euro aus der eigenen Tasche zahlen mussten, den Verdienst von vier Monaten ... Die Wanderarbeiter haben von der Krankenversicherung ohnehin nichts. Sie können praktisch die bescheidenen Versicherungsleistungen für die Landbevölkerung nicht in Anspruch nehmen, noch haben sie Anspruch auf die weit bessere Krankenversicherung der Stadtbevölkerung.
50 Wolfgang Müller »Arbeitskämpfe in China« – ISW-SPEZIAL Nr. 25, S. 22
51 Wolfgang Müller a.a.O.
52 Fred Schmidt a.a.O. S. 17
53 Walter Müller a.a.=. S. 12
54 Fred Schmidt a.a.O. S. 19/20
55 titelte DER SPIEGEL 19.04.2003
56 Helmut Peters »Auf der Suche nach der Furt« S. 545
57 Auszüge aus Wolfgang Müller a.a.O. Seiten 27/28
58 Wolfgang Hirn a.a.O. S. 51
59 ebenda S. 62
60 Der Soziologe Giovanni Arrighi, zitiert in Fred Schmidt a.a.O. S. 62
61 ebenda S. 281
62 Leserzuschrift von Reinhold Schramm, Berlin im ROTFUCHS Januar 2014
63 Helmut Peters »Auf der Suche nach der Furt« S. 560
64 Michael Schaefer – Botschafter der BRD in der VR China von 2007 bis 2013
65 ebenda S. 49
66 Bruno Mahlow »Russland – 20 Jahre danach« in AKZENTE – MONATSZEITSCHRIFT DER GBM 04-05/2012

IX. Südamerika – eine Region im Aufbruch

Die Entwicklung in mehreren Ländern Lateinamerikas in Richtung einer sozialistischen Gesellschaft, gern als Sozialismus des 21. Jahrhunderts bezeichnet, geht von verschiedenen Grundlagen aus. Wenn ich mich mit Entwicklungen zum Sozialismus in Südamerika auseinandersetze, so beziehe ich mich vor allem auf Cuba, Venezuela, Bolivien und Ecuador. »Die rote Achse bilden die Chávez-Regierung in Venezuela, Rafael Correa in Ecuador und Boliviens Aymara-Präsident Evo Morales.«[1] Es ist unbestritten, dass auch in anderen Ländern Südamerikas, insbesondere in Brasilien unter »Lula« und in Argentinien unter den »Kirchners« sich in den letzten Jahren sozial positive Entwicklungen vollzogen haben. Im Gegensatz zu den erstgenannten Ländern sind diese Verbesserungen aber nicht mit einer tiefgreifenden Wandlung in den gesellschaftlichen Strukturen der ökonomischen Basis und der politischen Macht verbunden, sondern nutzen bestehende Verhältnisse weitgehend aus, um Verbesserungen für die ärmsten Schichten der Bevölkerung zu erreichen. Das soll nicht gering geschätzt werden. Partielle Lösungen, insbesondere Argentiniens im Umgang mit dem internationalen Finanzkapital oder Brasiliens mit der Landlosenbewegung, sind anerkennenswerte und durchaus verallgemeinerungsfähige Erfahrungen. Grundlegende Erkenntnisse für eine Entwicklung zu einer sozialistischen Gesellschaft vermögen sie jedoch nicht zu vermitteln.

Ist der Marxismus Grundlage der sozialistischen Entwicklung?

Die lateinamerikanische Entwicklung zum Sozialismus basiert nicht allein und noch nicht einmal vorrangig auf marxistisch-leninistischen Grundlagen. Die führenden Persönlichkeiten dieser Entwicklung, Hugo Chávez und Fidel Castro, haben sich dazu in Interviews recht differenziert geäußert. **Hugo Chávez** erklärte, er habe »vom historischen Sozialismus Abstand genommen. Der Marxismus-Leninismus sei ein ›Dogma der Vergangenheit‹.«[2] Sein Sozialismus ist der des 21. Jahrhunderts, *grundlegend demokratisch und humanistisch.* In einem Interview mit der US-Journalistin Barbara Walters – ABC-News – erläutert er seine Position näher.

Interview der US-Journalistin Barbara Walters mit Hugo Chávez:
»Frage: Der Sozialismus hat in der Mehrzahl der Länder nicht funktioniert, warum gehen Sie zurück, also zum Sozialismus? Antwort: Nein, wir gehen vorwärts! **Ja, aber es ist Sozialismus, es bleibt Sozialismus.** Ja, der Sozialismus ist ein historischer Prozess. Ich glaube, dass Christus ein Verkünder dessen war, was man später Sozialismus nennt. Christus kam, um für Gleichheit zu kämpfen, für die Freiheit, für die Würde … Der Kapitalismus bedroht den Planeten Erde und das Leben der künftigen Generationen. Es geht um einen Sozialismus der Zukunft, einen neuen, den ich den Sozialismus des 21. Jahrhunderts nenne: grundlegend demokratisch und humanistisch. **Kann es also gleichzeitig Demokratie und Sozialismus geben?** Klar. Ich glaube, das ist der Kern der Sache. Der Kapitalismus ist antidemokratisch, auch wenn er sich eine demokratische Maske aufsetzt. Der Sozialismus, der mir vorschwebt, muss außerordentlich demokratisch sein. Hier bauen wir zum Beispiel den Sozialismus auf, unseren Sozialismus, ohne irgendeinen zu kopieren. Eine Sache ist Kuba, eine andere Sache ist Venezuela. Eine Sache ist China, Vietnam, wir bauen unseren Sozialismus aus unserer Sicht auf. Aber eines der grundlegenden Prinzipien ist, dass, wenn wir die Armut beseitigen wollen, wir den Armen Macht geben müssen … Die erste Macht ist Wissen. Moral und Bildung, daran arbeiten wir überall. Venezuela hat … den Analphabetismus beseitigt, und die UNESCO hat Venezuela zu einem vom Analphabetismus freien Gebiet erklärt.«[3]

Die Position Fidel Castros zum Sozialismus
Interview mit Ignacio Ramonet »In den meisten Schulen dieser Welt werden ausschließlich Dogmen gelehrt; auch hier passiert das. **Irritieren Sie Dogmen?** Ich bin zutiefst antidogmatisch … Marx hat mit seiner Kritik des Gothaer Programms nur einen vorsichtigen Versuch unternommen, zu definieren, wie der Sozialismus aussehen könnte, denn er war zu weise, zu intelligent und zu realistisch, um zu glauben, dass man eine Utopie darüber, wie der Sozialismus sein würde, schreiben könnte.«[4]

Vermächtnisrede von Fidel Castro an der Universität Havanna 17. November 2005

»Eine Schlussfolgerung, die ich nach vielen Jahren gezogen habe: unter den vielen Fehlern, die wir alle gemacht haben, war der bedeutendste Fehler zu glauben, dass jemand etwas vom Sozialismus verstand, oder dass jemand wusste, wie der Sozialismus aufgebaut wird. Es schien eine erforschte Wissenschaft zu sein, so erforscht, wie das elektrische System, das einige erdacht hatten ... Aber wir sind Idioten, wenn wir zum Beispiel glauben, dass die Ökonomie ... eine exakte und ewige Wissenschaft sei, die es seit der Epoche von Adam und Eva gibt. Der ganze dialektische Sinn geht verloren, wenn jemand glaubt, dass diese heutige Ökonomie genau so ist, wie die vor 50 Jahren, oder vor 100 Jahren, oder vor 150 Jahren, oder dass sie genau so ist, wie in der Epoche von Lenin, oder in der Epoche von Karl Marx. Tausende Meilen weit entfernt ist mein Denken vom Revisionismus.«

Die Auswirkungen des Scheiterns des in Europa praktizierten Sozialismus auf die revolutionäre Entwicklung in Lateinamerika wird von dortigen Gesellschaftswissenschaftlern durchaus als »ambivalent«, in ihrer Wirkung als unterschiedlich dargestellt. Eine äußerst interessante und des Nachdenkens werte Aussage trifft der venezolanische Professor Edgardo Lander auf einem Forum.[5] Seine Aussage geht dahin, dass mit dem Scheitern in Europa zwar einerseits eine echte Alternative zum Kapitalismus Schiffbruch erlitten hat, andererseits aber die Welt von einer alleinigen starren und dogmatischen Version des Sozialismus befreit wurde.

Professor Edgardo Lander (Venezuela) über die ambivalente Rolle des Marxismus

»Über einen Teil des 20. Jahrhunderts war der Kampf um eine alternative Gesellschaft eingeengt auf die sehr starken Positionen der kommunistischen politischen Kräfte auf dem Kontinent, und das bedeutete in gewissem Grade eine Festlegung auf eine eurozentrische, reduktionistische Betrachtung der Geschichte, die ein bestimmtes historisches Subjekt, das Proletariat, privilegierte, die ein Leitbild des politischen Kampfes bevorzugte, das mit dem leninistischen Modell der Avantgarde verbunden war, und die anderen Subjekte, die anderen Bezüge des Kampfes, die anderen Erkenntnisse, die anderen

Dimensionen des kollektiven Lebens, die anderen kulturellen Dimensionen des Lebens der Völker und ihre historischen Erfahrungen erschienen als zweitrangig, wenn überhaupt wahrgenommen.
Der Reichtum der neuen Erfahrungen in dieser Phase des Kampfes in Lateinamerika erklärt sich zum Teil aus dem Verlust der Hegemonie dieser als leninistisch bezeichneten parteipolitischen Formen im Widerstandskampf, denn diese Fülle neuer Erfahrungen und politisch-theoretischen Erkenntnisse wurde in der Hauptsache nicht auf der parteipolitischen Ebene erlangt, sondern von sozialen Organisationen, Bewegungen, Völkern, Comunidades. Zunehmend entwickeln sich in Lateinamerika ab den 90er Jahren neue Formen, Politik zu machen, in denen man akzeptiert, dass die Geschichte offen ist, dass es keine mechanische Bedingtheit gibt, dass der Ausgang der Geschichte durch keine Philosophie voraus bestimmt werden kann, eine Vision des politischen Handelns, bei der es zu einem Bruch zwischen Wahrheit und Politik kam, in dem Sinne, dass man es nicht für möglich erachtete, irre zu gehen, weil man sich auf unumstößliche Gewissheiten berief.«[6]

Die Wurzeln des lateinamerikanischen sozialistischen Weges

In den lateinamerikanischen Ländern, die sich auf den Weg zum Sozialismus gemacht haben, ist eine tiefe Verehrung vor der Religion im Allgemeinen und dem Katholizismus im Besonderen vorhanden. In gewisser Hinsicht unverständlich im Wissen um die Grauen und Verbrechen, die gerade der Katholizismus in Lateinamerika verbreitet hat und die zutiefst realen und materialistischen Veränderungen im Diesseits. Jedoch sowohl bei Chávez als auch bei Fidel Castro ist eine tiefe Verbindung zwischen Sozialismus und Christentum feststellbar.

Fidel Castro über Kirche und Sozialismus
»Ich bin zu der Überzeugung gekommen, dass die aufrichtigen Marxisten und Christen, von denen ich viele kennen gelernt habe, unabhängig von ihrem jeweiligen politischen und religiösen Glauben um die Gerechtigkeit und den Frieden unter den Menschen kämpfen

sollten und könnten. So habe ich es verkündet und so verfechte ich es, ohne im Geringsten zu zögern weiter. Die Gründe, die ich heute anführen kann, sind absolut gültig und jetzt noch wichtiger. Denn alle seit knapp 40 Jahren geschehenen Ereignisse bestätigen dies, heute mehr denn je. Denn Marxisten und Christen, sowohl Katholiken als andere; Muslims, Schiiten oder Sunniten; Freidenker, dialektische Materialisten und denkende Menschen, niemand von ihnen würde Befürworter dafür sein, unsere unwiederholbare Gattung vorzeitig absterben zu sehen, in Erwartung dessen, dass die komplexen Evolutionsgesetze zur Entstehung einer anderen führen, die ihr ähnelt und zum Denken fähig wäre.-Fidel Castro Ruz, 27. März 2012«[7]
Die katholische Kirche Kubas kommt nicht umhin, die humanistischen Leistungen im Lande anzuerkennen. »Dass es trotz aller Schwierigkeiten in Kuba weder Straßenkinder noch Bettler gibt, dass auch Schulen und medizinische Versorgung immer noch kostenlos sind, spricht für den Humanismus in diesem Prozess.«[8]

Wenn man die Entwicklung einiger Länder Lateinamerikas in Richtung Sozialismus verstehen will, muss man auch auf andere Wurzeln zurückgreifen. Neben einer starken Wirkung des katholisch-christlichen Glaubens in mehr oder weniger allen Ländern Lateinamerikas – hier häufig verstanden als von der Römischen Kurie bisher stark bekämpften sozialen Theologie der Befreiung – geht die soziale Umgestaltung Lateinamerikas vor allem auf Befreiungslehren und deren charismatische Idole zurück – Simón Bolívar, José Martí, Ernesto Che Guevara.

Simón Bolívar – José Martí – Ernesto Che Guevara

Die revolutionäre Entwicklung in Venezuela, ebenso in Bolivien und Ecuador, beruft sich ausdrücklich auf **Simòn Bolivar** (1783–1830). Die neue Verfassung Venezuelas trägt den Namen »Verfassung der Bolivarischen Republik Venezuela« und beruft sich in ihrer Präambel auf »Das Volk Venezuelas, in Ausübung seiner schöpferischen Kräfte und unter Ausrufung von Gottes Schutz, des historischen Vorbildes, unseres Befreiers Simòn Bolivar«. Simòn Bolivar war südamerikanischer Unabhängigkeitskämpfer und ist Nationalheld vieler südamerikanischer Länder. Politische Leitlinien Bolivars waren die Unabhängigkeit Lateinamerikas gegenüber Europa und den USA, fortschrittliche Sozialvorstellungen und die Idee einer einheitlichen

Andenrepublik. Auf Bolivar gehen auch Vorstellungen einer Präsidentschaft auf Lebenszeit einschließlich des Rechts auf Ernennung eines Nachfolgers zurück. Im Dezember 1830 starb Bolivar, wahrscheinlich an den Folgen einer Arsenvergiftung. Bereits kurz nach seinem Tode begann in vielen südamerikanischen Ländern eine Heldenverehrung, die bis heute anhält.
Die Kubanische Revolution bezieht sich in hohem Maße auf **José Martí** (1853–95), dessen Denkmal nicht nur als Wahrzeichen von Havanna den zentralen Platz ziert, sondern auch als Büste vor vielen Schulen Cubas zu finden ist. Sein politisches Denken und Handeln war geprägt vom Kampf gegen die spanische Fremdherrschaft und den Antiimperialismus gegen die USA. Sein Wirken war geprägt von Humanismus und Unabhängigkeitsdenken. Nach seinen Vorstellungen sollten sich die Unterschichten aktiv an der Regierung beteiligen. Die Außenpolitik sollte sich auf eine Union der lateinamerikanischen Staaten stützen und dem Expansionskurs der USA entgegen wirken. Eine Regierung Cubas sollte die extreme soziale Ungleichheit beseitigen und eine kubanische Identität und Kultur so weit festigen, dass eine vollkommene politische Unabhängigkeit geschaffen wird. José Martí fiel auf Cuba 1895 im Unabhängigkeitskampf gegen die Spanier.
Aktuell nimmt in allen Ländern Südamerikas – und nicht nur dort – das revolutionäre Erbe von **Ernesto Che Guevara** (1928–1967) Kultcharakter an. Das berühmte Foto ist zum Symbol einer antiimperialistischen Freiheitsbewegung rund um den Erdball geworden, die unterschiedlichste Strömungen beinhaltet und rational nicht immer nachvollziehbar ist. In Cuba selbst ist Che zur nationalen Kultfigur mit religiöser Verklärung geworden, dessen Bilder und Schriften das öffentliche Leben kennzeichnen. Che warnte von vornherein davor, im Sozialismus einen Wettlauf mit den Waffen des Kapitals einzugehen. »Dem Hirngespinst nachjagend, man könne den Sozialismus mit den morschen Waffen verwirklichen, welche der Kapitalismus uns vererbt (die Ware als ökonomische Zelle, die Rentabilität, das individuelle materielle Interesse als Hebelkraft usw.) kann man sich leicht in einer Sackgasse verfangen … Um den Kommunismus aufzubauen, müssen wir mit der materiellen Basis zuggleich den neuen Menschen schaffen.«[9]

Allen drei Vorbildern ist gemeinsam, dass sie mit revolutionärem Elan unter Einsatz und Verlust ihres Lebens kämpfend für die Freiheit vom ausländischen Joch gewirkt haben. Ihrem Wirken lag keine geschlossene Theorie oder ausgereifte Konzeption zugrunde. Vielleicht macht gerade dieses ihre bis heute wirkende Anziehungskraft und die Ablehnung von revolutionären »Dogmen« durch die Führer der sozialistischen Bewegungen aus. Entwicklungen in Lateinamerika, die in Richtung Sozialismus gehen, auch das Denken und Handeln der Führungspersönlichkeiten Fidel und Raul Castro (Cuba), Hugo Chávez (Venezuela), Evo Morales (Bolivien) und Rafael Correa (Ecuador) kann man nur vor dem Hintergrund dieser historischen Persönlichkeiten verstehen. Sie verstehen sich als Erben dieser Befreier und Revolutionäre.

Ihr Handeln ist geprägt vom Streben nach Unabhängigkeit und Freiheit, Verbindung zur Natur und Heimat, sozialer Ausgewogenheit.

Die Grundzüge sozialistischer Entwicklung

Obwohl es kein einheitliches und geschlossenes Konzept zur Errichtung des Sozialismus in Lateinamerika gibt, die Prozesse in den Ländern durchaus differenziert verlaufen, werden in den am Sozialismus orientierten Ländern (Cuba, Venezuela, Ecuador, Bolivien) jedoch wesentliche sozialistische Grundzüge durchgesetzt.

Zum Ersten: Ein anderes Lebensmodell

Die am Sozialismus orientierten lateinamerikanischen Staaten lehnen das westliche, im wesentlichen auch in den am Sozialismus orientierten Ländern Europas kopierte und in China forciert betriebene Lebensmodell einer Konsumgesellschaft, angetrieben durch eine sinnlose Werbemaschinerie, ab. »Ich würde sagen, dass die Konsumgesellschaft eine der finstersten Erfindungen des entwickelten Kapitalismus und heute der neoliberalen Globalisierung ist … Diese Gesellschaft ist Ausdruck einer völlig irrationalen Lebens- und Konsumform, die für zehn Milliarden Menschen, die nach dem fatalen Ende der Erdölvorräte auf diesem Planeten leben werden, kein Modell sein kann … Natürlich braucht der Mensch auch materielle Güter. Immer muss man sie an die erste Stelle setzen, denn um lernen zu können, muss man bestimmte Bedürfnisse befriedigen, die physisch, materiell sind. Aber die Lebensqualität besteht im Wissen, in der Kultur. Viele glauben, dass Geld das Entscheidende sei. Falsch. Entscheidend ist das Niveau der Kenntnisse und der Bildung.« meint Fidel Castro[10]

Raffael Correa – Präsident Ecuadors schätzt berechtigt ein: »Der vielleicht größte Fehler des traditionellen Sozialismus war es, das kapitalistische Entwicklungskonzept nicht in Frage zu stellen – man wollte dasselbe nur schneller und gerechter. – Unser Konzept ist das gute Leben, das Leben in Einklang mit der Natur, in Würde, mit Gleichheit.«[11] Zum Lebensziel, gewachsen aus den Traditionen der indigenen Ureinwohner, wird das **»Gute Leben«.**

Nachhaltigkeit ist keine leere Floskel, die innerhalb des kapitalistischen Wirtschaftssystems missbraucht wird, sondern Gebot der Stunde und in Ecuador und Bolivien Verfassungsgrundsatz. Wer jemals Südamerika bereiste, wird unvermeidlich mit den Werten der »Mutter Erde«, der Pachamama konfrontiert.

Das »gute Leben«

»Es ist unmöglich, das Leben zu schützen, wenn wir jene Marktbeziehungen aufrechterhalten, die die Natur in ein Objekt verwandelt haben, das man sich aneignet oder zerstört. Die mechanische und unendliche Anhäufung von Gütern, die auf einem anthropozentrischen Utilitarismus gegenüber der Natur beruht, hat keine Zukunft. Die Grenzen jenes Lebensstils, der von der Ideologie des klassischen Fortschrittsdenkens ausgeht, werden immer deutlicher. Die natürlichen Ressourcen dürfen nicht als Voraussetzung für Wirtschaftswachstum gesehen werden, ebenso wenig dürfen sie nur Objekt der Entwicklungspolitik sein. Das Menschliche verwirklicht sich in der Gemeinschaft, zusammen mit und bezogen auf andere Menschen, ohne dass die Natur beherrscht werden muss. Die Menschheit steht nicht außerhalb der Natur, sie ist Teil von ihr.«[12]

Die Pachamama

»Daher müssen wir unsere wirtschaftlichen Ziele und Beziehungsgeflechte, unsere Produktions- und Reproduktionsweisen den ausgleichenden Prozessen der Pachamama (Mutter Erde) anpassen. In Gegenwart von sozialer Ungerechtigkeit ist diese Anpassung nicht möglich, denn Ungerechtigkeit ist die Quelle und die Folge des Ungleichgewichtes. Ebenso wenig gelingt die Anpassung durch »Entwicklung«, denn Entwicklung, wie wir sie kennen, ist eine Quelle sozialer Ungerechtigkeit. In den Anden wird diese Aufgabe durch das

Konzept des ›Buen Vivir‹ oder ›Sumak kawsay‹, des ›Zufriedenen Zusammenlebens‹ gelöst. Dieses Konzept wurde sogar in die neuen Verfassungen von Ecuador und Bolivien aufgenommen. Buen Vivir ist das Ergebnis des Commoning. Es bedeutet in Harmonie zu leben, gute Luft zu atmen, betroffen zu sein, wenn der Nächste nichts zu essen hat, zu teilen (compatir) und zusammenzuleben (convivir), in Harmonie mit der Familie oder der Gemeinde. Nach den Konzepten der Pachamama und des Buen Vivir steht der Mensch nicht im Zentrum der Welt, sondern er ist Teil eines Systems. Damit ist das Buen Vivir keineswegs der Weg des klassischen Sozialismus, der den Fortschritt zum Fetisch erhebt und glaubt, der Mensch könne den Fortschritt endlos kontrollieren. Stattdessen ist die Idee der Gegenseitigkeit ausschlaggebend … Geben und Nehmen, Himmel und Erde.«[13]

Zum Zweiten: Die Armen reicher machen.
Aus diesem anderen Lebensverständnis ergeben sich andere Schwerpunkte bei der sozialen Sicherung der Bevölkerung. Allen diesen Ländern ist gemeinsam, dass sie nicht erst einige Schichten reich machen wollen, ehe alle reich werden, wie in China zur Staatsphilosophie erhoben. Das gegenteilige Herangehen ist gesellschaftliches Ordnungsprinzip. Was erarbeitet wurde, soll mehr oder weniger allen zugute kommen. Das erfordert, in den meisten Ländern den Rückbau der extrem ungleichen Einkommens- und Vermögensverteilung. Alle Länder Südamerikas nahmen bisher in der weltweiten Skala der Ungleichheit von Einkommen und Vermögen weltweit nur hintere Plätze ein.

Die links orientierten Regierungen aller dieser Länder stehen vor der gigantischen Aufgabe, diesen Prozess umzukehren. In **Venezuela** sank der Gini-Koeffizient seit der Jahrtausendwende von rund 0,50 auf 0,41 bis zum Jahre 2010, »womit Venezuela heute den niedrigsten Wert in Lateinamerika aufweist.«[14] In Ecuador wurde die Ungleichheit von 2006 bis 2013 drastisch – am schnellsten in der lateinamerikanischen Region – verringert. Der Gini-Koeffizient sank von 0,51 auf 0,43. Erreicht wurden diese Ergebnisse durch Lohnsteigerungen, vor allem in den unteren Schichten der Bevölkerung, die deutlich über der – nach wie vor zu hohen – Inflation liegen.[15]
»Venezuela ist das Land, das in Südamerika die größten Errungenschaften in Bezug auf die Schließung sozialer Kluften hat, bestätigte die Wirtschaftskommission der UNO für Lateinamerika und die Karibik.«[16] Der Bolivianischen Regierung unter Evo Morales attestiert ein UNO-Be-

richt, dass im Zeitraum 2005 bis 2009 die Anzahl der in extremer Armut lebenden Menschen von 3,6 Millionen (38,2 Prozent) auf 2,7 Millionen (26,1 Prozent) gesenkt wurde.[17]

In anderen Ländern, ohne grundlegende Umgestaltungen, hat sich die Ungleichheit weiter verstärkt. In **Uruguay** hat »das spektakuläre Wachstum des Bruttosozialproduktes in den letzten Jahren die Ungleichheit erhöht … Es besteht weiter eine große Schere zwischen dem reichsten Fünftel der Bevölkerung, das über 47,7 Prozent des nationalen Einkommens verfügt, und dem ärmsten Fünftel, das sich mit 5,7 Prozent begnügen muss.[18] **Chile** hat mit einem der weltweit größten Gefälle zwischen Arm und Reich zu kämpfen … 47 Prozent der an der Börse von Santiago gehandelten Werte liegen in der Hand von vier Familien.«[19]

Zum Dritten: Alle gesünder machen

Hugo Chávez erklärt: »Jetzt haben sie Ärzte im Barrio, jetzt haben sie medizinische Einrichtungen, jetzt haben sie vollkommen kostenlose Kliniken mit den modernsten Tomografen der Welt, Anlagen für Elektrokardiogramme, für Elektroenzephalogramme, hochentwickelte medizinische Geräte. Jetzt haben sie Schulen, die Bolivarischen Schulen, in denen die Kinder frühstücken, zu Mittag essen und nachmittags eine Zwischenmahlzeit bekommen. Das ist vollkommen kostenlos, einschließlich der Computer, mit Sport, Kultur.«[20]

In Cuba ist dieses Prinzip von Anfang an Grundlage des sozialistischen Staates. Cuba hat dadurch nicht nur Weltspitzenergebnisse bei der Verlängerung der Lebensdauer der Bevölkerung und der Verringerung der Kinder- und Säuglingssterblichkeit erreicht,[21] die mit jedem entwickelten Industrieland mithalten können.

Beispielhaftes Gesundheitswesen in Kuba sichert lange Lebensdauer

»Kuba hat eine Kindersterblichkeitsrate von weniger als sechs pro Tausend Lebendgeburten im ersten Lebensjahr zu verzeichnen, damit liegen wir leicht hinter Kanada. Wir sind auf dem Weg, diese in einer nicht allzu fernen Zukunft auf fünf und später sogar auf vier Jahre zu reduzieren, womit wir den ersten Platz auf dem Kontinent einnehmen würden. Gleichzeitig werden wir die Hälfte der Zeit benötigen, die Schweden und Japan gebraucht haben, um die durchschnittliche Lebenserwartung von siebzig auf 80 Jahre zu steigern, zurzeit liegt sie bei 77,5 Jahren. Das Gesundheitswesen hat die

Lebenserwartung um fast achtzehn Jahre gesteigert, ausgehend von sechzig beim Triumph der Revolution im Jahre 1959. Unsere Bevölkerung hat heute mindestens fünfzehnmal so viele Ärzte, wie damals 1959. Kuba hat mehr als 70000 Ärzte. Weitere Zehntausende befinden sich im Ausland und leisten solidarische Dienste.« (Chávez)[22]

Das Menschenrecht auf Leben ist keine leere Floskel.

Vom sozialistischen Cuba gehen beispielgebende Initiativen für den gesamten lateinamerikanischen Kontinent aus. »Wir kämpfen darum, das beste medizinische Personal der Welt zu schaffen. Nicht nur für uns, sondern für die Völker Lateinamerikas und andere Völker dieser Welt. In der ELAM (Escuela Latinoamericana de Medicina – Lateinamerikanische Medizinschule) sind bereits mehr als 10.000 Studierende immatrikuliert. Es gibt zum Beispiel 2000 junge bolivianische Abiturienten hier. Viele Länder bitten uns darum, ihnen Ärzte auszubilden. Wir können das leisten und niemand wird das besser machen.«[23]

Zum Vierten: Bildung gibt Macht.

José Martí sagte: »Gebildet zu sein, ist die einzige Möglichkeit frei zu sein und ohne Bildung gibt es keine Freiheit.«[24] Ausgehend von dieser Erkenntnis, dass nur eine gebildete Nation in der Lage ist, seine Geschicke verantwortungsvoll in die eigenen Hände zu nehmen, übersteigen die Bildungsausgaben der sozialistisch orientierten Länder die in entwickelten Industrienationen bei weitem. Kostenlose Bildung bis zum Studium ist Staatsgrundsatz. »Deshalb hat unsere Revolution unaufhörlich gegen den Analphabetismus und für die Fortentwicklung des Bildungswesens gekämpft«[25], erklärt Fidel Castro, »wenn wir mit der Armut Schluss machen wollen, müssen wir den Armen Macht geben, und die erste Macht ist das Wissen … Die UNESCO hat Venezuela zu einem vom Analphabetismus freien Gebiet erklärt. In Lateinamerika, auf dem amerikanischen Kontinent und ich glaube weltweit gibt es nur zwei vom Analphabetismus freie Gebiete: Kuba und Venezuela. Jetzt sind wir in Bolivien, denn Venezuela hat einen Mechanismus mit dem gesamten Kontinent. Wir haben gemeinsam mit Kuba Analphabetisatoren in Bolivien«[26], sagt Hugo Chávez.

»Macht ist demokratisch nur in Verbindung mit Bildung zu verändern«, betont der ecuadorianische Botschafter Jorge Jurada (siehe Interview ab Seite 217).

Zum Fünften: Medien an die Leine legen.

Wesentliches Kernstück westlicher Arroganz gegenüber den sozialistisch orientierten lateinamerikanischen Ländern ist der Umgang mit den Medien. Welcher Aufschrei ging monatelang durch den bundesdeutschen Blätterwald, als Chávez die Sendelizenz für einen Privatsender nicht verlängerte. Castro[27] und Chávez erklären nachvollziehbar, dass sie eine andere Vorstellung von Pressefreiheit als die der Privatmedien haben.

Der Schriftsteller und Professor für Politik an der Universität Colombia in Medellin schätzt die Medienpolitik von Chávez wie folgt ein: »Die am häufigsten zu hörende Kritik, dass nämlich die Chávez-Regierung unabhängige Medien verfolge, hat mehr mit Propaganda als mit Wirklichkeit zu tun. Anders als im Nachbarland Kolumbien müssen oppositionelle Journalisten in Venezuela nicht um ihr Leben fürchten, wenn sie sich mit dem Präsidenten anlegen. Die Situation ist komplexer. Gegen die bürgerlichen Medien, die über Jahre unverhohlen zum Aufstand gegen den – immerhin demokratisch gewählten – Präsidenten aufgerufen haben, hat die Regierung ein spezielles Mediengesetz in Stellung gebracht. Dieses Gesetz, das offiziell dazu dient, Kinder vor der Darstellung von Gewalt und Sex zu schützen, lässt sich bestens auch im Kleinkrieg mit den Medien instrumentalisieren …

Immerhin sind große Medienkonzerne in der Regel alles andere als Garanten partizipativer Meinungsbildung. Außerdem muss man berücksichtigen, dass in Venezuela dank der neuen Mediengesetze seit dem Jahr 2000 mehr als hundert unabhängige Bürger- und Community-Radios entstanden sind, die zu einer demokratischen Meinungsäußerung sicher mehr beitragen als Kommerzsender.«[28]

In Ecuador wurde das private Medienmonopol generell abgeschafft und allen Staatsbürgern die Meinungs-, Rede- und Pressefreiheit nicht nur de jure, sondern de facto garantiert. Bis 2006 befanden sich alle großen Medien des Landes im Privatbesitz von sechs Familien, heute ist die Medienlandschaft zunehmend demokratisch strukturiert.

Zum Sechsten: Basisdemokratie entwickeln.

»Zentrales Element solcher Entwicklungen ist dabei, dass solche Umwälzungen entweder direkt an den Wahlurnen oder aber in einer Verstärkung basisdemokratischer Bewegungen sichtbar werden.«[29]

In den sozialistisch orientierten südamerikanischen Ländern werden umfassende Methoden gesamtgesellschaftlicher und basisdemokratischer Demokratie, die direkte Teilnahme breiter Volksschichten an der

Leitung der Gesellschaft erprobt. »Es gibt in Venezuela fünf Mächte: die Exekutive, die Legislative, die jetzt gerade Gesetze erlässt, die Judikative, die Bürgermacht, die Wahlmacht ... In der Verfassung gibt es die Möglichkeit des Amtsenthebungsreferendums. Das Volk, das dich gewählt hat, kann dir das Mandat wieder entziehen, wenn es mit dir nicht zufrieden ist. Gegen mich haben sie das Amtsenthebungsreferendum durchgeführt, nur dass wir es gewonnen haben, ich wurde erneut mit fast 60 Prozent der Stimmen bestätigt. Aber das gilt in jeder Amtszeit und für jedes aus Volkswahlen hervorgegangene Mandat: Gouverneure, Bürgermeister.«[30]

»Die Demokratie wird (in Bolivien) durch Beteiligung, Repräsentation und zahlreiche plebiszitäre und basisdemokratische Elemente ausgebaut ... Die Repräsentative wurde durch Mechanismen der partizipativen Demokratie erweitert. Politische Parteien verlieren an Exklusivität der politischen Repräsentation...Ein wesentliches Element der partizipativen Demokratie ist laut Verfassung die Consulta ciudadana, das Einholen der Meinungen der Bürgerinnen und Bürger.«[31]

In Ecuador kann der gewählte Präsident durch ein Abwahl-Referendum bereits nach zwei Jahren Amtszeit entmachtet werden. Das trifft auch auf lokale Bürgermeister zu, was in den letzten Jahren durchaus häufig geschah.

Ob diese extreme basisdemokratische Möglichkeit der Stabilisierung des politischen Systems dient, sei dahin gestellt. Es ist jedoch eine der dümmsten Verleumdungen westlich arroganter Politiker und Medien – verirrte »Linke« eingeschlossen – die fortschrittlichen südamerikanischen Staaten wegen mangelnder Demokratie an den Pranger zu stellen. Wenn in auch nur einem westlichen Land näherungsweise so viel Basisdemokratie herrschen würde, wie beispielsweise in den sozialistischen Ländern Südamerikas, wären linke Vorstellungen ihrem Ziel an ganzes Stück näher. Auch die führenden Repräsentanten dieser Länder als »Diktatoren« abzuqualifizieren, ist grotesk. In Venezuela, Bolivien, Ecuador stellt sich der Präsident dem Volk, um wieder gewählt zu werden. In einem Musterland der Demokratie, der BRD, bestimmt die BILD-Zeitung wer – zugegebener Maßen ohne politische Bedeutung und Wirkung – Präsident des Landes wird, abgenickt durch auserwählte Wahlmänner und -frauen. Nicht ganz grundlos bezeichnet Fidel Castro ein demokratisches Mehrparteiensystem als »Mehr-Schweinerei«.[32] Statt Mehr-Schweinerei nimmt in Lateinamerika das Volk zunehmend die politischen Geschicke selbst in die Hand.

»Ohne die starke Mobilisierung sozialer Bewegungen in den Neunziger- und frühen Nullerjahren wären die meisten linken Staatschefs wohl gar nicht im Amt. Massenproteste trugen erheblich zum Zusammenbruch der alten Regime in Venezuela, vor allem aber in Bolivien und Ecuador bei«.[33]

Zum Siebenten: Verfassung durch das Volk gestalten und achten.

Bedeutungsvoll ist, dass wirksame gesellschaftliche Veränderungen in den sozialistisch orientierten Ländern Lateinamerikas immer mit einer demokratischen Verfassungsreform verbunden waren. Das Volk, nicht anonyme Wahlveranstaltungen mit auserkorenen Wahlfrauen und Wahlmännern, konnten über die Gestaltung ihres Gesellschaftssystems bestimmen. »In Venezuela, Ecuador und Bolivien sollen neue Verfassungen den Weg für tiefgreifende Veränderungen frei machen. Sie sehen darin einen Meilenstein auf dem Weg zum ›Sozialismus des 21. Jahrhunderts‹«.[34]

Die Bolivianische Verfassung Venezuelas »wurde anders als die EU-Verfassung nicht von Technokraten hinter verschlossenen Türen entwickelt, sondern ging aus einer gesellschaftlichen Debatte hervor. Zudem trägt sie klar progressive Züge: Soziale Rechte, öffentliches Eigentum und plebiszitäre Elemente wurden gestärkt, Venezuela als partizipative Demokratie definiert. Am wichtigsten ist jedoch, dass der Verfassungsprozess neue Wege der Veränderung aufzeigt und das Verhältnis von Kontinuität, Transformation und Bruch neu bestimmt hat. In Venezuela – Ähnliches gilt für Ecuador und Bolivien – fand der politische Wandel innerhalb bestehender Institutionen statt. Dennoch bedeutete die Verabschiedung der neuen Verfassung einen Bruch, durch den radikale Veränderungen möglich geworden sind.«[35]

Die Verfassung von Ecuador wurde 2008 innerhalb von acht Monaten von einem gewählten Verfassungskonvent unter aktiver Beteiligung der Bevölkerung in öffentlichen Foren ausgearbeitet und im September desselben Jahres per Volksentscheid angenommen.

Offenkundig haben die Völker und Repräsentanten der Staaten Lateinamerikas eine andere Auffassung zur Autorität einer Verfassung als im »Rechtsstaat BRD«. Sie ist dort vom Volk zu entscheiden und hat für den Staat Richtschnur des Handelns sein, keine politische Hure, die beliebig im Interesse der Herrschenden missbraucht wird.

Zum Achten: Rechtspflege sozialistisch gestalten

Eine der grotesken Vorstellungen bürgerlicher Demokratie besteht in der Zelebrierung des »Rechtsstaates«. Verfassungsgerichte und Verwaltungsgerichte sind in modernen bürgerlichen Gesellschaften dazu befugt, Rechts- und Verwaltungsakte von Parlamenten, Regierungen und Behörden kraft subjektiver richterlicher Vorstellungen »zu kippen«. Dieser Vorgang stellt a priori ein Misstrauen gegen Entscheidungen gewählter Organe dar und entwickelt daraus die gepriesen Staatsdoktrin eines »Rechtsstaates«. Staaten, die dieser eigenwilligen Doktrin nicht folgen, werden zum »Unrechtsstaat« abgestempelt. Die Richter selbst haben jedoch weder eine demokratische Legimitation noch unterliegen sie einer gesellschaftlichen Kontrolle oder Rechenschaftspflicht. Es versteht sich von selbst, dass Staaten, die den Begriff der Rechtsstaatlichkeit ernst nehmen, sich mit diesem Zustand nicht abfinden können. Auch auf diesem Gebiet gehen lateinamerikanische Länder neue Wege.

Wie eine sozialistische Justiz gestaltet werden kann, praktiziert gegenwärtig Bolivien. »Boliviens Präsident Evo Morales hat die Richterwahl durch alle Stimmberechtigten verkündet... Zu besetzen sind 54 Posten am Obersten Verfassungsgericht, am Obersten Gerichtshof, an den Gerichten für Umwelt und Landwirtschaft und am Obersten Verwaltungsgericht...Mitglieder von Parteien und Bürgervereinigungen können sich nicht bewerben.«[36] Abgesehen davon, dass es einer Prüfung wert ist, ob in einem wirklich sozialistischen und demokratischen Staatswesen Verwaltungsgerichte[37] notwendig und zweckmäßig sind, ist dieser Weg offenkundig richtig.

Zum Neunten: Privateigentum zurück drängen.

Den sozialistisch orientierten Ländern Lateinamerikas ist gemeinsam, dass sie das Privateigentum an Produktionsmitteln in Landwirtschaft, Industrie und Finanzwesen schrittweise zurückdrängen oder von vornherein beseitigt haben (Cuba). Nach Auffassung der Linken (in Lateinamerika) sind Verstaatlichungen und Nationalisierungen unverzichtbares Instrument zur Umverteilung des Reichtums. Es ist ernüchternd und schockierend, dass in Europa Linke über »Verfügung« faseln, während in Lateinamerika die Linke mit Verstaatlichung handelt.

Herausragende Priorität besitzt die nationale und gesellschaftliche Kontrolle über die Bodenschätze. Die Renationalisierung der Erdöl-, Gas-, Metallvorkommen ist oberstes Gebot und sichert den Spielraum für soziale Leistungen. Die Maßnahmen sind unterschiedlich, von der extremen Besteuerung bis zur Nationalisierung. »Im Fall der Bodenschätze können solche Maßnahmen von entscheidender Wichtigkeit sein... Chávez kann das Verdienst für sich beanspruchen, den gewaltigen Reichtum seines Landes aus den Händen transnationaler Giganten in jene sozialen Sektoren umgeleitet zu haben, die ihn am dringendsten benötigen.«[38]

In Bolivien erfolgte 2005 zunächst die Re-Nationalisierung des Erdgas- und Erdölsektors, verbunden mit der Erhöhung der Abgaben der Konzessionäre an den Staat und damit Erhöhung der Staatseinnahmen aus dem Erdgasexport. Ecuador geht einen anderen Weg: statt Enteignung höchste Besteuerung der Ölkonzerne (siehe Interview Seite 217).

Es ist das am härtesten umkämpfte Terrain gegen die internationalen Konzerne. Die technische Abhängigkeit von diesen ist nach wie vor gegeben und nur schrittweise durch andere internationale Allianzen – China, Russland – aufzuweichen. Gleichwohl steht vor den Ländern die Aufgabe, den nationalen Reichtum aus den Bodenschätzen selbst besser zu nutzen, sich vom reinen Rohstoffexporteur zur eigenen industriellen Weiterverarbeitung zu wandeln. »Warum bilden Brasilien und Venezuela nicht Staatsfonds, um in High-Technologien zu investieren?«[39] Warum eignen sich die in Jahrhunderten von den Industrieländern ausgebeuteten »Entwicklungsländer« nicht kostenlos umfangreiches Know-how an und lassen sich durch Rechtsakte zum »Schutz des geistigen Eigentums« knebeln? In diesem Fall: Von Japan und China lernen – heißt siegen lernen!

Besondere Bedeutung hat die Landreform, die in den Ländern eben wegen der Machtverhältnisse unterschiedlich umgesetzt wird. »Mit der Reform des Bodenrechts wird Staatsland an indigene Gemeinden vergeben; nicht produktiv genutztes Land in Großgrundbesitz kann zugunsten von landarmen campesinos und indigenen Gemeinschaften enteignet werden. In Bolivien hat unter der Regierung Evo Morales eine neue Agrarreform begonnen, die den Landbesitz auf 5000 Hektar pro Familie begrenzt. Bisher gab es Latifundien von unbeschränkter Ausdehnung, oft liegt der Boden brach. Jetzt muss auch eine ökonomische und soziale Funktion des Landbesitzes nachgewiesen werden. Der Staat übergibt den Boden in kollektiver Form, das entspricht indigener Tradition und Kultur.«[40]

Es besteht die Notwendigkeit, bei der Verstaatlichung zu verhindern, dass Ressourcen ungenutzt brach liegen. »In Cuba zeigt sich, dass wegen des agrarischen Gigantismus ganze Landstriche verfallen, die lokale Nahrungsmittelproduktion zerstört (oder marginalisiert) ist, die Hälfte des bebaubaren Lande nicht genutzt ist.«[41] Offensichtlich hat Cuba aus diesen schmerzhaften Fehlern Lehren gezogen.

Zum zehnten: Vom internationalen Finanzkapital befreien

Von existenzieller und weltpolitischer Bedeutung ist die Abkopplung der sozialistisch orientierten Staaten vom Wirken und Wüten des internationalen Finanzkapitals. Viele Länder Lateinamerikas haben inzwischen ihre »Schulden« gegenüber IWF und Weltbank getilgt, durch Verweigerung einer Rückzahlung (Argentinien) oder Tilgung mit Unterstützung Venezuelas (Ecuador, Bolivien). Das internationale Finanzkapital schlägt zurück. Die Regierung Argentiniens wird durch US-amerikanische Gerichte verurteilt, um Hedge-Fonds ihr entgangenes Kapital zurück zu erstatten. Ecuador ist einen erfolgreicheren Weg gegangen.

Wie sich Ecuador aus den Fängen des IWF befreite

Der Präsident der Republik Ecuador Rafael Correras bezeichnet den IWF als *Wachhund des internationalen Finanzkapital.* In einer Finanzreform, die als die konsequenteste im 21. Jahrhundert gelten kann, wurde die Auslandsverschuldung durch eine Kommission von ecuadorianischen und internationalen Experten überprüft. Diese stellten für ein Drittel aller „schulden" deren Unrechtmäßigkeit fest. Der Marktwert von Staatsanleihen Ecuadors fiel dramatisch, weil die Anleger Angst bekamen. Als die Schulden nur noch 23 Prozent wert waren, haben sie diese verkauft. Der ecuadorianische Staat hat sie billig eingekauft. Ecuador hat sich dadurch aus den Fängen des internationalen Finanzkapitals befreit. Der Präsident erklärte anlässlich seines Deutschland-Besuches im April 2013: »Durch den Schuldenaudit der Regierung der radikaldemokratischen Bürger-revolution hat Ecuador 8 Milliarden US-Dollar an Schuldendienst eingespart. Der Schuldendienst betrug 2006 noch 24 Prozent des Staatshaushaltes, im Jahre 2012 machte er nur noch 5,5 Prozent desselben aus.« Seit dem 1. Januar 2013 werden Bankengewinne zur Finanzierung von Sozialhilfe mit herangezogen.

Wichtig dabei ist, dass alle diese und weitere südamerikanische Länder keine nennenswerten neuen Kredite von diesen globalen kapitalistischen Finanzinstituten mehr aufnehmen. Statt internationalem Kapital nachzujagen, sind die Länder dabei, eine »Bank des Südens« zu entwickeln, eigenes Kapital zu mobilisieren und den Handel untereinander nicht mehr in Dollar, sondern in Sucre abzuwickeln. »Das perspektivisch interessanteste Projekt ist die Bank des Südens (Banco del Sur), die langfristig die Abhängigkeit der lateinamerikanischen Staaten vom IWF und der Weltbank beenden können. Länder wie Brasilien, Argentinien und sogar das kleine Uruguay haben ihre Schulden beim IWF vorzeitig getilgt und sich damit aus den Fängen des Diktats dieses übermächtigen Kraken befreit.«[42] Wenn diese Methode weltweit »Schule machen« würde, wären dem internationalen Spekulationskapital und damit dem Kapitalismus als Ganzem die Verwertungsbedingungen und damit die ökonomischen Grundlagen entzogen. Das System müsste ökonomisch kollabieren.

Volumen der IWF-Kredite (kumulativ) in Mrd. US $
Ende der Kreditaufnahme

Argentinien	72,5	2005
Bolivien	1,5	2006
Brasilien	84,3	2004
Ecuador	1,4	2006
Peru	1,5	2006
Uruguay	9,5	2005
Venezuela	0,2	2000

Quelle: Edition Le Monde diplomatique Nr.9/2011 Seite 69

»**Rafael Correa** (seit 3. Dezember 2006 Staatspräsident von Ecuador) erklärte im April 2007 den Repräsentanten der Weltbank in Ecuador, Eduardo Somensatto, zur Persona non grata. Außerdem beschloss Correa angesichts öffentlicher Schulden in Höhe von 10,5 Milliarden Dollar, den Anteil der Schuldenrückzahlung am Staatshaushalt von 38 Prozent im Jahre 2006 bis 2010 auf 11,8 Prozent herunter zu fahren. Wenige Tage später verkündete Venezuela seinen Austritt aus IWF und Weltbank, während Bolivien kurz darauf kundtat, dass es künftig die Autorität des Internationalen Zentrums zur Beilegung von Investitionsstreitigkeiten – ein Instrument der Weltbank-Gruppe – nicht mehr anerkennen werde.«[43]

Sozialismus nach lateinamerikanischer Prägung – ein Beispiel für die Welt?

Es bleibt die Frage, ob der lateinamerikanische Weg einiger Länder in Richtung Sozialismus beispielgebend für eine analoge Entwicklung in Europa und in der Welt sein kann. Die Fragestellung ist eigentlich beschämend für die europäische Linke. Sie ist weltweit die einzige politische Kraft, die aus dem in Europa praktizierten Sozialismus und Kapitalismus den Völkern der Welt Erfahrungen und Schlussfolgerungen vermitteln könnte. Dazu ist sie jedoch nicht annähernd in der Lage, sie betreibt fast 25 Jahre »danach« immer noch verwissenschaftlichte, kleinkarierte und differenzierte Ursachenforschung – jeder für sich und zutiefst demokratisch zerstritten.

Umso erfreulicher ist es für mich persönlich und mehrere leitende Wirtschaftsfunktionäre aus der DDR, dass es gelungen ist, mit Vertretern der ALBA-Staaten, an der Spitze Venezuela, Cuba, Bolivien, Ecuador in einen Erfahrungsaustausch über die DDR-Wirtschaft zu treten. In bisher zwei gemeinsamen Foren wurde auf Wunsch dieser Länder über positive und negative Erfahrungen aus der sozialistischen Wirtschaftspraxis der DDR unter dem Leitgedanken »Was die ALBA-Staaten von der DDR-Wirtschaft lernen könnten« vorgetragen und diskutiert (siehe Anlage 3).[44] Der Botschafter Venezuelas meinte, »angesichts der Probleme in den Ländern der ALBA-Staaten hätten wir das schon 8 bis zehn Jahre früher machen sollen.

Das Kräfteverhältnis in Südamerika unterscheidet sich generell von dem in Europa. Dort weitgehend verarmte, unzufriedene Schichten, ein Machtvakuum, in das progressive Organisationen und Persönlichkeiten auf demokratische Weise eindringen können. Hier trotz aller sozialen Differenzierung ein weitgehend gesättigtes Volk, geködert und eingelullt von Politik und Medien, »geschützt« durch starke Machtorgane und führungslos hinsichtlich wahrhaft linker Bewegungen. Die Bedeutung der lateinamerikanischen Bewegung sehe ich eher als Beispiel für andere ausgebeutete und um Unabhängigkeit ringende Entwicklungsländer Afrikas, Asiens und des Nahen Ostens, um dadurch das kapitalistische Gesamtsystem letztlich zum Einsturz zu bringen. Schon heute hat Cuba einen Stand in Schulwesen, Bildung, Gesundheitswesen, Sicherheit, kein Hunger, »von dem zwei Drittel der Bevölkerung in den meisten Ländern Lateinamerikas – von Afrika und großen Teilen Asiens ganz zu schweigen – nur träumen können.«[45] Wesentliche Ergebnisse bei der Verbesserung der

Lebensbedingungen in Venezuela und Ecuador werden in Anlagen 4 und 5 dokumentiert.

Wenn sich weltweit weitere selbständige Blöcke bilden, die sich dem Einfluss des internationalen Finanzkapitals entziehen, hat dieses als Weltmacht ausgedient. Welche Art »Sozialismus« in diesen Blöcken und deren einzelnen Nationalstaaten entsteht, wird durchaus differenziert sein.

»Es geht nicht um den Sozialismus des 21. Jahrhunderts per se, nicht um ein vorzugebendes Modell. Überlegungen, die auf ein solches allgemeingültiges Modell zielen, entsprechen nicht den Erfahrungen des Sozialismus im 20. Jahrhundert und schon gar nicht den sehr unterschiedlichen Realitäten Lateinamerikas, von Europa ganz zu schweigen... Es wird kein Modell des einen lateinamerikanischen Sozialismus geben, sondern er wird sich mit unterschiedlichen Elementen in den verschiedenen Ländern entwickeln.

Es gilt jedoch gemeinsame Herausforderungen zu bewältigen: den Abbau der Kluft zwischen Arm und Reich, die Überwindung der Außenabhängigkeiten, die nachhaltige Nutzung des »außerordentlichen natürlichen Potenzials« Südamerikas sowie die Umwandlung formal demokratischer Systeme in wirkliche Demokratien, in denen die bislang Ausgegrenzten mitreden.«[46]

Dazu ist es notwendig, von gemeinsamen politischen Grundpositionen ausgehend politische, ökonomische und militärische Aktivitäten wirkungsvoll zu koordinieren. Allein wäre ein Land hilflos dem US-Imperialismus ausgeliefert. Bei Wahrung der politischen Selbständigkeit, der Traditionen und Erfahrungen jedes Landes sind jedoch politische Blöcke in der Lage, eine eigenständige Gesellschaftspolitik zu betreiben.

So sind die um ihre sozialistische Zukunft ringenden Bewegungen in Lateinamerika durchaus Impulsgeber für reale alternative Entwicklungen im 21. Jahrhundert. Die Entwicklungsrichtungen dieser Länder stimmen mit meinen Vorstellungen eines erneuerten Sozialismus durchaus weitgehend überein. Das besagt nicht, dass sie sich letztlich durchsetzen werden, der Widerstand der veralteten Klassen bleibt erheblich.

»Es ist fraglich, ob Chávez und seine Regierung (und heute Maduro) in der Lage sein werden, sich die Gunst ihrer Wählerschaft zu erhalten. Darin liegt jedoch der Schlüssel zu ihrem Überleben. Sobald die Grundbedürfnisse erfüllt werden, wird es notwendig sein der natürlichen Neuordnung ihrer Anforderungen und Prioritäten gerecht zu werden.«[47] Das »Gute Leben« muss die Hirne und Herzen der Menschen erobern, das ist die Schlüsselfrage. Nur wenn es gelingt, den Menschen – wenn ihre Grundbedürfnisse annähernd befriedigt sind – klar zu machen, dass der weitere Konsumrausch nicht ihr Lebensziel sein kann, hat Sozialismus lateinamerikanischer Prägung eine Chance.

Lateinamerika wappnet sich gegen die Gefahr aus dem Norden. Es ist unwahrscheinlich, dass der große Imperator das Rad der Geschichte noch einmal mit Kriegen und Putsch zurück drehen kann oder gewaltsam Zugriff auf die immensen Naturreichtümer ergreift. Gebannt ist die Gefahr jedoch nicht.Die aktuellen Ereiggnisse in Venezuela zeigen, wie fragil die innere Lage und wie stark der äußere Einfluss sind. Da der Weg mehrerer südamerikanischer Länder echte sozialistische Züge zur Entmachtung des internationalen Kapitals beinhaltet, ruft er um so wütendere Reaktionen hervor.

Ecuador – Beispiel für einen anderen Weg/ Exklusiv-Interview mit dem Botschafter der Republik Jorge Jurado

Herr Botschafter, Ecuador hat seit der Präsidentschaft von Rafael Correa beeindruckende wirtschaftliche und soziale Erfolge, unter anderem bei der Bekämpfung der Armut, Verringerung der Ungerechtigkeit in der Verteilung und niedrige Inflationsraten zu verzeichnen. Sie haben in Vorträgen und Veröffentlichungen deshalb mehrfach zum Thema „Ecuador – Beispiel für einen anderen Weg?" gesprochen. – Was verstehen Sie unter einem „anderen Weg"?

Wenn wir historisch an diese Frage heran gehen, so möchte ich betonen, dass sich unser „anderer Weg" sowohl von dem des bis 1988 existierenden realen Sozialismus als auch des heute vorherrschenden Kapitalismus unterscheidet. Ich möchte nicht über einen „dritten Weg", sondern eben über einen „anderen Weg" sprechen. Es geht um einen Weg, der nicht die Fehler des real existierenden Sozialismus wiederholt, sich aber eindeutig vom neoliberalen Kapitalismus unterscheidet. Heute überwiegen perverse finanzielle und Wirtschaftsabhängigkeiten zwischen den Hegemonialstaaten und den Ländern, die sich noch in Entwicklung befinden. Wir versuchen, die Bevölkerung in den Mittelpunkt zu stellen. Wir denken, dass der Mensch über dem Kapital und dem Markt stehen muss. Wir wollen, dass das Kapital sozial und demokratisch eingehegt ist, damit die wirtschaftliche Entwicklung nicht nur den Besitzenden zugute kommt. Aber wir verneinen nicht den Markt, der Markt ist da. Es war ein großer Fehler des realen Sozialismus, den Markt zu verpönen. Wo gehandelt wird, ist der Markt, aber er muss dem Menschen dienen. Das ist ein anderer Weg als die Perversität des Finanzmarktes.

Präsident Correa hat gesagt, der Realsozialismus wollte den Kapitalismus nachahmen, überbieten. Was ist Ihre Hauptkritik am realen Sozialismus?

Hauptkritik ist das Fehlen persönlicher Freiheiten. Das heißt nicht, dass wir uns den Individuen beugen müssen. Nein, die Gemeinschaft, die Gesellschaft genießt die höchste Priorität vor den individuellen Bedürfnissen. Aber das Individuum darf nicht unterdrückt werden. Jeder Mensch soll die Möglichkeit haben, sich schöpferisch zu entwickeln. Die schöpferische Kraft soll nicht unterdrückt, sondern gefördert werden.

Ohne Machtänderung ist keine Gesellschaft zu verändern. Welche Änderung in den Machtstrukturen gibt es in Ecuador?

Das ist dialektisch: Soll man Macht durchgreifend ändern? Wir sehen das anders: Macht ist demokratisch nur in Verbindung mit Bildung zu verändern. Das Volk muss gerechte Chancen bekommen sich zu bilden, dann werden auch die Machtstrukturen verändert, weil Bildung in Bewusstsein umschlägt.

Welche konkreten Machtveränderungen haben sie in Ecuador vollzogen?

Dieser Prozess ist noch voll im Gange, wir haben auch noch starken Widersand zu überwinden. Ich möchte folgende Schwerpunkte nennen:

1. Wir haben von Grund auf die Wirtschaftspolitik neu gestaltet. Sie ist diametral gegen die neoliberale Politik gerichtet. Wir sparen uns nicht kaputt, sondern wir investieren so viel wie möglich. Der Staat führt die größten Investitionen in Bildung, soziale Sektoren -wie Gesundheit, Infrastruktur sowie Reduzierung der Armut, der extremen Armut und Ungleichheit- durch. Die Investitionen in die Infrastruktur bringen die eigene Wirtschaft kräftig in Bewegung. Früher war das nicht möglich, weil man früher mit einem umgekehrten Prinzip gearbeitet hat. Kapital war in wenigen Händen. Man wartete, dass der Bevölkerung einige Brosamen abgegeben wurden. Wir haben das umgedreht: Wirtschaft ist für die Menschen da.

2. Wir haben die Hauptertragsquellen des Landes grundlegend verändert.

Die Wirtschaft Ecuadors war stark vom Erdöl abhängig. Das Öl in Ecuador ist immer in staatlichem Besitz gewesen. Alles unter der Erde gehört dem Staat. Das ist lateinamerikanisches Recht, im Gegensatz zum angelsächsischen Recht. Wir hätten die Ölunternehmen enteignen können, haben es aber nicht getan. Wir forderten stattdessen eine faire Verteilung der Profite: Die Ölgesellschaften hatten früher Verträge, wo von ihnen Öl nach dem Weltmarktpreis gehandelt wurde. Alle Überschüsse kamen der Ölgesellschaft zugute. Gegen starken Widerstand der Ölgesellschaften haben wir dieses Privileg der Ölgesellschaften gebrochen. Wir haben nicht enteignet. Wir haben neue Verträge ausgehandelt. Neue Verträge sind Dienstleistungsverträge, Wir bezahlen die Arbeit der Erdölgesellschaften für die Erschließung sowie die Investition und überlassen ihnen einen gewissen Gewinn. Wenn das Öl einmal über der Oberfläche ist, kann der Staat auf dem Ölmarkt handeln, denn es ist unseres, wir verkaufen es, partizipieren an den Ölpreisen. Wer die neuen Verträge nicht anerkannte, konnte das Land verlassen. Von 18 Ölgesellschaften haben 14 die neuen Verträge anerkannt und sind geblieben.

3. Früher vor 2007 wurde ein großer Teil des Staatshaushalts für die Begleichung der Auslandsschulden benutzt. Dabei konnten wir nur Zinsen zahlen, nicht tilgen. Ecuador war im Vergleich zum BIP das höchst verschuldete Land Südamerikas. Wir haben eine Überprüfung, ein Audit gemacht: Schulden, die durch Druck, Korruption, Illegitimität zustande kamen, wurden nicht mehr bedient. Kapitalmärkte handelten ecuadorianische Staatsanleihen hoch, nach der Ankündigung des Schuldenaudits rutschten diese Papiere in den Keller – bis auf 20 Prozent ihres ursprünglichen Wertes. Da wir unseren Staatshaushalt nicht leer gefegt hatten, haben wir die preislich stark gesunkenen Papiere danach wieder aufgekauft. Heute zahlen wir höchstens noch 6-8 Prozent des Staatshaushalts für den Schuldendienst.

4. Wir haben eine Reform des inneren Finanzsektors und der Ausgaben durchgeführt, um das Finanzsystem effizienter zu machen. Steuereinnahmen wurden verbessert, ohne Steuern zu erhöhen. Der Volkssport der oberen und mittleren Schichten zur Steuerhinterziehung wurde durch hohe Gefängnisstrafen bekämpft. Heute kommen 65% des Staatshaushaltes aus eigenen Steuern. Damit ist Ecuador Spitze der lateinamerikanischen Staaten.

Diese Quellen speisen die Mittel für große Investitionen.

Wenn ich Sie richtig verstanden habe, kann man sagen: Sie nutzen den Markt, ohne ihn frontal anzugreifen. Wie stabil ist die neue Macht?

Der Widerstand und die Gefahr, dass unser Weg sabotiert wird, sind gegeben. Es gibt Kritiken in und außerhalb des Landes. Unsere linke Wirtschaftspolitik wird in Zweifel gezogen, weil wir Marktgesetze ausnutzen. Wir haben immer mit dem Markt gearbeitet. Der prinzipielle Unterschied besteht aber darin, dass der Finanzmarkt nicht Wenigen, sondern dem Volk dient.

Ich glaube die Stabilität unseres Modelles hängt von der Erkenntnis unseres Volkes ab, dass eine neue Entwicklung da ist. Unser Volk ist politisch aktiv, das Volk hat jeden Tag ein neues Bewusstsein. Wenn das Volk merkt, dass es nicht so weiter geht, wie unser Präsident das sagt, kann es Widerstand geben. Unser Staat unterdrückt nicht, wir sind von demokratischen Entscheidungen des Volkes abhängig. Das müssen wir uns täglich verdienen, beweisen. Präsident Correa hat gesagt: Jeden Tag besser, schneller und effizienter arbeiten. Einer der Unterschiede zum Realsozialismus ist eine neue effiziente Politik. Das wird als pragmatische Linie wahrgenommen. Ja, wir sind pragmatisch. Wenig Grundsatzdebatten, wir gehen praktisch vor. Zeit ist verloren gegangen, wir dürfen keine weitere Zeit verlieren.

Möchten Sie noch etwas besonders hervorheben?

Ja, das *Buen Vivir*, unser Konzept des „Guten Lebens". Es ist ein weiteres Beispiel für einen anderen Weg.

Das ist meines Erachtens der entscheidende Unterschied.

Ja, das stimmt. Es gibt nicht nur physische Grenzen des Wachstums. Nicht jeder sollte seinen eigenen Wagen besitzen oder gar mehrere. Maximaler Konsum kann nicht das Lebensziel sein. Wir haben uns auf unsere Wurzeln zurück besonnen. Unsere indigene Gesellschaft hat seit Jahrtausenden eigene Kulturen, die älter als Inkakulturen sind. Diese haben immer einen Weg gesucht, im Gleichgewicht mit der Umwelt zu leben. Das ist das Hauptmerkmal des „Guten Lebens". Ecuador ist ein gesegnetes Land mit vielen Ressourcen. Darauf könnte sich ein gutes Leben aufbauen, wenn wir nicht auch in das Konsummodell gedrängt werden. Dabei entstehen Widersprüche. Auch bei uns ist mit dem Wirtschaftswachstum der Konsum gestiegen. Folge: Um diesen zu befriedigen, stiegen in der Außenhandelsbilanz die Ausgaben stark an. Wir haben noch eine Dollargesellschaft. Deshalb wird unsere Währungspolitik von der FED in den USA dominiert. Um einem zu hohen Konsum entgegen zu wirken, haben wir für hochwertige Konsumgüter die Finanzzölle stark erhöht. Wir haben nichts verboten. Wir wollen durch Bildung ein Bewusstsein erkämpfen, dass Menschen eine Begrenzung des Konsums akzeptieren und „Gutes Leben" als höherwertig akzeptieren.

Der Grundgedanke hinter dem Konzept des *Buen Vivir* ist ein Leben im Einklang mit der Natur. Wir entwickeln dieses Konzept zurzeit weiter und reden bereits vom Sozialismus des *Buen Vivir*. Dies soll eine Alternative zum unbegrenzten wirtschaftlichen Wachstum eröffnen, um einen anderen Weg als den der entmenschlichten Konsumgesellschaft einzuschlagen. Die Ungleichheit soll drastisch verringert werden und die Armut weitgehend überwunden werden.

Wir streben eine gerechte Gesellschaft an, wo der Mensch das Zentrum des öffentlichen Tuns darstellt. Die politische Beteiligung der Menschen in der Gesellschaft und im Staat soll gefördert werden. Die Erfüllung des individuellen Lebens darf nicht die Grenzen der Natur und ihrer Ökosysteme überschreiten. Die zeitgenössischen Probleme einer Gesellschaft sollen mit einer zukunftsfähigen und verantwortungsvollen Politik gelöst werden.

Ein solches Umdenken erfordert staatliche Einflussnahme.

Ja, das steht bei uns im Mittelpunkt unserer Planungen. Es ist der Unterschied zum typischen kapitalistischen Weg. Normalerweise wird in jedem Land die Wirtschaft vom Finanzministerium bestimmt. Die höchste Finanzbehörde des Landes bestimmt den Einsatz der Mittel. Wir haben das grundsätzlich verändert. Der Finanzsektor wickelt ab. Wofür die Mittel verausgabt werden, hat dieser jedoch nicht zu bestimmen, denn die Finanzer haben nur einen fiskalischen Blick.

Bei uns ist das „Nationalsekretariat für Planung" eines der stärksten Ministerien. Dieses plant die gesellschaftliche Entwicklung. Wir haben jetzt das 2. Plankonzept für das „Buen Vivir". Was und wofür die staatlichen Mittel eingesetzt werden, wird darin entschieden. Und die entsprechenden Genehmigungen werden vom Planungssekretariat erteilt. Das Finanzministerium wickelt ab. Dadurch können wir gezielt investieren.

Das ähnelt aber stark der DDR-Planwirtschaft und der Arbeitsweise der Staatlichen Plankommission.

Bei uns existiert parallel ein privater Sektor, der stark gefördert wird. Ecuador hat das schnellste Internet in Lateinamerika und 40.000 km neue oder erneuerte Straßen. Das kommt auch der Privatwirtschaft zugute. Unsere Agrarwirtschaft wird nicht staatlich geplant. Wir planen nicht, wo Bleistifte hergestellt werden oder wo und wann Agrarprodukte angepflanzt werden. Es gibt auch einen starken Sektor für Solidarwirtschaft. Dort werden die Ärmsten gefördert, sie können eigene Betriebe bilden. Ein Beispiel: Bei uns gibt es keine Leihfirmen für Arbeiter. Jedes Unternehmen muss seine eigene Belegschaft haben. Manche Unternehmer in der Textilindustrie beantworteten diese Entscheidung damit, dass sie eine große Anzahl an Beschäftigten auf die Straße gesetzt haben. Präsident Correa meinte: Machen wir aus der Not eine Tugend. Wir geben den Entlassenen gute Kredite, damit können sie eigene Firmen gründen. Der Staat wird nur noch von diesen die staatliche Schulkleidung aufkaufen. Staatliche Schulen kaufen heute nur Schulkleidung aus kleinen Werkstätten in territorialer Nähe der Schule, welche im Besitz von Menschen sind, die aus den ärmeren Schichten kommen. Der Sektor der Solidarwirtschaft avancierte zu einem der Hauptlieferanten des Staats.

Zurück zur Ausgangsfrage: Würden Sie die gesellschaftlichen Veränderungen in Ecuador als Beispiel für einen anderen Weg bezeichnen und wie ordnet sich dieser in die Entwicklung anderer lateinamerikanischer ALBA-Staaten ein?

Es ist richtig. Ecuador ist in den Staatenverbund der ALBA-Staaten integriert. Alle diese Staaten haben durchaus gemeinsame Ziele und Wege zur Abkopplung vom US-dominierten Finanzmarktkapitalismus.

Trotzdem sind die Wege nicht deckungsgleich. Ich möchte sagen, dass unser Weg durchaus ein Beispiel für eine andere gesellschaftliche Entwicklung ist. Dabei ist Ecuador weiter als andere Länder des Kontinents. Wir sind auch viel weiter als die anderen ALBA-Staaten.

Herr Botschafter, ich danke Ihnen sehr für das aufschlussreiche Gespräch. Ich wünsche Ihrem Land, dass es erfolgreich auf diesem Weg weiter voran schreitet. Ihre Auffassungen zu einem anderen Weg sind mit den in meinem Buch dargelegten Gedanken nicht in jedem Fall deckungsgleich, aber wir sind uns in unseren Auffassungen sehr, sehr nahe.

Anmerkungen:

1 EDITION LE MONDE S. 59
2 In JUNGE WELT vom 01.08.2007
3 »Vorwärts zum Sozialismus« – Interview Hugo Chávez in Junge Welt vom 31.07.2007
4 Fidel Castro »Mein Leben« – Rotbuch-Verlag 2008, S. 423 und 426.
5 Prof. Dr. Edgardo Lander – Zentraluniversität Venezuela in Caracas »Alternativentwürfe zum Neoliberalismus in der Diskussion der Lateinamerikanischen Linken« in – HELLE PANKE, Heft 119
6 Prof. Dr. Edgardo Lander - Zentraluniversität Venezuela in Caracas »Alternativentwürfe zum Neoliberalismus i n der Disskussion der Lateinamerikanischen Linken« in - Helle Panke, Heft 119
7 Mail von solidaridad@botschaft-kuba.de vom 30.03.2012
8 ebenda
9 Zitiert in »Was ist Sozialismus?«
10 Fidel Castro a.a.O. S. 435 und 438
11 Raffael Correa
12 Quelle: EDITION LE MONDE DIPLOMATIQUE Nr. 9 2011, S. 25
13 Massimo de Angelis Das Indigene in uns – ND vom 18./19.02.2012
14 EDITION LE MONDE S. 45

15 Fakten aus Arbeiterstimme Sommer 2011: Zum 01.05.2011 stiegen die Mindestlöhne um 26,5 Prozent, das Krankenhauspersonal darf mit einer Verdopplung der Gehälter rechnen, die unteren Gehaltsklassen im Gesundheitswesen mit dem 2,3-fachen, die Ärzte mit dem 3-fachen. In der zwölfjährigen Amtszeit von Hugo Chávez (1998 bis 2009) ist der Anteil extrem armer Haushalte (1,25 US-$ pro Kopf und Tag) von 21 auf 6 Prozent gesunken, der der Haushalte mit weniger als 50 Prozent des Durchschnittseinkommens von 49 auf 24 Prozent. 64 Prozent der Venezuelaner geben an, mit ihrer Lebenssituation zufrieden zu sein.
16 ebenda
17 Fakten aus Arbeiterstimme Frühjahr 2012
18 EDITION LE MONDE S. 60
19 ebenda S. 65
20 Hugo Chávez »Vorwärts zum Sozialismus« in JUNGE WELT vom 31.07.2007
21 Siehe Sozialökonomische Ergebnisse Seite …
22 Fidel Castro »Mein Leben« a.a.O. S. 592/93
23 ebenda S. 593
24 ebenda S. 680
25 Fidel Castro a.a.O. S. 336
26 Huga Chávez Interview »Vorwärts zum Sozialismus« JUNGE WELT vom 31.07.2007
27 Siehe Abschnitt Medien Seite …
28 EDITION LE MONDE S. 46
29 Romeo Rey »Die Linke in Lateinamerika« APuZ vom 11.10.2010, S. 6
30 Hugo Chávez a. a. O.
31 Juliana Stöbele-Gregor »Demokratische Revolution in Bolivien? In APuZ vom 11.10.2010, S. 23
32 TS 25.03.2012
33 Gerhard Dilger »Unser Kompass zeigt gen Süden« in EDITION LE MONDE 9/2011 S. 75
34 EDITION LE MONDE S. 62
35 Gerhard Dilgner in EDITION LE MONDE S. 46
36 Benjamin Beutler »In Berlin werden die höchsten Richter gewählt« – ND vom 12.03.2011
37 Besonders akademisch sei die Herangehensweise der Verwaltungsrichter klagt Eibe Riedel, Professor für Deutsches und Ausländisches Öffentliches Recht in Mannheim – DER SPIEGEL 39/2006
38 Romeo Rey »Die Linke in Lateinamerika« in APuZ vom 11.10.2010, S. 10 und 11
39 Ulla Lötzer »Integration in Lateinamerika« HELLE PANKE Vorträge Heft 119, S. 60
40 Juliana Ströbele-Gregor »Demokratische Revolution in Bolivien?« ebenda S. 19
41 Michael Zeuske »Traditionen, Gegenwart und Zukunft der kubanischen Revolution« ebenda S. 27
42 Lateinamerika 2011 in Arbeiterstimme Sommer 2011
43 EDITION LE MONDE S. 83
44 Meine Vorträge füge ich als Anlage bei.
45 Michael Zeuske a.a.O. S. 29
46 EDITION LE MONDE S. 75
47 Christian Balteo Yazbeck u.a. »Venezuela: Lektüre eines geteilten Landes« in APuZ vom 11.10.2010, S.

X. Epilog: Wie weiter?

Der Leser, der mir bis hierhin gefolgt ist, wird nun fragen: »Wann kommt sie denn nun, die neue sozialistische Gesellschaft? Die Entwicklungen in Südamerika mögen viel versprechend sein, aber wir leben in Europa, in Deutschland. Welche Chancen gibt es hier für einen sozialistischen Weg?«

Es wäre die Aufgabe der europäischen Linken hierauf Antwort zu geben. Gibt es diese? Formal ja. Die europäische Linke wurde als Partei am 8. Mai 2004 in Rom als Zusammenschluss von 15 europäischen Mitgliedsparteien aus dem linken Spektrum gebildet. Die deutsche Partei *DIE LINKE* ist dabei. Sie ist auch im europäischen Parlament vertreten.

Es lohnt nicht – und ich habe auch nicht die Absicht – eine tiefgründige Analyse des Wirkens oder besser Nichtwirkens der europäischen Linken vorzunehmen. Es ist ein erbärmlicher Zustand, dass in einer Zeit, in der das internationale Kapital und die europäischen Regierungen dabei sind, die letzten sozialen Schranken nieder zu reißen und Millionen Menschen immer stärker in die Armut zu treiben, die europäische Linke ohne nennenswerten Einfluss ist. Kapital und politische Macht haben sich globalisiert, in Europa in Form der EU. Die linken Kräfte finden in einer das Leben unzähliger Menschen bedrohenden Situation zu keiner gemeinsamen Sprache geschweige denn Aktionen. Wie dringend notwendig wäre es, dem griechischen, spanischen, portugiesischen und anderen von den Klauen des Finanzkapitals am stärksten ausgepressten Völkern durch internationale gemeinsame Aktionen zu begegnen. Nichts dergleichen. Man stelle sich nur einmal vor, was erreichbar wäre, wenn sich die geschundenen Völker zu einem einheitlichen Generalstreik aufraffen könnten, solange bis der Spuk vorbei ist. Warum kann das die Europäische Linke nicht?

Zum Charakter und zur Rolle der Europäischen Linkspartei (EL)[1]

»Die EL ist eine ›europäische‹, d.h. eine EU-Partei, die sich gemäß der ›Verordnung Nr. 2004/2003 des EU-Parlaments und des Rates vom 4. November 2003 über die Regelungen für politische Parteien auf europäischer Ebene und ihre Finanzierung‹ gebildet hat. Das bedeutet, ›sie beachtet insbesondere in ihrem Programm und in ihrer Tätigkeit die Grundsätze auf denen die Europäische Union beruht.‹ (Art. 3c) Ähnlich ist es mit der Finanzierung: Die EU-Parteien erhalten Mittel aus dem EU-Gesamthaushaltsplan, wenn sie einen entsprechenden Antrag stellen und dieser bewilligt wird. Hierbei werden das politische Programm und die Satzung nach diesen und weiteren juristischen und finanztransparenten Kriterien begutachtet. Kurzum: Die EL unterwirft sich dem Regelwerk und der grundsätzlichen Ausrichtung der EU und hat sich dazu zu bekennen, anderenfalls verliert sie ihren Status als EU-Partei und/oder die finanziellen Zuwendungen der EU, die rund 75 Prozent des EU-Budgets ausmachen.«

Ich bin kein Zukunftsforscher, denn diese sind meist unseriös. Niemand ist in der Lage, die gesellschaftspolitischen, ja nicht einmal die natürlichen und ökonomischen Entwicklungen begründet voraus zu sagen. Es wird von unserem Tun abhängen, bis wann wo was erreicht wird. Ich teile jedoch Auffassungen, die besagen, dass Sozialismus eine Aufgabe ist, die in den nächsten Jahrzehnten zu erledigen ist. »Die welthistorische Zeit wird knapp. Entweder wird die Menschheit in den nächsten Jahrzehnten mit der Überwindung des Imperialismus den Weg beschreiten, der im Sozialismus im 21. Jahrhundert zur Versöhnung mit der Natur und mit sich selbst führt, oder er könnte durch Selbstvernichtung und eine möglicherweise gleichzeitigen Vernichtung der Biosphäre führen. Eine andere Alternative ist nicht in Sicht.«[2] Was können und müssen wir tun?

Als Erstes brauchen wir Klarheit, was wir wollen. Danach müssen wir diese Klarheit unter viele Menschen tragen. Dazu ist es notwendig, völlig neue Wege zu beschreiten. Warum gibt es unter Tausenden von Fernsehkanälen keinen einzigen international vernetzten linken Kanal? Warum werden nicht unerhebliche staatliche Mittel von links orientierten Stiftungen auf alle möglichen und unmöglichen Randprobleme konzentriert, statt Bildung auf die sozialistische Alternative zu konzentrieren? Warum konkurrieren linke Massenmedien unter sich und können sich nicht vereinigen? Warum wird in Zeiten des Internets dieses zwar von einzelnen linken Organisationen genutzt, aber nicht vernetzt und verzahnt, um gemeinsame Aktivitäten zu vereinbaren? Warum muss jede linke Organisation sich ihre eigenen politischen Höhepunkte organisieren und ist nicht bereit, sich zu koordinieren? Warum grenzen sich linke Parteien und Organisationen nicht nur untereinander, sondern sogar in sich selbst ab? Wir brauchen nicht pessimistisch in die Zukunft blicken, wenn wir uns vereinen.

»Ich bin aber überzeugt, dass wir gegen die Vorherrschaft kapitalistischer Interessen nur etwas ausrichten oder sie gar überwinden können, wenn es gelingt, diese verschiedenen sozialen, ökologischen, demokratischen, emanzipatorischen, friedenspolitischen Kräfte zusammen zu bringen. Die konkrete Arbeit besteht darin, diese allgemeinen (sozialistischen) Prinzipien den Mehrheiten nahe zu bringen, damit sie zur materiellen Gewalt werden.«[3]

Demzufolge halte ich drei Schritte für unumgänglich. Zum ersten den Menschen eine Vision vom Sozialismus zu vermitteln, die sie bereit sind, mit zu tragen. Dazu wollte ich mit meinem Buch beitragen. Zweitens ein »Handlungskonzept« auszuarbeiten, wie diese Vision konkret ausgestaltet werden und umgesetzt werden kann. Die Kraft eines Einzelnen reicht dazu nicht aus. Ich unterbreite jedoch einen – sicher unvollständigen – Fragekomplex. Die Ausarbeitung dieses Handlungskonzeptes müsste in einem – sicher außerhalb agierender Parteien – kompetent besetzten Gremium unvoreingenommen denkender Intellektueller unter Einbeziehung breiter Kreise zur Diskussion erfolgen. Zum dritten ist es erforderlich, grundlegende Klarheit darüber zu gewinnen, welche Kräfte in der Lage sind, diese Umgestaltung in Angriff zu nehmen und zu organisieren.

Ein Handlungskonzept zur Überwindung des Kapitalismus

Die Annexion der DDR wurde über Jahrzehnte in Bonner Regierungsstuben detailliert konzipiert. Vom Forschungsbeirat für gesamtdeutsche Fragen lagen Einzelempfehlungen über die Enteignung der volkseigenen Betriebe, die Rücknahme der Bodenreform, die Währungsreform, zur Zerschlagung der Gewerkschaften u.v.a. vor, die 1989/90 – entgegen der Auffassung eitler und selbstverliebter Politiker, die vorgeben, erst alles erfunden zu haben – aus den Panzerschränken geholt wurden. Etwas Entsprechendes braucht die europäische und speziell die deutsche Linke, um nicht erneut konzeptionslos der politischen Entwicklung nachzulaufen, wenn die historischen Bedingungen zu grundlegenden Veränderungen heran gereift sind. Dazu bedarf es nicht nur ausdiskutierter Grundsätze, sondern eines ausgereiften Handlungskonzeptes.

Fragestellungen für ein Handlungskonzept zur Überwindung des Kapitalismus

1. Wie wird Privateigentum in Volkseigentum überführt

- Bodenschätze, Grund und Boden, Wälder, Seen
- Öffentliche Güter – Wohnung, Gesundheitswesen, Energieversorgung, Transport
- Finanzwesen – Banken, Versicherungen
- Schwerindustrie
- In welchem Umfang ist Privateigentum zweckmäßig
- Wie wird die Bevölkerung am Volkseigentum beteiligt
- Welche reale Mitbestimmung gibt es

2. Wie wird Vollbeschäftigung gesichert

- Wochenarbeitszeit, Urlaub, Renteneintritt
- Staatliche und betriebliche Rechte in der Arbeitszeitgestaltung

3. Wie werden die Finanzbeziehungen gestaltet

- Einschränkung der Bankstrukturen und Konzentration auf die Kernaufgaben
- Verbot von Spekulationen
- Auslandsverkehr
- Preisgestaltung
- Abgabenordnung

4. Wie wird ein volkswirtschaftlich vernünftiges Plansystem gestaltet?

- Zentrale Steuerung
- Eigenverantwortung

5. Wie wird die Staatsmacht demokratisiert?

- Wahlverfahren und Rechenschaftspflicht
- Gerichtsbarkeit
- Volkskontrolle

6. Wie wird die Medienlandschaft neu konzipiert?

Niemand möge sich der Illusion hingeben, dass der Zerfall der kapitalistischen Ordnung um Europa und Deutschland einen Bogen machen wird. Er ist bereits in vollem Gange. Es gilt, keine weitere Zeit zu verlieren und national wie international die Kräfte zu bündeln, die tatsächlich die Überwindung dieses todkranken Systems wollen.

Formierung der Gegenmacht

Dazu sind neue Kräftekonstellationen notwendig. Die entscheidende Frage für die Umgestaltung einer Gesellschaftsordnung in eine andere ist die Frage der Macht. Wie gelingt es, ein wie auch immer noch existierendes, mit allen Machtmitteln ausgestattetes Staatswesen grundlegend zu verändern?

Die Utopien von der Veränderung an der Wahlurne oder die Transformation der Gesellschaft in klitzekleinen Schritten sind bevorzugte Varianten, die niemanden wehtun. Bei meinen Recherchen zu dieser Problematik bin ich jedoch auf einen Konferenzbeitrag der lateinamerikanischen Politwissenschaftlerin Isabel Rauber gestoßen, der die Erfahrungen ihres Subkontinentes verallgemeinert und Anlass zu tiefem Nachdenken sein sollte. Sie betont die notwendige Einheit von Ziel und Mittel. »Wenn wir das trennen wollten, dann wollen wir die Welt verändern, ohne die Macht zu übernehmen. Oder die Macht übernehmen, ohne die Welt zu verändern.«[4]

Wir wollen keinen Kapitalismus ohne Kapitalisten

Rauber stellt die Machtfrage in völlig neuen Zusammenhang, und zwar nicht in einer irgendwie angelegten Führung von »oben«, sondern als Macht von »unten«. Sie geht davon aus, dass die Machtfrage nicht aus dem Studium von theoretischen Texten, sondern aus der Praxis der sozialen Bewegungen heraus neu gefasst werden muss. »Die sozialen Bewegungen sind entstanden als ein Ausdruck der Verzweiflung der Armen, ihres Bewusstwerdens, dass sie allein gelassen sind.« Sie wendet sich gegen das Dogma, dass die Veränderung der Macht von der Arbeiterklasse ausgeht und es notwendig sei, dazu einer Partei anzugehören. »Die Arbeiterklasse kann es nicht tun, denn das zentrale Problem dieser Gesellschaft in der ganzen Welt ist das der Arbeit. Die politischen Parteien müssen sich verändern. Wenn man sich nur auf die politischen Parteien beschränkt und die sozialen Bewegungen außer Acht lässt, dann hat man keinen Erfolg. Diese eingeschränkte Politik der Parteien bedeutet, dass man sich auf die institutionelle Frage von Wahlen beschränkt, anstatt eine gesell-

schaftliche und politische Kraft für Veränderungen aufzubauen. Unsere Parteien richten sich im Wesentlichen auf die Diskussion über die Besetzung von Posten und die parlamentarische Vertretung. Solche Fragen wie ›wer ist links?‹ – das sind nicht die Fragen. Politik muss sich darauf orientieren, in jeder konkreten Situation die Potentiale aufzugreifen, die vorhanden sind, um die eigenen Kräfte zu stärken. Venezuela zeigt, dass Regierung nicht Macht bedeutet, sie ist ein Teil der politischen Macht. Ebenso wenig ist der Staat die Macht, er ist ein Werkzeug zur Veränderung. Das zeigt, dass man die Welt verändern kann. Man muss aber wissen, wie, mit dem Volk als Handlungsträger, nicht mit dem Volk als Handlungsträger, das irgendwie gesteuert werden muss. Venezuela lehrt uns, dass man sich mit den vorgefundenen staatlichen Strukturen auseinander setzen muss und einen Parallelstaat aufbauen muss.
Unser gesamter Begriff von der sozialistischen Gesellschaft war auf dem Begriff der Gegenmacht aufgebaut, und als Gegenmacht hatten diese Gesellschaften viele Übel übernommen, die aus der Logik des Kapitals überliefert waren, denn die Macht wurde nach dem Modell des Kapitals, der beherrschten Gesellschaft aufgebaut, nur umgekehrt. Wir wollen aber eine andere Macht, die Schluss macht mit der Logik des Kapitals. Wir wollen keinen Kapitalismus ohne Kapitalisten. Das ist es, was wir neu erfinden müssen: alle gemeinsam aufzubauen, von unten her.«

Ohne zu wiederholen und zu interpretieren: Diese Gedanken und Erfahrungen aus Lateinamerika sind grundlegend und wegweisend. Sie sind das genaue Gegenteil von den illusionären Vorstellungen der Reformations- und Transformations-«Sozialisten«, die auf den emanzipatorischen Errungenschaften der bürgerlichen Ära aufbauen wollen. Die europäische Linke ist in die Situation gekommen, dass nicht sie ihren Jahrhunderte alten Erfahrungsschatz den um eine bessere Welt ringenden Völkern vermittelt, sondern von diesen grundlegende Erfahrungen vermittelt bekommt. Ein Armutszeugnis für die europäischen Linken ohnegleichen.

Dabei dürfte die Gedankenwelt einer Gegenmacht von unten denen der deutschen Arbeiterklasse nicht so fremd sein. Über den Gründungsparteitag der KPD im Januar 1918 kann man nachlesen: »Die auf dem Parteitag vorgetragenen organisationspolitischen Vorschläge zielten nicht auf die Verankerung eines die Mitglieder entmündigenden demokratischen Zentralismus, sondern sahen autonome Basisorganisationen in Betrieben und Wohngebieten vor. Nicht eine das Volk vertretende Vorhutpartei, nicht irgendwelche Behörden oder Institutionen, sondern die Massen selbst sollten ihre wirklichen Interessen wahrnehmen und durch eigene Aktivität, Schritt um Schritt den Sozialismus ins Leben einführen.«[5]

Das Scenario einer weltweiten gesellschaftlichen Veränderung zeichnet sich ab: Je mehr Blöcke sich vom internationalen Kapital abnabeln, umso mehr werden diesem die Verwertungsbedingungen entzogen. Das Beispiel Lateinamerika wird Schule machen, je erfolgreicher es sich entwickelt.

Mit umso größerer Härte und Konzeptionslosigkeit wird das Kapital die Ausbeutung und Entwürdigung des menschlichen Wesens in seinen noch bestehenden Einflussspären voran treiben. Die Excesse in Südeuropa sind erst der Anfang. Dadurch bildet sich eine immer größere Schicht der Ausgestoßenen, die letztlich die Hemmschwelle durchbricht und in sozialen und politischen Massenbewegungen grundlegende Veränderungen erzwingen wird. Die Bevölkerungsexplosion in den ärmsten Ländern wird ihren traurigen Beitrag dazu leisten. Die Milliarden Menschen, die in den nächsten Jahrzehnten hinzu kommen, werden überwiegend in bitterste Armut hinein geboren. Der soziale und politische Sprengstoff steigt immens.

Über Revolutionen[6]

Vor der Revolution können die Massen nicht oder nur sehr ungenügend aufgeklärt geschult, »trainiert« werden, denn jedes alte System verfolgt und bestraft immer jeden, der das versucht.

Die Volksmassen wissen in solchen Situationen im Grunde nur, dass »es so nicht weiter gehen kann!« und dass sich etwas ändern muss! Was sie eigentlich wollen und wie es ganz konkret erreicht werden kann, darüber bestehen aber meist keine oder sehr, sehr unterschiedliche Auffassungen, zum Teil konträre. Sogar bis in die Führung! Einer »zieht nach rechts, der andere nach links«! Stattdessen sind aber die Gewohnheiten, die Erfahrungen, das Denken der alten Gesellschaft noch wirksam.

Revolutionen tragen für die Massen außerdem immer den Charakter von Verzweiflungstaten! Es dauert lange bis sie keinen anderen Ausweg mehr sehen, als »auf die Straße zu gehen« und zu »kämp-

fen«! Aber, wenn sie erst einmal ihre Duldsamkeit verlieren, dann werden sie von Wut getrieben!
In Revolutionen sind die Massen überwiegend unwissende Wütende oder wütende Unwissende!
Mir liegt es auch fern, auch nur einen einzigen Fehler entschuldigen zu wollen, aber Fehler, sind unter den solchen Bedingungen einfach nicht zu vermeiden! Alles wird durch Menschen initiiert und praktiziert!
Und noch eins haben Revolutionen gemeinsam: ihre Führer werden sich siegesgewiss und so gut wie allwissend gebärden, kaum einer wird Fehler und Mängel eingestehen! Menschen! Politiker!
Die großen Verdienste jeder Revolution bestehen aber immer darin, dass sie der erste und unumgängliche Schritt in eine neue Zukunft sind und dass sie der Menschheit ganz wichtige Erfahrungen bringen. Solche und solche! Und leider immer hart und schwer erkämpfte!
Es ist ganz schlimm, dass sich erst viel Verzweiflung und Hass bei den Massen aufstauen müssen, bevor eine Revolution ausbricht!
Revolutionen sind vergleichbar mit lebensgefährlichen Operationen, deren Ausgang man nicht voraussagen kann! Und es bedarf immer einer ganz straffen Führung, sonst ist es so gut wie unmöglich, eine Revolution an einem vernünftigen Punkt zu stoppen. Wer sie irgendwo anhalten will, kann ganz schnell selbst »unter die Räder« kommen.
Ja, es scheint so, als ob »friedliche Revolution« besonders dann möglich sind, wenn ein neues System wieder beseitigt wird! Kein lange bestehendes! Also dann, wenn die Ergebnisse der vorausgegangenen Revolution wieder rückgängig gemacht werden! Ob man sie deshalb Revolutionen nennen darf oder ob man sie nicht richtiger als Konterrevolutionen bezeichnen sollte, will ich hier nicht ausdiskutieren (Manfred Lutz, unveröffentlicht)!

Es bleibt die Frage, wie dieser Sprengstoff so gezündet werden kann, dass er in positive Bahnen gelenkt wird. Alle wesentlichen politischen Veränderungen in den letzten Jahrzehnten – ob als Revolution, Konterrevolution oder spontane Erhebung, mit welchem Ergebnis auch immer – haben ihren Ausgangspunkt in Erhebungen von großen Teilen des Volkes genommen, nicht durch Parteien und Parlamente. Dabei heißt Revolution nicht automatisch Gewalt. Revolution heißt: Grundlegende

Umgestaltung der gesellschaftlichen Verhältnisse. »Daraus entsteht die Frage, welche Bedingungen vorhanden sein müssen, um eine solch prinzipielle Umgestaltung einer Gesellschaftsformation gewaltfrei vornehmen zu können. Offensichtlich bestehen diese Bedingungen darin, dass das bis dahin in diesen Ländern herrschende System innerlich so ausgehölt, so uneffektiv, so erfolglos geworden ist, dass sich kaum eine Hand zu seiner Aufrechterhaltung oder gar Verteidigung rührt. Das Vertrauen der Mehrheit der Bevölkerung in die politische Führung war verloren und ihre Glaubwürdigkeit preisgegeben.«[7]

Das Hoffen auf ein höheres Wesen, ob Gott, König, Partei, Regierung oder Parlament erweist sich als Illusion. Nur wenn die Völker ihre Geschicke in die eigenen Hände nehmen, ist Veränderung möglich und wird sie letztlich auch erfolgen.

Anmerkungen:

1 ROTFUCHS März 2014, S. 17
2 Ingo Wagner »Für einen Sozialismus im 21. Jahrhundert« MARXISTISCHES FORUM Heft 54, S. 15
3 Heinz Dieterich ebenda S. 143
4 Isabel Rauber – Havanna – Argentinische Politikwissenschaftlerin und Philosophin, Universität Havanna, Konferenzbeitrag 2006 in »Lateinamerika im Aufbruch« Heft 85, HELLE PANKE, S. 39ff.
5 Günter Benser »Geburtsfehler und Illusionen?« ND vom 04./05.01.2014
6 Manfred Lütz – unveröffentlicht
7 Herbert Meißner – unveröffentlicht

ANLAGEN

1. Platzierung der 79 Staaten (über 10 Mio. Einwohner) nach der Höhe des BIP/EW

Land	Einwohner	BNE/Kopf	
	Millionen	US-$	Platz
	1	2	3
Niederlande	16,5	**48.460**	**1**
USA	307	**46.360**	**2**
Belgien	10,8	**45.270**	**3**
Australien	21,9	**43.770**	**4**
Frankreich	62,6	**42.620**	**5**
Deutschland	**81,9**	**42.450**	**6**
Kanada	33,7	**41.980**	**7**
Großbritannien	61,8	**41.370**	**8**
Japan	127,6	**38.080**	**9**
Italien	60,2	**35.110**	**10**
Spanien	46	**32.120**	**11**
Griechenland	11,3	**29.040**	**12**
Portugal	10,6	**21.910**	**13**
Korea Süd	48,7	**19.830**	**14**
Tschechische R.	10,5	**17.310**	**15**
Saudi-Arabien	25,4	**17.210**	**16**
Ungarn	10	**12.980**	**17**
Polen	38,2	**12.260**	**18**
Venezuela	28,4	**10.090**	**19**
Chile	17	**9.470**	**20**
Russland	141,9	**9.340**	**21**
Mexiko	107,4	**8.960**	**22**
Türkei	74,8	**8.720**	**23**
Rumänien	21,5	**8.330**	**24**
Brasilien	193,7	**8.070**	**25**
Argentinien	40,3	**7.550**	**26**
Malaysia	27,5	**7.350**	**27**
Kasachstan	15,9	**6.920**	**28**
Südafrika	49,3	**5.760**	**29**
Kuba	11,2	**5.550**	**30**
Kolumbien	45,7	**4.990**	**31**
Dominikanische R.	10,1	**4.550**	**32**
Iran	72,9	**4.530**	**33**
Algerien	34,9	**4.420**	**34**
Peru	29,2	**4.200**	**35**
Ecuador	13,6	**3.970**	**36**
Thailand	67,8	**3.760**	**37**
Angola	18,5	**3.750**	**38**
Tunesien	10,4	**3.720**	**39**
China	1331,5	**3.650**	**40**

Land	Einwohner	BNE/Kopf	
	Millionen	US-$	Pl.
	1	2	3
Ukraine	46	**2.800**	**41**
Marokko	32	**2.770**	**42**
Guatemala	14	**2.650**	**43**
Syrien	21,1	**2.410**	**44**
Irak	31,5	**2.210**	**45**
Ägypten	83	**2.070**	**46**
Indonesien	230	**2.050**	**47**
Sri Lanka	20,3	**1.990**	**48**
Philippinen	92	**1.790**	**49**
Indien	1155,3	**1.220**	**50**
Sudan	42,3	**1.220**	**51**
Ghana	23,8	**1.190**	**52**
Nigeria	154,7	**1.190**	**53**
Kamerun	19,5	**1.190**	**54**
Usbekistan	27,8	**1.100**	**55**
Elfenbeinküste	21,1	**1.070**	**56**
Jemen	23,6	**1.060**	**57**
Senegal	12,5	**1.040**	**58**
Vietnam	87,3	**1.000**	**59**
Pakistan	169,7	**1.000**	**60**
Sambia	12,9	**960**	**61**
Kenia	39,8	**760**	**62**
Mali	13	**680**	**63**
Kambodscha	14,8	**650**	**64**
Tschad	11,2	**600**	**65**
Bangladesh	162,2	**580**	**66**
Burkina Faso	15,8	**510**	**67**
Tansania	43,7	**500**	**68**
Ruanda	10	**490**	**69**
Uganda	32,7	**460**	**70**
Nepal	29,3	**440**	**71**
Mosambik	22,9	**440**	**72**
Madagaskar	19,6	**430**	**73**
Guinea	10	**370**	**74**
Simbabwe	12,5	**360**	**75**
Niger	15,3	**340**	**76**
Äthiopien	82,8	**330**	**77**
Malawi	15,3	**290**	**78**
Kongo, Dem Rep.	66	**160**	**79**
Gesamt	**6286,5**		

2. Platzierung der 79 Staaten nach dem Durchschnitt der Wohlstandsindikatoren

Land	Einwohner	BNE/Kopf		HDI	Gini	EPI	HPI	NID	WHI	MPI	Durchschnitt	
	Millionen	US-$	Pl.	Pl.	Pl.	Pl.	Pl.	Pl.	Pl.	Pl.	4 bis 10	Pl.
	1	2	3	4	5	6	7	8	9	10	11	12
Kuba	11,2	5.550	30	21		2	5				9,3	1
Deutschland	81,9	42.450	6	5	6	6	32	4			10,6	2
Japan	127,6	38.080	9	6	1	9	40	5			12,2	3
Niederlande	16,5	48.460	1	2	10	20	29	1			12,4	4
Frankreich	62,6	42.620	5	9	15	1	37	14			15,2	5
Ungarn	10	12.980	17	15	5	14	48	10		7	16,5	6
Tschechische R.	10,5	17.310	15	12	3	10	49	11		14	16,5	7
Spanien	46	32.120	11	10	14	11	41	13			17,8	8
Kolumbien	45,7	4.990	31	32	65	3	4	48	2	20	18,0	9
Großbritannien	61,8	41.370	8	13	27	4	39	8			18,2	10
Belgien	10,8	45.270	3	8	2	42	34	7			18,6	11
Kanada	33,7	41.980	7	4	17	21	47	2	22		18,8	12
Italien	60,2	35.110	10	11	26	7	36	16			19,2	13
Australien	21,9	43.770	4	1	23	22	55	3			20,8	14
Rumänien	21,5	8.330	24	20	9	19	38	19			21,0	15
Dominikanische R.	10,1	4.550	32	37	51	15	1		10	17	21,8	16
Ecuador	13,6	3.970	36	30	45	12	17	36	7	6	21,9	17
Sri Lanka	20,3	1.990	48	36	18	27	14	35	16	9	22,1	18
Usbekistan	27,8	1.100	55	42	4	71	30		5	4	22,8	19
Ägypten	83	2.070	46	40	22	33	7			12	22,8	20
Korea Süd	48,7	19.830	14	7	12	44	35	18			23,2	21
Portugal	10,6	21.910	13	17	32	8	53	6			23,2	22
Kasachstan	15,9	6.920	28	26		43				1	23,3	23
Vietnam	87,3	1.000	59	46	30	40	3		11	18	24,7	24
Thailand	67,8	3.760	37	39	44	32	27	21	8	2	24,7	25
Polen	38,2	12.260	18	16	20	30	42	17			25,0	26
Saudi-Arabien	25,4	17.210	16	22		45	8				25,0	27
Peru	29,2	4.200	35	29	56	13	18	32	3	25	25,1	28
Marokko	32	2.770	42	47	33	24	13		4	30	25,2	29
Chile	17	9.470	20	18	64	5	31	9			25,4	30
Mexiko	107,4	8.960	22	23	62	18	15	24		13	25,8	31
Syrien	21,1	2.410	44	43		26	25			10	26,0	32
Philippinen	92	1.790	49	41	48	23	9	34	12	22	27,0	33
Griechenland	11,3	29.040	12	14	25	36	52	15			28,4	34
Ukraine	46	2.800	41	28	11	41	50	38		5	28,8	35
China	1331,5	3.650	40	38	50	56	12		1	16	28,8	36
Guatemala	14	2.650	43	48		47	2	40	17	24	29,7	37
Brasilien	193,7	8.070	25	31	67	29	6	23		23	29,8	38

Erläuterung:
HDI= Index der menschlichen Entwicklung / Gini = Index der Einkommensverteilung
EPI = Umweltindex / HPI = Globaler Glücksindex
NID = Index der Demokratie / WHI = Welthungerindex
MPI = Der neue Armutsindex

Land	Einwohner	BNE/Kopf		HDI	Gini	EPI	HPI	NID	WHI	MPI	Durchschnitt	
	Millionen	US-$	Pl.	Pl.	Pl.	Pl.	Pl.	Pl.	Pl.	Pl.	4 bis 10	Pl.
	1	2	3	4	5	6	7	8	9	10	11	12
Argentinien	40,3	7.550	26	19	60	35	10	28			30,4	39
USA	307	46.360	2	3	49	28	60	12			30,4	40
Nepal	29,3	440	71	63	28	16	24	54	29	35	31,4	41
Tunesien	10,4	3.720	39	35	35	37	19	55		8	31,5	42
Indonesien	230	2.050	47	45	21	66	11	44	13	21	31,6	43
Russland	141,9	9.340	21	25	39	34	56	42		3	33,2	44
Malaysia	27,5	7.350	27	24	55	25	21	41			33,2	45
Pakistan	169,7	1.000	60	54	16	59	16		31	32	34,7	46
Venezuela	28,4	10.090	19	27	54	31	23	43			35,6	47
Ghana	23,8	1.190	52	51	38	51	54	22	9	26	35,9	48
Indien	1155,3	1.220	50	50	29	58	22	31	37	34	37,3	49
Südafrika	49,3	5.760	29	44	66	53	64	20	6	11	37,7	50
Algerien	34,9	4.420	34	71	24	17	26	52			38,0	51
Türkei	74,8	8.720	23	34	68	38	46	30		15	38,5	52
Bangladesh	162,2	580	66	55	13	69	20	45	40	31	39,0	53
Iran	72,9	4.530	33	33	42	39	45				39,8	54
Madagaskar	19,6	430	73	58	52	55	59	27	34	42	41,9	55
Jemen	23,6	1.060	57	60	19	57	33	56	41	29	42,1	56
Kenia	39,8	760	62	53	41	49	69	37	26	33	44,0	57
Senegal	12,5	1.040	58	62	40	72	51	25	15	45	44,3	58
Malawi	15,3	290	78	69		50	57	29	25	38	44,7	59
Kambodscha	14,8	650	64	52	37	73	44	53	28	28	45,0	60
Elfenbeinküste	21,1	1.070	56	68	47	46			24	40	45,0	61
Mosambik	22,9	440	72	77	34	52	75	33	35	46	45,3	62
Irak	31,5	2.210	45	49		74	43			19	46,3	63
Ruanda	10	490	69	66	7	65	65		32	43	46,3	64
Uganda	32,7	460	70	64	43	54	63		19		48,6	65
Tansania	43,7	500	68	59	31	60	77	47	30	37	48,7	66
Guinea	10	370	74	74	36	68	61	59	21	48	49,4	67
Äthiopien	82,8	330	77	72	8	70	68	50	42	49	51,3	68
Kongo, Dem Rep.	66	160	79	79		48	66		14	44	51,8	69
Nigeria	154,7	1.190	53	61	59	76	62	51	18	41	52,6	70
Simbabwe	12,5	360	75	70	63	61	78		23	27	53,7	71
Burkina Faso	15,8	510	67	75	53	62	76	49	20	50	55,0	72
Mali	13	680	63	73	57	77	74	26	27	51	55,0	73
Sambia	12,9	960	61	65	61	64	70	39	38		56,2	74
Kamerun	19,5	1.190	54	57	46	67	71	58		39	56,3	75
Sudan	42,3	1.220	51	67		63	67		33		57,5	76
Tschad	11,2	600	65	76		75	58	60	43	36	58,0	77
Angola	18,5	3.750	38	56		79	73	57	39	47	58,5	78
Niger	15,3	340	76	78	58	78	72	46	36	52	60,0	79
Gesamt	6286,5											

3. Erläuterung der komplexen Indizes und ihrer Quellen

Indizes zur Messung der Lebensqualität

Zur Messung der Lebensqualität der Menschen in den Ländern der Erde wurden eine Vielzahl von Indizes entwickelt, teilweise unter Anwendung komplizierter mathematischer Verfahren. Ich verwende und erläutere den Inhalt dieser Indizes, ohne in die wissenschaftlichen Einzelheiten einzudringen. Dafür sind die verwendbaren Quellen des Internet nachfolgend angegeben. Natürlich hat jeder Index seine spezifische Problematik und ist wissenschaftlich nicht unbestritten. In diese Debatten mische ich mich nicht ein, sondern verwende die Indizes so wie sie vorliegen, wissend dass dabei auch ökonomische und politische Zweckbestimmungen eine Rolle spielen.

HDI-Index (Human Development Index) – Index der menschlichen Entwicklung

Der Human Development Index (Index der menschlichen Entwicklung) versucht seit 1990 mit einer Maßzahl den Stand der menschlichen Entwicklung in den Ländern der Welt zu verdeutlichen. Der HDI wird jährlich im Weltentwicklungsbericht des United Nations Development Programme (UNPD), das Entwicklungsprogramm der Vereinten Nationen, heraus gegeben. Anders als der Ländervergleich der Weltbank berücksichtigt er nicht nur das Bruttoinlandsprodukt (BIP) pro Einwohner eines Landes in Kaufkraftparität, sondern ebenso Lebenserwartung und den Bildungsgrad mit Hilfe der Alphabetisierungsrate und der Einschulungsrate der Bevölkerung.
Je niedriger der Index, desto besser der Zustand der menschlichen Entwicklung.
Die verwendeten Daten stellen den Index des Jahres 2011 dar.
Datenquelle: http://de.wikipedia.org/wiki/Human_Development_Index

Gini-Index-Index der Verteilung von Einkommen und Vermögen

Der Gini-Index ist ein statistisches Maß, das vom italienischen Statistiker Corrado Gini zur Darstellung von Ungleichverteilungen entwickelt wurde. Der Koeffizient kann als Kennzahl für die Ungleich-verteilung von Einkommen und Vermögen eingesetzt werden. Gini-Koeffizienten können Werte zwischen 0 (das Vermögen ist auf alle Einwohner des Staates gleichmäßig verteilt) und 1 (das gesamte Vermögen eines Staates gehört einem einzigen Bewohner) annehmen.

Ich habe den Gini-Index für die Verteilung des Einkommens verwendet, für das Vermögen gibt es nur Erhebungen für wenige Länder. Je niedriger der Index, desto gleichmäßiger ist die Verteilung. Die verwendeten Daten der Länder stellen die Indizes aus unterschiedlichen Jahren (von 1993 bis 2009) dar, sie sind deshalb nur bedingt untereinander vergleichbar. Eine ständige Erfassung erfolgt nicht.
http://de.wikipedia.org/wiki/Liste_der_L%C3%A4nder_nach_Einkommensverteilung

EPI-Index (Environmental Performance Index) – Umweltindex
Der EPI-Index versucht, die ökologische Leistungsbilanz von Staaten anhand verschiedener Indikatoren zur Umweltqualität quantitativ darzustellen. Er wurde von der US-amerikanischen Yale University initiiert. Der aktuelle EPI (2010) umfasst 25 Indikatoren. Seine Aussagekraft ist umstritten, auch weil kleine und Entwicklungsländer im Ranking vor wichtigen Industriestaaten stehen
Je höher der Index, desto besser das Umweltranking.
http://www.ufz.de/index.php?de=15901 und http://www.epi2010.yale.edu/Countries

Happy Planet Index (HPI) – Der globale Glücksindex
Es existiert ein Ranking der glücklichsten Länder der Welt. Der »ökologische Fußabdruck« war beim Erstellen der Liste ein wesentlicher Punkt. Der HPI ist ein Ergebnis des britischen The New Economics Foundation (Nef). Berechnet wird der HPI-Index an Hand von Daten, die im Auftrag der Vereinten Nationen in 143 Ländern erhoben wurden und 99 Prozent der Weltbevölkerung repräsentieren. Die Verfasser der Studie versuchen messbare und vergleichbare Kriterien für ein gutes, erfülltes und nicht zuletzt langes Leben zu finden, das außerdem der Bedingung der Nachhaltigkeit entspricht. In diesem öko-politischen Konzept sind deshalb eine hohe Lebenserwartung, persönliche Zufriedenheit und ein maßvoller »ökologischer Fußabdruck« für eine zufriedene Gesellschaft die ausschlaggebenden drei Kriterien.
Je höher der Index, desto höher das »Glück«.
http://www.utopia.de/magazin/der-globale-gluecks-index-liste-zum-download?all

NID Index – der Index der Demokratie

Der Demokratieindex ist ein von der Zeitschrift The Economist berechneter Index, der den Grad der Demokratie in verschiedenen Ländern miteinander vergleicht.
Je höher der Index, desto besser die Demokratie.
htpp://www.politikwissenschaft.uni-wuerzburg.de(…)neuer-index-demokratie-nid

WHI – Welthunger-Index

Der Welthunger-Index ist ein jährlich im Oktober erscheinender Bericht über den Welthunger auf globaler, kontinentaler und staatlicher Ebene. Im engeren Sinne ist der Welthunger-Index ein Zahlenwert, der sich aus Anteilen von Unterernährten sowie von untergewichtigen und verstorbenen Kindern unter fünf Jahren zusammen setzt. Der Index wird nur für Länder mit Hunger erhoben (aktuell 81 Länder).
Je höher der Index, desto größer der Hunger.
http://de.wikipedia.org/wiki/Welthunger-Inex

Index (MPI) – neuer Armutsindex

Die Oxford Poverty an Development Initiative (OPHI) und das UN Development Programme (UNDP) haben einen neuen Armutsindex vorgestellt. Der Multidimensional Poverty Index (MPI) bewertet Form und Ausmaß der Armut in den Bereichen Gesundheit, Bildung und Lebensstandard. Laut einer OPHI-Analyse von 104 Ländern sind 1,7 Milliarden Menschen (bei einer Gesamtbevölkerung von 7 Milliarden) »multidimensional arm«. Bisher galten 1,4 Milliarden Menschen, die weniger als 1,25 US-Dollar am Tag haben, als absolut arm.
Je höher der Index, desto größer die Armut.
htpp://www.opki.org.uk/policy/multidimensional-pc

4. Erfahrungsaustausch mit ALBA-Staaten

Klaus Blessing
»Was die ALBA-Staaten von der DDR-Wirtschaft lernen könnten«
(Rede 17. Februar 2014 vor den Vertretern der ALBA-Staaten)

Sehr geehrte Botschafter, meine Damen und Herren, liebe Freunde und Genossen,

im Namen der heute anwesenden DDR-Wirtschaftsfachleute möchte ich mich ganz herzlich für die Möglichkeit bedanken, mit Ökonomen lateinamerikanischer Länder in einen konstruktiven Gedankenaustausch eintreten zu können. Wir sehen das als große Ehre und zugleich als Verpflichtung an. Die Probleme in Ihren um eine sozialistische Alternative ringenden Ländern sind gewaltig. Das internationale Kapital, mit den USA an der Spitze, unternimmt alles, um die fortschrittliche Entwicklung in Ihren Ländern aufzuhalten und wenn möglich rückgängig zu machen. Dem müssen wir uns entgegen stellen. Wenn unsere Erfahrungen dazu einen kleinen Beitrag leisten können, wäre das sehr erfreulich.

Hier sprechen Wirtschaftskader, denen es letztlich nicht vergönnt war, ihre Vorstellungen von einer besseren Welt dauerhaft in die Tat umzusetzen. 1989/90 brach der reale Sozialismus in Europa zusammen. Es erhebt sich die Frage, ob deshalb von einem letztlich gescheiterten Vorhaben überhaupt Schlussfolgerungen für Ihren Kampf gezogen werden können. Ich möchte diese Frage eindeutig bejahen.

Bereits bei unserer Beratung am 26. November 2013 hatte ich Ihnen unwiderlegbare Fakten dargelegt. Aus diesen ging hervor, dass sich die DDR-Wirtschaft sowohl international, als auch im Vergleich zur Bundesrepublik Deutschland nicht verstecken brauchte. Die Wirtschaft hatte sich schneller als die der BRD entwickelt. Die Höhe der Arbeitsproduktivität entsprach der von entwickelten Industriestaaten, wie der Großbritanniens. Die Staatsverschuldung war gering. Das Versorgungsniveau mit lebensnotwendigen Gütern war hoch. Die DDR war ein Land ohne Arbeitslosigkeit und Obdachlosigkeit. Inflation, Wirtschaftskriminalität und Korruption waren Fremdworte.

Ich möchte heute in der verfügbaren kurzen Zeit einige Gedanken äußern, was meines Erachtens konkret aus unserem Sozialismus-Versuch zu lernen ist. Wenn ich das tue, so möchte ich nicht in den Verdacht kommen, Ihnen »kluge« Ratschläge für Ihren schweren Weg zum Sozialismus erteilen zu wollen. Aber ich glaube, gerade wir Ökonomen aus der DDR haben eine Bringschuld Ihnen gegenüber. Wir haben den Versuch, den Sozialismus aufzubauen praktisch unternommen und uns wurde ein anderes hoch entwickeltes kapitalistisches System übergestülpt. Das muss zum Nachdenken über Schlussfolgerungen aus beiden Systemen anregen. Einige möchte ich vortragen.

1. Das gesellschaftliche Ziel

Das Gesellschaftskonzept der DDR hatte zum erklärten Ziel, die immer bessere Befriedigung der materiellen und kulturellen Bedürfnisse des Volkes. Die Grundlage dafür sollte durch die schnelle Steigerung der Arbeitsproduktivität geschaffen werden. Der Sozialismus habe dann gesiegt, wenn er den Kapitalismus auf diesen Gebieten überboten habe, hieß es. In der DDR wurde deshalb von der Partei das Ziel gestellt, die BRD in der Produktivität zu überflügeln. Dem Volk wurde suggeriert, diese Aufgabe in den 90-er Jahren zu erfüllen. Dieses Ziel war unrealistisch und falsch. Unrealistisch deshalb, weil ein führendes, Mensch und Natur ausbeutendes kapitalistisches Land wie die BRD in Produktivität und Effektivität nicht überflügelt werden kann. Falsch war es, weil grundsätzlich in einer sozialistischen Gesellschaft nicht der massenhafte Konsum den Lebensinhalt der Menschen darstellen sollte. Die Führung in den europäischen sozialistischen Ländern hat diese Erkenntnis nicht gehabt und konnte sie somit auch nicht ihren Völkern vermitteln. Das Volk erkannte, dass das Versprechen unreal war und nahm die Schönfärbung nicht mehr hin. Es wollte ernst genommen werden und ging unter der Losung »Wir sind das Volk« auf die Straßen.

Das Konzept der lateinamerikanischen Staaten über das »gute Leben« – wie es vom Herrn Botschafter Venezuelas hier vor einigen Wochen dargelegt wurde – mit der Absage an den Konsumismus westlicher Prägung und das ungebremste Wachstum, aber mit Achtung vor Natur und Umwelt erscheint als die prinzipiell richtige Schlussfolgerung aus dem gescheiterten Sozialismusversuch in Europa. Wir möchten Sie darin bestärken. Wichtig ist jedoch, die Völker für diesen Weg zu begeistern.

2. Das Eigentum

Dem sozialistischen Weg in Europa lag die marxistische Auffassung zugrunde, dass eine sozial gerechte Gesellschaft nur auf Grundlage gesellschaftlichen Eigentum gestaltet werden kann. Folglich wurde im Osten Deutschlands unmittelbar nach dem Ende des Zweiten Weltkrieges begonnen, das Krieg und Verderben bringende Privateigentum zu enteignen. Noch im Jahre 1945 wird in allen Ländern Ostdeutschlands die Bodenreform durchgeführt. Grund und Boden, der sich im Besitz der Großagrarier und überwiegend adeliger Junker befand, wird in Bauernhand überführt. Im Jahre 1946 werden Großkonzerne entschädigungslos enteignet.

In der vom Volk breit diskutierten und 1949 verabschiedeten Verfassung der DDR werden diese Grundsätze unverrückbar festgeschrieben:

Artikel 12

Die Bodenschätze, die Bergwerke, Kraftwerke, Talsperren und großen Gewässer, die Naturreichtümer des Festlandssockels, größere Industriebetriebe, Banken und Versicherungseinrichtungen, die volkseigenen Güter, die Verkehrswege, die Transportmittel der Eisenbahn, der Seeschifffahrt sowie der Luftfahrt, die Post- und Fernmeldeanlagen sind Volkseigentum. Privateigentum daran ist unzulässig.

Artikel 13

Die Geräte, Maschinen, Anlagen, Bauten der landwirtschaftlichen, handwerklichen und sonstigen sozialistischen Genossenschaften sowie die Tierbestände der landwirtschaftlichen Produktionsgenossenschaften und das aus genossenschaftlicher Nutzung des Bodens sowie genossenschaftlicher Produktionsmittel erzielte Ergebnis sind genossenschaftliches Eigentum.

Diese Verfassungsgrundsätze wurden konsequent durchgesetzt. Der Anteil des Staatseigentums in der Industrie und im Handwerk stieg bis 1989 auf 98 Prozent, der des Genossenschaftseigentums in der Landwirtschaft auf 67 Prozent.

Über die Rolle des Staatseigentums in der sozialistischen Wirtschaft gibt es bis heute unter Linken umfangreiche, teils kontroverse Diskussionen. Mir scheint wichtig: Ohne einen hohen Anteil staatlichen Eigentums kann es keine gesamtstaatliche Wirtschafts- und Sozialpolitik geben. Ein Fehler in der DDR war sicherlich der extrem hohe Grad der Verstaatlichung des Eigentums. Wertvolle private Initiativen im Handwerk, Kleingewerbe und Einzelhandel wurden dadurch lahm gelegt. Wo die politisch verantwortbare Grenze für Privatbetriebe liegt, muss jeder Staat für sich entscheiden. Ich plädiere für niedrige Grenzwerte – die nach Höhe der Beschäftigten, des Umsatzes oder Gewinnes festgelegt werden können. Jede private Aneignung ist jedoch Ausbeutung und eigentlich dem Sozialismus wesensfremd. Besser als Privat**besitz** erscheint deshalb eine angemessene ökonomische Beteiligung und Stimulierung der Leiter und Beschäftigten in Volkseigenen Betrieben und Einrichtungen an den Ergebnissen ihrer Tätigkeit. Dieser Grundsatz wurde in der DDR leider zuungunsten einer sozialistischen Gleichmacherei und gutgemeinter sozialer Geschenke zu häufig unterlassen. Die Menschen sollten jedoch am Ergebnis ihrer Arbeit beteiligt und nicht vorrangig durch soziale Wohltaten beschenkt werden.

3. Die Planwirtschaft

Eng verbunden mit dem staatlichen Eigentum war in der DDR die Art der Wirtschaftsführung. Im Gegensatz zum blinden Wirken der Kräfte des Marktes herrschte Planwirtschaft. Diese bestand darin, dass die wirtschaftlichen und sozialen Prozesse zentral vom Staat und der Partei gesteuert wurden. Den Volkseigenen Kombinaten, Betrieben und Einrichtungen wurden konkrete Planaufgaben über Höhe, Struktur und Verteilung ihrer Produkte übergeben. Die dafür notwendigen Fonds in Form von Investitionen, Arbeitskräften, Material und Energie wurden zugeteilt. Diese Methode der Planwirtschaft ist bis heute stark umstritten. Es war zweifellos ein Mangel, dass dadurch ökonomische Effektivitätsziele zu kurz kamen und ökonomische Eigeninitiative der Betriebe gehemmt wurde. Ein ausgewogenes Verhältnis zwischen zentraler ökonomischer Steuerung und Eigenverantwortung zu finden, ist offensichtlich ein komplizierter Prozess. Vorstellungen und Versuche, die in der DDR dazu unternommen wurden, auch in der sozialistischen Wirtschaft die Dominanz und Steuerungsfunktion des Gewinnes über zu betonen, führen m.E. in die falsche Richtung: die Dominanz der Marktwirtschaft. Es sollte jedoch die Dominanz der am Gemeinwohl orientierten Zentralwirtschaft gesichert werden. Ökonomische Kategorien wie Preise, Kredite, Gewinne sind zu nutzen, sollten aber nicht dominieren.

4. Sozialistische Finanzbeziehungen

In diesem Kontext war die Ausgestaltung der Finanzbeziehungen im Sozialismus ein durchaus problematisches Feld. Herr Dr. Domagk, ehemals Staatssekretär im Amt für Preise und Herr Dr. Siegert, ehemals Staatssekretär im Finanzministerium werden nachher dazu sprechen. Im Zentrum werden Ausführungen zur Preis-, Kredit- und Subventionspolitik und zur Sozialpolitik mit ihren Vor- und Nachteilen stehen.

Sie werden begründen, warum es in der DDR weder Inflation noch Wirtschaftskriminalität gab.

5. Das Recht auf Arbeit

Unabdingbarer Bestandteil der sozialistischen Gesellschaft in der DDR war das Recht auf und die Pflicht zur Arbeit. Auch dieser Verfassungsgrundsatz wurde konsequent umgesetzt. In der DDR waren noch 1989 von 16,6 Millionen Einwohnern 9,7 Millionen Erwerbstätige, das sind 58 Prozent aller Bürger. Es trifft zu, dass der hohe Beschäftigungsgrad in der DDR auch Ausdruck einer unzureichenden Produktivität war. Die DDR ging von dem Grundsatz aus, dass Vollbeschäftigung die beste Sozialpolitik darstellt und ein erstes Menschenrecht ist. Sie entzieht Kriminalität weitgehend den Boden. In einem wohl weltweit einmaligen Arbeitsgesetzbuch wurden die Rechte der arbeitenden Menschen auf Mitbestimmung in den Betrieben, die Ausgestaltung der Arbeits- und Lebensbedingungen und die Achtung ihrer Würde fest geschrieben. Es ist nicht zu verschweigen, dass die sozialistischen Wohltaten dabei offensichtlich auch übertrieben wurden. Die Möglichkeiten der Leiter zur Disziplinierung der Arbeiter waren zu stark eingeschränkt. Sozialistische Leiter müssen jedoch auch das Recht und die Pflicht haben, bei ihren Beschäftigten disziplinierte Arbeit durchzusetzen.

6. Die Lösung des Wohnungsproblems

Kernstück des Sozialprogramms in der DDR war das Wohnungsbauprogramm. In einem wohl international einmaligen Kraftakt wurde die Aufgabe in Angriff genommen, die Wohnungsproblematik als soziales Problem zu lösen. Ab dem Jahre 1973 wurden jährlich über 100000 Wohnungen gebaut oder umgestaltet, überwiegend durch Wohnungsbaugenossenschaften. Insgesamt wurden 3,3 Millionen Wohnungen fertig gestellt, darunter 2,1 Millionen Neubauten. Im Durchschnitt verfügte jeder Einwohner über 27 qm Wohnfläche. Die Mieten waren moderat und unveränderlich. Sie beanspruchten weniger als 10 Prozent des Einkommens. Die Mieten wurden in hohem Maße (über 50 Prozent) aus dem Staatshaushalt gestützt. Die staatliche Subventionierung von Wohnraum erwies sich als problematisch, sie begünstigte auch die Unterbelegung dringend benötigter Wohnfläche.

7. Der Rat für gegenseitige Wirtschaftshilfe (RGW)

Das Wirtschafts- und Gesellschaftssystem der DDR war eingebettet in das der anderen sozialistischen Länder. Die Wirtschafts- und Gesellschaftsbeziehungen wurden überwiegend mit diesen Ländern abgewickelt. Zwei Drittel des Außenhandels erfolgte mit den RGW-Ländern. Wirtschaftliches Organ war der **R**at für **G**egenseitige **W**irtschaftshilfe. Über wichtige Aspekte der Arbeit dieses Rates wird nachher der ehemalige Stellvertretende Minister für Außenhandel für den Bereich RGW, Herr Dietrich Lemke, sprechen. Ich möchte hier nur so viel aussagen: Die ungenügende Wirksamkeit des RGW, insbesondere die ungenügende Spezialisierung und Kooperation in der wissenschaftlich-technischen Entwicklung und der Produktion, war eine wesentliche Ursache dafür, dass der Sozialismus in Europa gescheitert ist. Es war im RGW nicht gelungen, dem internationalen Kapital eine einheitliche Wirtschaftsmacht gegenüber zu stellen. Der RGW war überwiegend eine Austauschbörse. Es gelang weder, die wissenschaftlich-technische Entwicklung genügend zu koordinieren, noch einheitliche wirksame Finanzbeziehungen herzustellen. Die einheitliche Währung – der transferable Rubel – war eine Verrechnungsgröße ohne spürbare ökonomische Wirkung. Da Sozialismus in der Auseinandersetzung mit dem Kapital offenkundig nur in einem größeren Block von Staaten erfolgreich bestehen kann, sollten die ALBA-Staaten besonders kritisch die Erfahrungen des RGW auswerten.

8. Die Beziehungen zu kapitalistischen Industriestaaten

Die DDR war in den Außenhandelsbeziehungen auch in starkem Maße mit kapitalistischen Industrieländern verbunden. Diese nutzten die Abhängigkeit zur ökonomischen und damit politischen Erpressung. Durch Embargo-Politik wurde es der DDR zunehmend unmöglich gemacht, wichtige Rohstoffe und hochwertige Produkte, insbesondere der Mikroelektronik, zu beziehen. Seit ihrer Existenz hat die DDR deshalb konsequent Maßnahmen zur Importablösung aus kapitalistischen Staaten durchgeführt. Dafür wurden Regierungsverantwortliche eingesetzt, gesonderte Staatspläne erarbeitet und umfangreiche staatliche Mittel bereit gestellt.

9. Der Ausrüstungsimport zur Rohstoffveredlung

Dadurch gelang es, die Importe aus kapitalistischen Ländern zunehmend auf hochmodernen Anlagen zur Ausrüstung der DDR-Wirtschaft mit dem neuesten Stand der Technik zu konzentrieren. In den 70-er und 80-er Jahren bezog die DDR fast 700 derartige Anlagen aus führenden Industrieländern, wie Japan, Frankreich, Österreich und der BRD. Dieser Import betrug ein Drittel des Gesamtimportes aus kapitalistischen

Ländern. Diese Anlagen dienten in hohem Maße der Weiterverarbeitung – Veredlung. Das strategische Ziel der DDR bestand zunehmend darin, kostbare von uns überwiegend importierte Rohstoffe, immer stärker im eigenen Lande zu verarbeiten. Ihre Länder, die selbst über wertvolle eigene Rohstoffvorkommen verfügen, sollten diese Geschenke der Natur nicht vorrangig unbearbeitet den kapitalistischen Ländern zur Stillung deren Rohstoffhunger verkaufen, sondern maximal im eigenen Lande selbst weiter verarbeiten.

Die dazu notwendigen Anlagenimporte der DDR unterschieden sich von der heutigen Praxis generell in den ökonomischen Beziehungen. Die DDR hat es nie zugelassen, dass Auslandskapital in unserem Lande Fuß fassen konnte. Die Anlagen wurden einschließlich know how importiert, die Menschen zur Bedienung gegebenenfalls durch ausländische Fachkräfte geschult. Beides wurde durch Exporte der DDR bezahlt, häufig mit Produkten aus den errichteten Anlagen.

Wir nannten das Kompensationsobjekte. Der ausländische Partner erhielt keinerlei finanziellen Anteil am errichteten Betrieb. Dadurch wurde verhindert, dass Auslandskapital Gewinne in der DDR realisieren konnte und DDR-Bürger für ausländische Firmen ausgebeutet wurden. Eine Grundhaltung, die anlässlich des heute üblichen Kapitalexportes mit seinen verheerenden Folgen für die Entwicklungsländer und sicher auch die ALBA-Staaten beachtenswert ist.

Nach vorliegenden Studien ziehen heute die internationalen Konzerne aus ihren in den ehemaligen Ostblockstaaten errichteten Industrieanlagen im Durchschnitt 70 Prozent des Gewinnes in ihre Privattaschen. Das kann nicht unser Ziel sein. Unser Ziel sollte sein, uns einerseits von diesem Auslandskapital weitgehend zu lösen und die eigenen kollektiven Ressourcen zu nutzen. Ihre Schritte zur einheitlichen Währung der ALBA-Staaten und einer Investitionsbank sind nachhaltig zu unterstützen. Andererseits entziehen wir dadurch dem internationalen Finanzkapital seine Verwertungsgrundlagen, wir legen den Kapitalsumpf sozusagen schrittweise trocken.

10. Die Einbeziehung der Menschen

Der entscheidende Mangel in der Gesellschaftspolitik der DDR – und vorrangig daran sind wir gescheitert – war offenkundig die unzureichende Einbeziehung der Menschen in die Prozesse der gesellschaftlichen Meinungsbildung. Es herrschte ein nicht diskussionsfähiges Meinungsmonopol der führenden Partei in allen Bereichen des gesellschaftlichen Lebens, auch in der Wirtschaftspolitik. Das haben viele Menschen in der DDR nicht mehr akzeptiert. Wer ein neues und besseres Gesellschaftssystem errichten will, sollte immer diese Lehre beachten: Es geht nur, wenn die Mehrheit des Volkes dafür zu gewinnen ist. Bei uns hat sich gezeigt: Gute Arbeits- und soziale Bedingungen werden sehr schnell als Selbstverständlichkeiten aufgefasst. Der »Dank« breiter Schichten des Volkes ist gering. Sie erliegen der Verführung nach Besitz und Konsum, wenn sie meinen, ein anderes System kann ihnen das besser bieten. Die Vorteile des sozialistischen Weges und die nächsten Schritte zum »Guten Leben« müssen dem Volk ebenso verständlich gemacht werden, wie das, was nicht oder noch nicht erreichbar ist.

Zweifellos spielen dabei nicht dem Kapital gehörende und hörige Medien, die den Begriff frei und sozialistisch verdienen, eine bedeutende Rolle. Die Medien in der DDR waren zu stark vereinheitlicht und dem Meinungsmonopol der Partei unterworfen. In den Medien sollte sich das Volk wieder finden und die Möglichkeit haben, diese zu gestalten und zu kontrollieren.

11. Der Rückfall in den Kapitalismus

Die verheerenden Auswirkungen des Rückfalles in eine kapitalistische Wirtschafts- und Gesellschaftsordnung traten im Osten Deutschlands 1990 augenblicklich ein. Innerhalb von zwei Jahren wurde das Volkseigentum der DDR im westliches Privateigentum rückgeführt, davon 85 Prozent in die Hände des westdeutschen Kapitals. Heerscharen von »Beratern und Gutachtern« fielen über den Osten Deutschlands her und bereicherten sich durch Honorare und wirtschaftskriminelle Handlungen. Durch Zerschlagung der DDR-Industrie sank die DDR-Industrieproduktion innerhalb von zwei Jahren **auf** ein Drittel, über 2 Millionen Arbeitsplätze wurden vernichtet. Diese verheerenden Folgen sind bis heute nicht überwunden. Über 4 Millionen Bürger der ehemaligen DDR sind in den Westen abgewandert, da sie und ihre Familien keine Perspektive im Osten haben. Die Bevölkerung Ostdeutschlands schrumpft und altert rapide. Wohin der Rückfall in kapitalistische Gesellschaftsverhältnisse die Wirtschaft und große Teile der Bevölkerung im Osten Deutschlands bis heute geführt haben, werden wir in den heutigen Nachmittagsstunden nachweisen.

Wenn ich darf, möchte ich ihnen den dringlichen Rat geben, hüten Sie sich vor Beratern aus kapitalistischen Staaten oder Institutionen bei der Umgestaltung Ihrer Wirtschaft. Diese haben nur das Ziel, sich persönlich zu bereichern und Wirtschaft und Gesellschaft zu privatisieren.

Liebe Freunde und Genossen, wir würden es begrüßen, wenn wir unseren Erfahrungsaustausch fortführen und intensivieren könnten. Wir können und wollen Ihnen keine Patentrezepte für Ihren sozialistischen Weg geben. Aber können unsere positiven und negativen Erfahrungen vermitteln. Wir könnten uns vorstellen, dabei verschiedene Wege zu beschreiten.

Zum einen, wäre es sicher nützlich, für Sie besonders interessierende Probleme, wie die durchaus erfolgreiche Entwicklung der Landwirtschaft, das Wohnungsbauprogramm, die Verhinderung der Inflation, die Sicherung der Vollbeschäftigung, den Planungsprozess tiefer zu diskutieren. Es wäre auch denkbar, zu einigen dieser oder anderer Themen Studien auf vertraglicher Basis auszuarbeiten.

Schließlich hielten wir es für richtig, mit unseren Initiativen in Wort und Schrift in die Öffentlichkeit zu gehen. Wir sind gern bereit und in der Lage, Publikationen und öffentliche Veranstaltungen dazu zu organisieren. Ich schlage vor, in Auswertung unserer heutigen Beratung in einem kleinen Expertengremium die notwendigen Maßnahmen und Schritte zu vereinbaren.

Dabei wäre es sinnvoll und wünschenswert, wenn wir als linke Kräfte in Deutschland auch von Ihren erfolgreichen Schritten in Richtung Sozialismus lernen könnten. Auch in Europa und in Deutschland ist mit der Vorherrschaft des Kapitalismus nicht das Ende der Geschichte erreicht. Die Widersprüche zulasten der Mehrheit der Menschen nehmen extrem zu. Die Lasten in den Ländern Südeuropas sind unerträglich geworden. Das erfordert grundlegende gesellschaftliche Veränderungen, nicht Reformen zugunsten des internationalen Finanzkapitals.

Diese Welt braucht zum Überleben ein anderes **System** als das des Kapitalismus. Wir sind überzeugt, liebe Freunde und Genossen, dass Sie den Kampf um diese bessere Welt erfolgreicher führen werden als wir. Wir wünschen Ihnen dabei von ganzem Herzen Erfolg. Wir sind dabei an Ihrer Seite. – Venceremos!

5. Verbesserung der Lebensqualität in Venezuela

Die Verteilungsgerechtigkeit des Einkommens wurde extrem verbessert

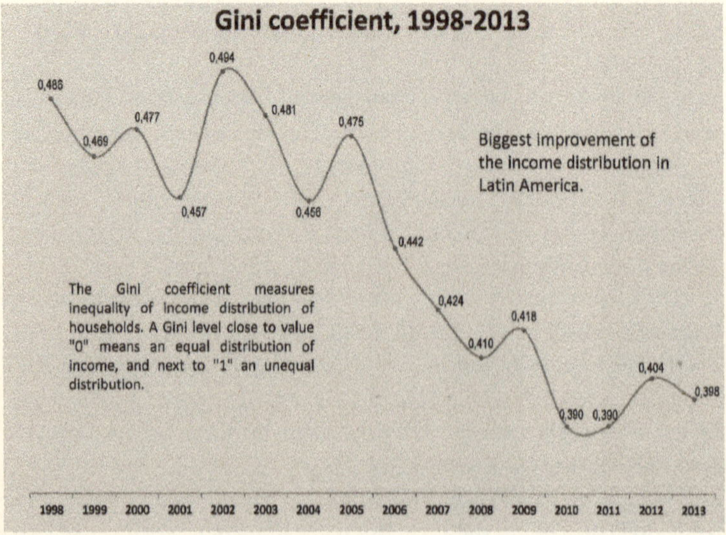

Der Index der Lebensqualität wurde stark verbessert

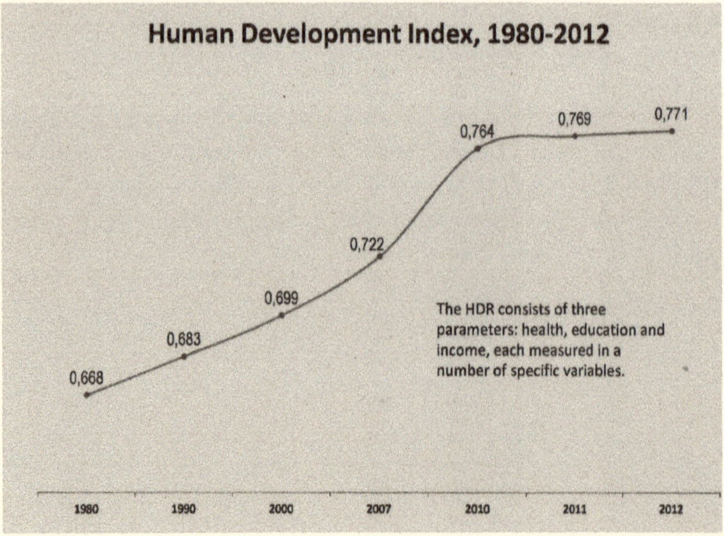

Die Rate der Arbeitslosigkeit wurde gesenkt

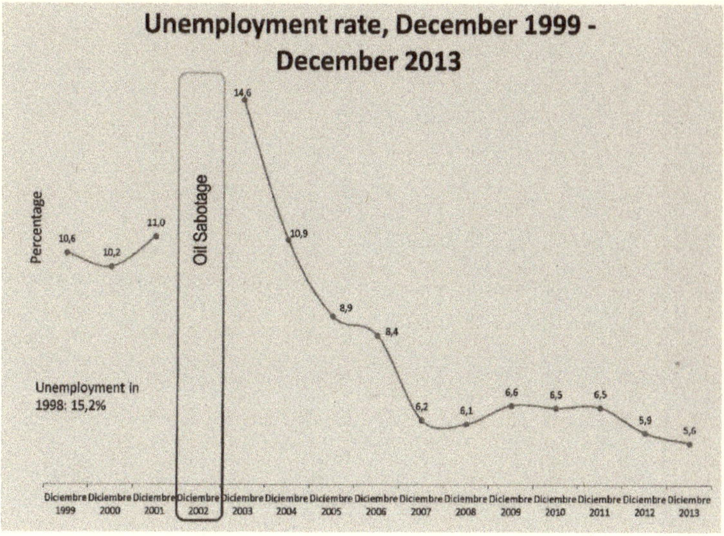

Der Anteil armer und extrem armer Haushalte wurde reduziert

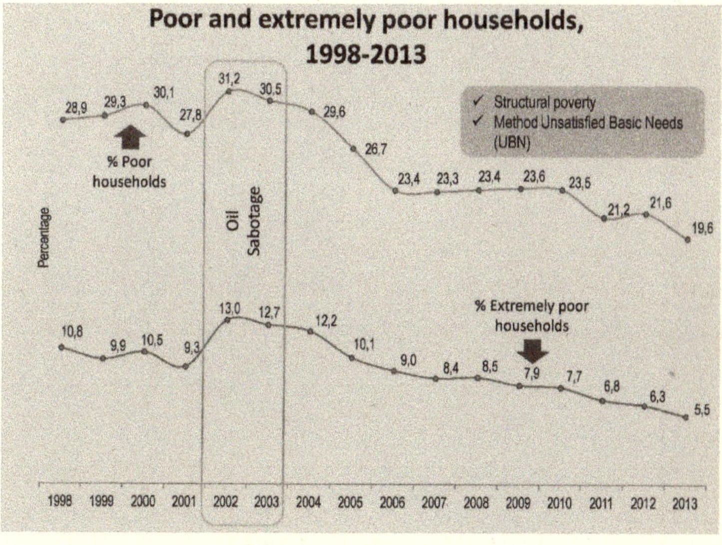

Die Angaben wurden uns von der Botschaft Venezuelas zur Verfügung gestellt

6. Sozial-ökonomische Entwicklung in Ecuador

Wachstum des nominalen und realen Bruttoinlandsprodukts

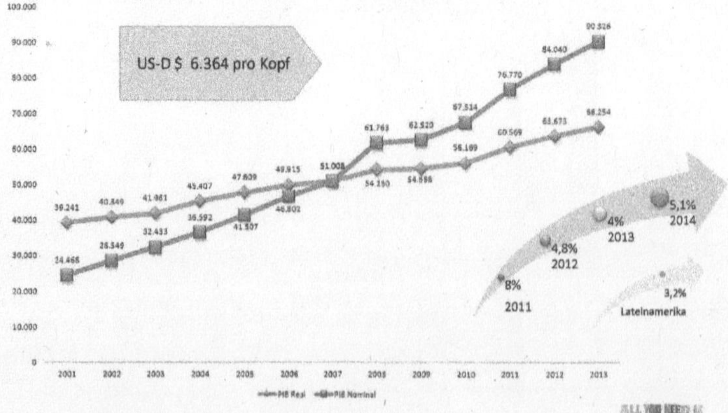

Geringe Inflation

Inflation
2,7% 2013
* zweitniedrigste in Lateinamerika

Inflación de América Latina

1°	Venezuela	56,20%
2°	Argentina	28,38%
3°	Uruguay	8,50%
4°	Bolivia	6,48%
5°	Brasil	5,91%
6°	México	3,97%
7°	Paraguay	3,70%
8°	Chile	3,00%
9°	Perú	2,86%
10°	Ecuador	2,70%

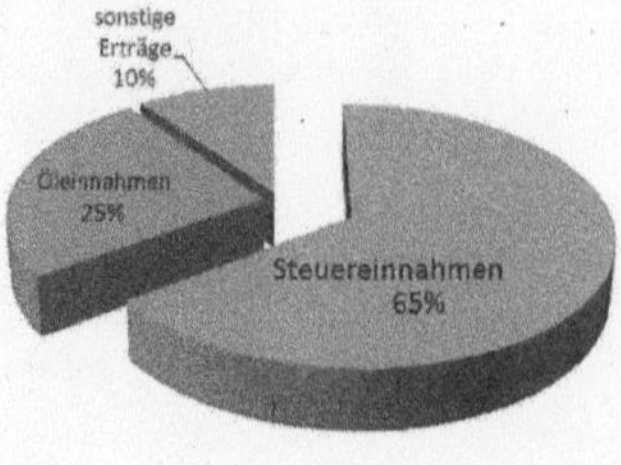

Steueraufkommen:
65% der gesamten Einnahmen des Staats

Verringerung der Armut

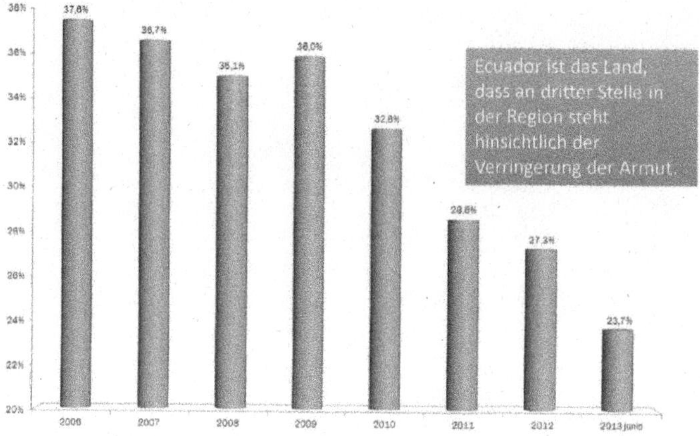

Verringerung der Ungleichheit

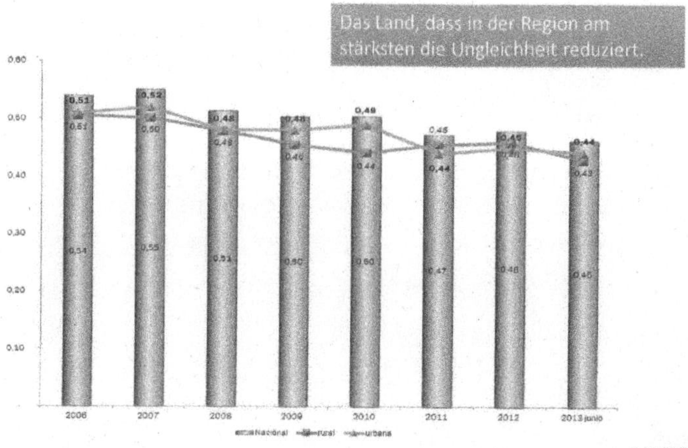

Die Materialien wurden uns von der Botschaft Ecuadors zur Verfügung gestellt

Dr. oec. Klaus Blessing, geboren 1936 in Liegnitz; 1958 Abschluss als Dipl. Wirtsch. an der Karl-Marx-Universität Leipzig, betriebswirtschaftliche Tätigkeit in metallurgischen Betrieben und Kombinaten der DDR; 1970 Abteilungsleiter, ab 1980 Staatssekretär im Ministerium für Erzbergbau, Metallurgie und Kali. Promotion an der Bergakademie Freiberg zum Dr. oec., 1986–1989 Abteilungsleiter Maschinenbau und Metallurgie im ZK der SED; Autor mehrerer politischer Sachbücher u.a. *Ist sozialistischer Kapitalismus möglich?* (2003), *Die Schulden des Westens* (2010), *Der Osten hängt am Tropf* zusammen mit Wolfgang Kühn, mit Manfred Manteufel *Joachim Gauck. Der richtige Mann?* (2013); Publizist in mehreren Tageszeitungen.

Tel.: 01805 / 30 99 99

(0,14 €/Min., Mobil max. 0,42 €/Min.)

www.buchredaktion.de